Influencer-Marketing

Strategie, Konzept, Umsetzung,
Chancen, Potenziale, Risiken.

Influencer-Marketing

Strategie, Konzept, Umsetzung,

Chancen, Potenziale, Risiken.

Erwin Lammenett

Bibliografische Information der Deutschen Bibliothek
Die Deutsche Bibliothek verzeichnet diese Publikation in der Deutschen Nationalbibliografie; detaillierte bibliografische Daten sind im Internet über http://dnb.ddb.de abrufbar.

Erwin Lammenett
Influencer-Marketing

ISBN: 9781092508940

Korrektorat: Dr. Carolin Cremer-Kruff, Anne Lammenett

Coverdesign: Tehsingul

Coverfoto: shutterstock.com

Satz & Layout: Johann-Christian Hanke, Dr. Erwin Lammenett

Printed by: Independently published

URL: www.lammenett.de

Feedback: Wir freuen uns über Fragen und Anmerkungen jeglicher Art. Bitte senden Sie diese an: lammenett@lammenett.de

3. Aufl. 2019, V1.0, Roetgen

Inhaltsverzeichnis

Geleitwort

Dr. Erwin Lammenett ist ein Urgestein des digitalen Marketings, im besten Sinne. Er hat unsere Branche von Anfang an aufwachsen sehen und ist den zentralen Technologien, Prozessen und Fragestellungen bis heute extrem nahe geblieben. Seine Nähe zu den operativen Seiten des Digital Marketings und seine jahrelange Erfahrung mit dem daraus resultierenden Netzwerk und dem themenübergreifenden Überblick sind die Grundlage für das vorliegende Standardwerk.

Als wir uns in einem Workshop mit dem Top Management eines mittelständischen Markenartiklers kennengelernt haben, habe ich sofort gespürt, dass jemand mit am Tisch sitzt, der die Winkel und Grauzonen des Geschäfts kennt. Es denkt jemand vor, der die wichtigsten Akteure unserer Industrie, ihre Perspektiven und Möglichkeiten kennt und ein sicheres Gefühl hat für unseren Markt. Besonders habe ich mich gefreut festzustellen, dass Erwin ein bodenständiger, ehrlicher, direkter Typ ist, mit dem man abseits des Marketings noch andere Themen besprechen kann, Fußball und sogar Amateur-Fußball zum Beispiel.

Als Leser dieses Buches werden Sie von allen oben genannten Punkten profitieren, außer vielleicht von seiner Fußball-Kompetenz. Viel Spaß bei der Lektüre seines fundierten, verständlichen und vielfach erprobten Standardwerkes.

Ihr Philipp Westermeyer
Gründer von Online Marketing Rockstars

https://omr.com

Vorwort zur 3. Auflage

Influencer-Marketing wird zum Milliarden-Markt. Laut einer Analyse von Click Z sollen 2020 rund 10 Milliarden US-Dollar in Influencer-Marketing fließen. In der Dachregion sollen es 2020 laut einer Erhebung von Goldmedia immerhin knapp eine Milliarde Euro werden. Offenbar setzen viele Marktteilnehmer auf Influencer-Marketing. Können so viele Akteure irren? Lange wurde Influencer-Marketing kontrovers diskutiert. Im Grunde wird es auch heute noch kontrovers diskutiert. Doch angesichts der genannten Zahlen wird deutlich, dass Influencer-Marketing kein Hype ist, der wieder verschwinden wird. Die Vorteile sind, in Kombination mit dem veränderten Medienkonsum, einfach zu deutlich.

Neben diesen harten Indikatoren, die sich in Form konkreter Zahlen ausdrücken lassen, gibt es viele weiche Faktoren, die auf eine weiterhin positive Entwicklung hindeuten. Ein Beispiel: Früher luden Unternehmen/Marken Journalisten auf den Messestand ein. Diese schrieben dann einen Messebericht und entwickelten daraus ggf. eine Veröffentlichung. Sicher geschieht das heute auch noch. Aber viele Markeninhaber setzen heute auch schon auf Influencer, die live vom Messestand berichten. In einer schnelllebigen, digitalen Welt sicher keine schlechte Idee. Influencer statt Journalisten. Sofort statt in einer Woche. Warum nicht?

Vor dem genannten Hintergrund macht es für Marketeers sicherlich Sinn, sich mit dem Thema Influencer-Marketing intensiv zu beschäftigen. Mit diesem Buch möchte ich eine Hilfestellung für einen soliden und seriösen Einstieg in das Influencer-Marketing geben. Die dritte Auflage habe ich deutlich erweitert und um viele Tipps, Beispiele und Hinweise aus der Praxis ergänzt. Ferner habe ich zwei Gastautoren gewinnen können, die mit ihren Beiträgen den Praxisbezug des Buches nochmals erhöhen: Ann-Katrin Schmitz ist Mitbegründerin von Novalanalove, Kai Koschorreck ist Rechtsanwalt und Digital-Experte.

Nach dem Studium dieses Buches werden Sie die Chancen und Potenziale des Influencer-Marketings mit Blick auf Ihr individuelles Marketing besser beurteilen können. Sie werden aber auch Risiken und Fallstricke erkennen und erste Ansatzpunkte für einen soliden und seriösen Einstieg kennenlernen. In diesem Sinne wünsche ich viel Spaß beim Lesen.

Aachen, Juni 2019 Dr. Erwin Lammenett

PS.: Um den Lesefluss zu erhalten, habe ich an vielen Stellen auf eine Differenzierung der weiblichen und männlichen Form des Wortes »Influencer« verzichtet.

Vorwort zur 1. Auflage

Influencer-Marketing ist derzeit das Trend-Thema schlechthin. Viele Unternehmen beschäftigen sich bereits mit dem Thema und lassen Botschaften von Meinungsmachern aus dem Social Web verbreiten. Viele tragen sich mit dem Gedanken, ins Thema »Influencer-Marketing« einzusteigen und richten eigene Budgets dafür ein. Der theoretische Vorteil liegt auf der Hand: Die Glaubwürdigkeit eines Dritten ist im Vergleich zu anderen Marketing-Maßnahmen kaum zu schlagen. Schon längst ist wissenschaftlich erwiesen, dass die Meinung eines Freundes oder Bekannten den Verkaufsprozess mehr beeinflusst als der beste TV-Werbespot.

So ist es nicht verwunderlich, dass eine Studie der Agentur der Territory Webguerillas 2016 hervorbrachte, dass aus Sicht der befragten Marketing-Entscheider Influencer-Marketing die Disziplin mit der höchsten Glaubwürdigkeit ist. 57 Prozent sehen das neue Marketing-Instrument ganz vorne – noch vor der Öffentlichkeitsarbeit (54 Prozent) und Content-Marketing (50 Prozent). Für klassische Werbung sprechen sich 47 Prozent der Befragten aus. An der Studie[1] nahmen 100 Marketing-Entscheider teil, die sich bereits mit dem Thema »Influencer-Marketing« beschäftigt haben. Damit ist die Studie zwar nicht repräsentativ, doch die Ergebnisse lassen dennoch aufhorchen. Auch eine A.T. Kearney-Studie aus Oktober 2016 lässt aufhorchen: *Der Untersuchung zufolge werden die Ausgaben für Social-Influencer-Marketing bis 2020 weltweit um das Vierfache steigen. Jährlich rechnet A.T. Kearney in diesem Bereich mit einer Investitionserhöhung von bis zu 100 Prozent weltweit, in Europa, dem Mittleren Osten und Afrika von ca. 50 Prozent. Die Gründe für die steigende Attraktivität: Immer mehr Internet-User installieren Werbesperren, sogenannte Ad-Blocks, und die Conversion-Rate, also die Anzahl der Besucher einer Plattform, die dort z. B. durch Einkauf aktiv werden, nimmt stetig ab.*[2]

Influencer-Marketing ist seit zwei Jahren auch in Deutschland nicht mehr nur ein neues Buzzword. Doch während in den USA »Influencer« schon fast eine Berufsbezeichnung ist, befinden wir uns in Deutschland größtenteils noch in der Aufklärungs- und Experimentierphase. Im Klartext: Wir hinken mal wieder hinterher, was grundsätzlich nicht negativ sein muss. Sollen sich doch die anderen

---

[1] Vgl. https://www.territory.de/news/influencer-marketing-glaubwuerdiger-als-klassische-werbung/, Zugriff 30.06.2017.

[2] Zitiert nach der A.T. Kearney Pressemeldung, https://www.atkearney.de/documents/856314/9544229/PM+Social+Influencer+Marketing+boomt.pdf/8670b3c8-0bce-42d2-8eae-3adecf8ffc52, Abruf 22.06.2017.

eine blutige Nase holen. Wir steigen ein, wenn wir genau Bescheid wissen und die »Lessons Learned« nicht teuer bezahlen müssen. Gut so! Dieses kleine Buch ist ein guter Startpunkt. Denn für viele Unternehmen und Marken wird es tatsächlich Zeit, sich mit den Chancen, Risiken und Mechanismen von Influencer-Marketing zu beschäftigen und eine eigene Strategie zu entwickeln.

In diesem Sinne wünsche ich viel Spaß bei der Lektüre dieses Buches und natürlich viel Erfolg mit Ihrem Influencer-Marketing.

Aachen, September 2017 Dr. Erwin Lammenett

1 Warum dieses Buch und für wen?

Das Buch richtet sich primär an Marketing-Mitarbeiter in Unternehmen, an Entscheider, die mit eigenen Mitarbeitern, Freelancern oder Agenturen über Online-Marketing-Maßnahmen sprechen, an Freelancer und Entscheidungsvorbereiter. Am Ende des Tages ist dieses Buch für jeden relevant, der mehr aus seinem Marketing-Budget herausholen möchte und sich mit dem Gedanken beschäftigt, Influencer-Marketing in seinen Marketing-Mix aufzunehmen. In diesem Buch finden Sie nicht nur Antworten auf viele Fragen. Sie finden auch Anregungen für Ihre tägliche Influencer-Marketing-Arbeit und eine strukturierte Anleitung für den gelungenen Einstieg in Ihr Influencer-Marketing.

Influencer-Marketing ist ein Hype, allerdings mit sehr merkwürdigen Stilblüten. Das wird u. a. deutlich, wenn man die Berichterstattung über Influencer-Marketing ab 2017 betrachtet. Diese glich zeitweilig einem Kindergarten. Mal war Influencer-Marketing wegen der vielen »Fake-Posts« tot, mal war »die Blase« kurz vorm Platzen. Tatsächlich ist vieles, was unter diesem Etikett verkauft wird, austauschbar und überteuert. Vordergründig ist das jedoch nicht immer erkennbar. Ich habe mich daher entschlossen, eine dritte Auflage meines Buches zu schreiben. Durch das Recherchieren, die Gespräche mit anderen Experten, Influencern und Betreibern von Influencer-Marketing-Plattformen, das Ausprobieren und Testen im Rahmen laufender Kampagnen und natürlich das Schreiben zwinge ich mich ständig dazu, mein Know-how zu überprüfen und zu bündeln. Das steigert schlussendlich die Qualität meiner Beratung. Denn am Ende des Tages kann man als Fachbuchautor nur sehr bedingt seinen Lebensunterhalt verdienen – weshalb ich hauptberuflich als Berater für E-Business, E-Commerce und Online-Marketing arbeite. Da Influencer-Marketing eine Teildisziplin des Online-Marketings ist und mich in jüngerer Zeit viele Kunden danach fragten, war es für mich also naheliegend, dieses Buch zu schreiben.

Der Markt für Influencer-Marketing ist noch nicht professionalisiert, nicht wirklich strukturiert und noch lange nicht verteilt. Gleichzeitig gewinnt er aber rasant an Bedeutung. Diese Mischung ist gefährlich für Unternehmen. Sie verleitet zu Aktionismus. Unternehmen, die aktionistisch in Influencer-Marketing investieren und dabei die Mechanismen, Gepflogenheiten und Vorgehensmodelle nicht wirklich kennen, werden nicht nur umsonst Geld ausgeben, sondern können auch ihrem Marken-Image im Netz erheblichen Schaden zufügen.

Angesichts der skizzierten Situation existieren heute im Influencer-Marketing viele Fallstricke und Risiken. Viele Unternehmen sind überfordert und machen kostspielige Fehler. Mit diesem Buch möchte ich den Einstieg in das Thema erleichtern, auf Risiken und Fallstricke aufmerksam machen, meine Erfahrungen aus unterschiedlichen Influencer-Kampagnen teilen und etwas Struktur in das sehr dynamische und bewegte Thema bringen.

Das Buch ist nicht gedacht als Konkurrenz für Werke zum Thema Social-Media-Marketing. Gerade in jüngerer Zeit wird Influencer-Marketing zwar stark getrieben von den sozialen Medien, dennoch gibt es hier eine klare und deutliche Abgrenzung, was im Verlauf der weiteren Lektüre auch deutlich wird.

2 Lassen Sie sich nichts erzählen

Influencer-Marketing wurde in Deutschland im Laufe der Jahre 2016 und 2017 zu einem Hype-Thema. In den Medien wurde diese Marketing-Disziplin extrem kontrovers diskutiert. Mal wurde das Platzen der Blase prognostiziert und über die Fake-Follower gewettert. Wenige Tage später wurde Influencer-Marketing wieder gehypt und von Top-Agenturen berichtet, die sehr erfolgreich Influencer-Kampagnen für Top-Marken durchführen. Ich habe mir einmal den Spaß gemacht, eine Collage aus positiven und negativen Meldungen aus den Zeiträumen Q4 2017 bis Q3 2018 zu erstellen. Sie finden diese auf den folgenden beiden Seiten. Dort sind Überschriften und Statements zu lesen wie:

- Ohne Streuverluste direkt zur Zielgruppe
- Warum die Consumer Influencer immer wichtiger werden
- So profitiert Dein Unternehmen von der Marketing-Wunderwaffe

Aber eben auch Statements wie:

- Die große Instagram-Lüge: So einfach verdienen Fake-Influencer Geld
- Fake-Influencer mit 80 Prozent falschen Fans
- Das Platzen der Blase scheint vorprogrammiert

Die medial sehr kontroverse und bisweilen reißerische Berichterstattung hat den sachlichen und seriösen Umgang mit »der Chance Influencer-Marketing« nicht gefördert. Bei verschiedenen Marktteilnehmern sind Unsicherheiten und Zweifel entstanden, was nur allzu verständlich ist. Ferner wurden mit Schlagzeilen wie »Trend-Beruf Influencer: Mit diesem Job lassen sich über 100.000 Euro verdienen – pro Posting« oder »So viel verdient ein Influencer mit **nur** einem Post« Begehrlichkeiten und falsche Hoffnungen geweckt. Der »Beruf Influencer« wurde proklamiert, was nicht zur Entschärfung der Situation an der »Fake-Follower Front« beitrug. Dann plötzlich stürzten sich viele Marketeers auf die Micro-Influencer[3], weil diese ja noch wenig »versaut« und vermeintlich authentischer und damit glaubwürdiger seien. Die höheren Engagement-Raten machen die Micro-Influencer für viele Marketeers attraktiv. Die Stimmungslage im Jahr 2017 ging also munter rauf und runter. Das hat sich bis heute nicht wesentlich geändert.

---

3 Vgl. Definition in Abschnitt 10.1 »Einordnung der Social Influencer in Segmente bzw. Kategorien«.

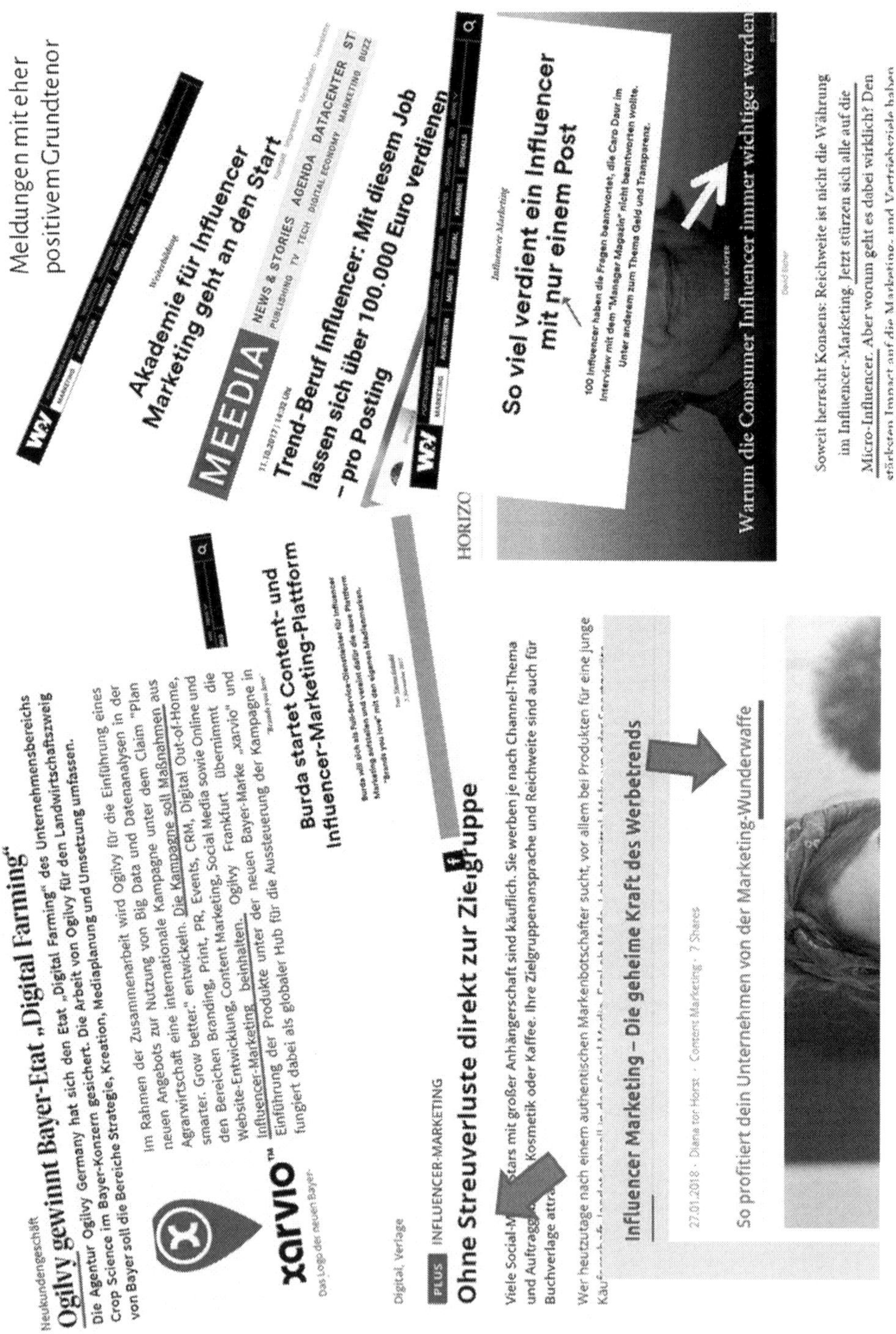

Abbildung 2.1: Meldungen in den (Web)Medien in Q4 2017 - Q1 2018 mit tendenziell **positivem** Grundtenor. Quellen für die Kollage: OnetoOne, Buchreport.de, Gruender.de, WuV.de, meedia.de, horizont.net, basicthinking.de.

Abbildung 2.2: Meldungen in den (Web)Medien in Q 4 2017 - Q1 2018 mit tendenziell **negativem** Grundtenor. Quellen für die Kollage: focus.de, rtl.next.de, wiwo.de, WuV.de, meedia.de, horizont.net, internetworld.de

Doch lassen Sie uns ruhig und besonnen bleiben. Schauen wir uns die wesentlichen Fakten und Indikatoren zum Thema Relevanz des Influencer-Marketings einmal in Ruhe an:

- Fakt ist, dass große Mediaplayer wie Burda und Pro Sieben Sat 1 in das Thema Influencer-Marketing eingestiegen sind. Burda startete im Q4 2017 eine Content- und Influencer-Marketing-Plattform und Pro Sieben Sat 1 kaufte sich im November 2017 bei Buzzbird ein, einer Influencer-Plattform der ersten Stunde. Glauben Sie denn, Burda oder Pro Sieben Sat 1 würden ihre Hausaufgaben nicht machen, bevor sie mit derartigen Invests loslegen?
- Als ich 2017 die erste Auflage dieses Buches veröffentlichte, gab es bei Amazon genau noch ein weiteres Buch zum Thema. Wenn ich heute bei Amazon die Worte »Influencer Marketing« in das Suchfeld eingebe, erscheinen sechs weitere Bücher mit dem Titel »Influencer-Marketing«. Alleine das ist ein Beleg dafür, wie dynamisch sich dieses Thema in den letzten zwei Jahren entwickelt hat.
- Die rechtlichen Klarstellungen (erste Urteile aus dem vergangenen Jahr [Rossmann]) zur Auszeichnungspflicht von Werbeanzeigen waren richtig und wichtig. Die Auszeichnung von Influencer-Posts als Werbung scheint die Wirksamkeit nur wenig bis gar nicht zu mindern. Mittlerweile gibt es eine Reihe neutraler, wissenschaftlich fundierter Studien, die dies belegen.[4] Es gibt sogar Hinweise darauf, dass die Offenheit und Ehrlichkeit der Influencer die Glaubwürdigkeit sogar noch erhöht. Auch im »Rakuten Marketing Consumer Survey« aus September 2017 wird deutlich, dass zwei Drittel der Befragten einem Influencer auch dann vertrauen würden, wenn es sich bei den von ihm präsentierten Informationen um bezahlte Inhalte handeln würde.[5] Andere Erhebungen aus dem Jahr 2017 betrachten einfach nur die Beiträge von Instagram mit und ohne Kennzeichnung und stellen fest, dass es bezüglich der er-

---

[4] Z. B. The role of disclosure in organized word-of-mouth marketing programs, http://www.tandfonline.com/doi/abs/10.1080/13527260701833839, Zugriff 23.03.2019

[5] Vgl. https://www.digitalcommerce360.com/2017/09/21/regulating-influencers-retailers-need-know-regulatory-crackdown/, Zugriff 24.03.2019

haltenen Likes **keinen Unterschied gibt**.[6] Neben den hier genannten Studien und Erhebungen sind weitere erschienen, die im Kern alle zum gleichen Ergebnis kommen.

- Auch nach der eindeutigen Regelung der Kennzeichnungspflicht in Deutschland ist belegt, dass sich Verbraucher nach wie vor von Influencern beeinflussen lassen. Eine aktuelle Analyse aus Q4 2017 belegt dies. Fast ein Drittel der 4.000 befragten Verbraucher aus den USA, Großbritannien, Frankreich und Deutschland gaben an, dass sie aufgrund des Posts eines Social Influences zum Kauf eines Produkts oder einer Dienstleistung bewegt worden sind. Die Umfrage »Psychology of Following« wurde von Olapic[7] in Auftrag gegeben und von Cite Research durchgeführt. Sie beleuchtete die psychologischen Hintergründe, warum Konsumenten Influencern in sozialen Medien folgen und vertrauen. Insbesondere wurde untersucht, wie Verbraucher auf die Produktempfehlungen der Social-Media-Größen reagieren. 44 Prozent aller Befragten gaben an, dass sie den Kauf eines Produkts oder einer Dienstleistung auf der Grundlage des Posts eines Influencers in Erwägung gezogen haben. 31 Prozent gaben an, dass sie bereits einmal ein Produkt auf der Grundlage des Posts eines Influencers gekauft haben. 24 Prozent gaben an, ein Produkt auf Basis des Posts eines Influencers weiterempfohlen zu haben.
- Im September 2017 war die Gründung des Bundesverbandes Influencer-Marketing (BVIM) abgeschlossen[8] und im Oktober 2017 ging die Influencer-Marketing-Akademie[9] an den Start. Beides sind Indizien dafür, dass sich Influencer-Marketing mehr und mehr organisiert und institutionalisiert. Der BVIM will sich als Repräsentant und Stimme der In-

---

6 Vgl. Sponsored Content Gets Equal Like Rate to Non-Sponsored Content on Instagram, http://markerly.com/blog/instagram-marketing-raise-your-hand-if-youve-ever-liked-a-sponsored-ad/, Zugriff 24.03.2019

7 Vgl. http://www.olapic.com/resources/consumer-research-psychology-following-whitepaper-s1cp/, Zugriff 25.03.2019

8 Vgl. http://www.horizont.net/marketing/nachrichten/Gruendung-abgeschlossen-Bundesverband-Influencer-Marketing-nimmt-seine-Arbeit-auf-161411, Zugriff 25.03.2019

9 Vgl. https://www.wuv.de/marketing/akademie_fuer_influencer_marketing_geht_an_den_start, Zugriff 25.03.2019

fluencer-Marketing-Branche in Deutschland verstanden wissen. Er hat laut Webseite vor, »die Interessen, Standpunkte und Belange von Unternehmen, Influencern und weiteren Content Creators sowie Marktteilnehmern der Werbewirtschaft und der werbetreibenden Wirtschaft« zu vertreten.

- Fakt ist weiterhin, dass gut gemachtes Influencer-Marketing funktioniert und hervorragende Ergebnisse liefert. Man kann regelmäßig von erfolgreichen Kampagnen lesen. Mir sind sogar Kampagnen bekannt, die deutschlandweit zum völligen Ausverkauf eines Produktes in Outlets und in Onlineshops geführt haben.
- Ebenfalls eine Tatsache ist es, dass sich Influencer-Marketing weiterentwickelt. Entwicklung ist in unserer schnelllebigen Zeit ein wichtiger Aspekt für den Fortbestand.
- Natürlich darf man aber auch nicht übersehen, dass eine naive Herangehensweise und blinder Aktionismus zu Stilblüten führen, die den betroffenen Marken eher schaden als nutzen. Diese werden dann wiederum medial ausgeschlachtet und nähren die Argumente der Skeptiker. Beispiele aus der jüngeren Vergangenheit sind die Kampagnen von Coral, Milka[10] oder Bifi. Besonders Bifi wurde im Februar 2018 mit Headlines[11] wie »Der tollpatschigste Werbespot seitdem es Influencer-Marketing gibt« oder » Wie peinlich! Werbepatzer der Blogger- und Influencer-Stars « durch den Kakao gezogen.

---

[10] Vgl. https://www.wuv.de/marketing/influencer_kampagne_droht_milka_das_gleiche_debakel_wie_coral, Zugriff 23.03.2019

[11] Vgl. http://www.horizont.net/marketing/kommentare/Bifi-wird-nass-Der-tollpatschigste-Werbepost-seit-es-Influencer-Marketing-gibt-164872 und https://www.rosenheim24.de/netzwelt/werbepatzer-blogger-influencer-stars-9619470.html, Zugriff 23.03.2019

3 Marketing abseits von TV, Radio, Zeitungen und Zeitschriften und wie es dazu kam

Inhalt

Influencer-Marketing ist nicht neu. Genau genommen gibt es Influencer-Marketing schon viele hundert Jahre (vgl. Kapitel 5 »Einführung, Abgrenzungen und Definitionen«). Neu ist jedoch das Social-Influencer-Marketing. Die sozialen Medien haben dem Influencer-Marketing eine völlig neue Dimension beschert. Die überwältigende Mehrzahl der Marktteilnehmer, die heute von Influencer-Marketing sprechen, meint genau genommen das Social-Influencer-Marketing.

Der Siegeszug der sozialen Medien (vgl. Abschnitt 3.1) und damit auch des Social-Influencer-Marketings ist von einer Vielzahl von Entwicklungen getrieben und gestützt worden. In den vergangenen zehn Jahren hat sich der Medienkonsum stark verändert, was auch zu einer veränderten Erwartungshaltung der Konsumenten geführt hat. Heute werden viel mehr digitale Medien konsumiert als klassische Medien (vgl. Abschnitt 3.2). Beispielsweise waren es vor 25 Jahren noch hauptsächlich das Fernsehen, das Radio sowie Zeitungen und Zeitschriften, mit deren Hilfe Werbetreibende die Massen erreichen konnten. Heute sieht die Welt entschieden zerklüfteter aus. Mit den sinkenden Abonnentenzahlen von Zeitungen und Zeitschriften sinkt natürlich auch die Anzahl der Konsumenten, die über dieses Medium erreicht werden können.

Aktuell gibt es viele Aspekte, die darauf hindeuten, dass sich diese Entwicklung in den nächsten Jahren noch verstärken wird. Seit geraumer Zeit kursieren

Buzzwords wie »digitale Transformation«, »das Internet der Dinge« oder »Industrie 4.0« durch die Medien. Das beeinflusst natürlich auch Entscheider in Unternehmen. Der digitale Wandel beschäftigt derzeit die gesamte Wirtschaft. Keine Branche, keine Organisation oder Institution kann sich davor verschließen. Die Welt wird immer globaler, immer mobiler, immer vernetzter, immer schneller und damit immer komplexer. Je komplexer Sachverhalte und Prozesse werden, desto mehr Vorteile ergeben sich, diese mit technischen Hilfsmitteln zu steuern und zu optimieren. Mit anderen Worten: Die Technologisierung des Marketings ist mittelfristig nicht mehr aufzuhalten.

Stetig kommen neue Kommunikationskanäle sowie Geräte hinzu. Man denke nur an die vielen neuen Entwicklungen und Marketing-Möglichkeiten, die das mobile Internet mit sich gebracht hat. Diese Entwicklung hat ja gerade erst angefangen. Oder an die ersten praktischen Ansätze der Vernetzung von Haushaltsgeräten. Oder an das vernetzte Auto, welches Daten aus dem Internet empfangen und verarbeiten kann. Auch diese Entwicklungen stehen erst am Anfang.

> Laut einer Accenture-Umfrage, bei der mehr als 3.100 Business- und IT-Entscheider befragt wurden, erwarten 86 Prozent der Befragten in den kommenden drei Jahren Veränderungen, die schneller und tiefgreifender sein werden als je zuvor. Manche sprechen von einem digitalen Kulturschock.

Durch die Vernetzung werden Datenberge heranwachsen. Diese Datenberge werden zunächst im Rahmen von zahlreichen Insellösungen entstehen und anfangs nur auf Umwegen integriert und genutzt werden können. Der Werkzeugkasten an erforderlichen Marketing-Tools wird stark wachsen. Doch irgendwann werden die Marketing-Suites für einen immer höheren Integrationsgrad sorgen. Die Art und Weise, wie Marketing praktisch ausgeführt wird, wird sich stark verändern.

Die digitale Transformation wird zukünftig Marketing-Verantwortliche vor große Herausforderungen stellen. Die Marketing-Aufgaben werden vielschichtiger und komplexer, die Aufgabenbereiche vergrößern sich. Die Grenze zwischen klassischem Marketing und Online-Marketing wird immer mehr verschwimmen. Ohne technische Hilfsmittel wird eine lohnende Ausbeute aus dem Marketing-Budget irgendwann nicht mehr machbar sein. Und bald werden Marketeers mehr und mehr an harten Zahlen gemessen, so wie das im Online-Marketing schon lange möglich und üblich ist. Wie bereits eingangs gesagt: Die Technologisierung des Marketings ist mittelfristig nicht mehr aufzuhalten. In der Folge werden einige Entwicklungen etwas genauer beleuchtet.

3.1 Social Media

Die sozialen Medien haben unsere Gesellschaft verändert und ferner das Kommunikationsverhalten vieler Menschen, insbesondere junger Menschen. Social-Media sind heute aus unserem Alltag nicht mehr wegzudenken. Social-Influencer-Marketing befindet sich quasi im Epizentrum dieser Entwicklung. Doch was genau sind Social Media?

Social Media entstanden im Rahmen der Entwicklungen der Web-2.0-Ära. Der Begriff »Web 2.0« wurde erstmals von Tim O´Reilly im Jahr 2004 geprägt. Ein Hauptaspekt von Web 2.0 ist, dass Inhalte im Internet nicht mehr nur von großen Medienunternehmen erzeugt werden, sondern von einer Vielzahl von Individuen, die sich mithilfe spezieller Software untereinander vernetzen. Am Anfang standen Blogs im Zentrum dieser Entwicklung. Doch schnell entstanden neue Formen wie Videoportale, Microblogs, virtuelle Welten, Foto-Sharing-Portale, Instant-Messaging-Dienste, Produkt- und Service-Bewertungsdienste, soziale Spiele und sogenannte soziale Netzwerke. Prominente Vertreter dieser Social-Media-Formen sind das Videoportal YouTube, welches 2005 gegründet wurde, das Instant-Messaging-Programm WhatsApp, gegründet 2009, der Microblog Twitter, gegründet 2006, und natürlich das soziale Netzwerk Facebook, welches 2004 gegründet wurde. Darüber hinaus gibt es noch viele weitere Formen und Anwendungen rund um das Thema Social Media.

Die Entwicklungen, die im Rahmen von Social Media stattfanden, hatten einen großen Einfluss auf die Medienlandschaft im Allgemeinen und auf das Marketing im Besonderen. Plötzlich waren nicht mehr die Unternehmen selbst die einzigen Marktteilnehmer, die Botschaften zu ihren Produkten über Massenmedien verbreiten konnten. Durch Social Media und die Vernetzung der Kanäle hatten plötzlich die Konsumenten Sprachrohre, mit denen Massen erreicht werden konnten. Das jahrzehntealte Monopol der konventionellen Medien auf die exklusive Verbreitung von Nachrichten und Botschaften an die Massen wurde durch Social Media aufgehoben, und das in rasender Geschwindigkeit. Nur um Ihnen einen Eindruck von dieser Geschwindigkeit zu geben, hier einige Zahlen: Um 50 Millionen Nutzer zu erreichen, benötigte das Radio 38 Jahre. Das Fernsehen schaffte die 50 Millionen schon in 13 Jahren. Nur noch sieben Jahre brauchte das World Wide Web. Facebook benötigte gerade mal 1325 Tage und Twitter gar nur 1096 Tage.

Immer mehr Unternehmen versuchen, ihre Kunden über soziale Medien zu erreichen. Viele Firmen haben eigene Mitarbeiter für die Pflege ihrer Accounts eingestellt und statten das Social-Media-Marketing mit ansehnlichen Budgets aus. Doch meiner Beobachtung nach agieren die meisten Unternehmen in Deutschland immer noch nicht zielführend. Oft beschränken sich die Aktivitäten auf die Vorstellung neuer Produkte oder Angebote. Auf der Facebook-Fanpage finden sich nur wenige, veraltete Beiträge, und die Twitter-Tweets folgen Schema 08/15. Dass solche Social-Media-Aktivitäten wenig Interesse wecken, verwundert kaum.

Dennoch haben Social Media auch das Marketing im Allgemeinen und das Online-Marketing im Besonderen verändert und beeinflusst. Social-Media-Marketing ist im Wesentlichen getrieben von Inhalten, die durch die User erzeugt wurden. Die Rede ist vom sogenannten »User-generated Content«. Eines der ersten Instrumente von Social Media waren die Blogs. Heute gibt es neben den Blogs viele weitere soziale Medien, über die User ihre Inhalte veröffentlichen und mit anderen teilen können. Das sind beispielsweise:

- Microblogging-Systeme wie Twitter
- soziale Netzwerke wie Facebook oder XING
- Videoportale wie YouTube
- Messenger wie WhatsApp

Wer sich für die Vielfalt von Social Media in Deutschland interessiert, dem empfehle ich die Infografik »Social-Media-Prisma« von ethority (http://ethority.de/social-media-prisma/, Abruf 26.01.2019). Hier der Servicelink:

Servicelink

https://www.lammenett.de7411

Das Social-Media-Prisma von ethority liefert einen vergleichsweise aktuellen Überblick über die deutsche Social-Media-Landschaft mit den wichtigsten Social-Media-Plattformen und -Werkzeugen. Es sind aktuell über 200. Seit Veröffentlichung der ersten Version des Social-Media-Prismas im September 2012 sind über 100 neue Plattformen hinzugekommen.

Besonders eindrucksvoll wird die »Macht des User-generated Content« durch die Geschichte der Blogs. Natürlich sind die Erfolgsgeschichten von Facebook, LinkedIn, Twitter und YouTube auch herausragend. Sie alle zu erzählen würde den Rahmen dieses Buches sprengen. Darum beschränke ich mich auf die Blogs.

Der Begriff »Weblog« tauchte erstmals 1997 auf. Er leitet sich aus den Wörtern »Web« und »Logbuch« ab. Er ist also eine Art Logbuch für das World Wide Web. Die Kurzform lautet Blog.

Der erste freie Blog war 1999 in den USA verfügbar und basierte auf der Software »Pitas«. Die Zahl der Blogs stieg schnell an. Während Anfang des Jahres 1999 lediglich 23 Blogs existierten, gab es 2002 bereits geschätzte 500.000 weltweit.

Ursprünglich wurden in Blogs primär technische Themen behandelt. Nach der Jahrtausendwende wurden verstärkt öffentlich relevante Themen behandelt. Nach dem 11. September 2001 entstanden viele Blogs, in denen Menschen über ihre Gefühle, Meinungen und Beobachtungen schrieben. Plötzlich berichteten Blogger kritisch und perspektivenreich über Dinge, die in konventionellen Medien keinen Platz fanden. Blogs begannen, das Mediensystem zu verändern. Einige Beispiele verdeutlichen diese Aussage:

- Nach der Tsunami-Katastrophe in Südostasien im Dezember 2004 erlangten verschiedene Blogger weltweit Aufmerksamkeit, weil sie von ihren Eindrücken berichteten. Sie veröffentlichten Fotos oder Videos im Internet – oft schneller und detaillierter als die traditionellen Medien.
- Nach den Terroranschlägen von London am 7. Juli 2005 griffen traditionelle Medien auf Berichte von Bloggern zurück. Erst später hatten sie eigene Quellen und Augenzeugenberichte.

Ab 2004/2005 begannen traditionelle Medien, Blogs in ihr Konzept zu integrieren. In Deutschland waren es Medien wie »Die Zeit«, der »Berliner Tagesspiegel«, die »Süddeutsche Zeitung« und die »ARD-Tagesschau«.

Ab 2005 entdeckte auch die Politik die Macht der Blogs und engagierte sich. Primär wurden sogenannte Wahl-Blogs oder Bürger-Blogs populär. Eine Politisierung der Blogosphäre ähnlich wie in den USA blieb aus.

Blogs haben nachhaltig die Medienlandschaft, das Medienverhalten und das Marketing verändert. **Vor deren Existenz hatten die Unternehmen die Hoheit über die Massenmedien, was die Versendung von Massenbotschaften (zumeist Werbebotschaften) an Konsumenten anging.** Das hat sich durch Blogs geändert. Blogs haben den Zugang zur »Kommunikation« maßgeblich verändert. Die Hoheit über das, was in der Öffentlichkeit gesagt und verteilt wird, haben nicht mehr nur die werbetreibenden Unternehmen. Ein Beispiel verdeutlicht diese Aussage: Als im Dezember 2004 der Blogger Johnny Häusler auf seinem Weblog »Spreeblick« die Verkaufspraktiken des Mobilfunk-Klingeltonanbieters Jamba kritisierte, griffen andere Blogger das Thema auf, setzten Hyperlinks auf »Spreeblick« und schrieben kritische Kommentare unter Häuslers Beitrag. Wegen des hohen Google-Rankings und der dadurch entstandenen negativen Publicity versuchten Jamba-Mitarbeiter, mit Kommentaren auf »Spreeblick« ihre Firma positiv darzustellen. Als dies entdeckt wurde, berichteten auch traditionelle Medien über den Fall, woraufhin Jambas Image stark litt.

Das zuvor genannte Beispiel ist nur eines von vielen, die ich unter der Überschrift »Shitstorm« hier besprechen könnte. Auch könnte ich noch Beispiele aus anderen Social-Media-Bereichen hier anführen. Aber mir geht es an dieser Stelle nicht darum, das Thema Social Media in Gänze zu erläutern. Mir kommt es nur auf die wesentlichen Parameter an, die Sie als Leser verstehen müssen, wenn Sie sich mit dem Thema Social Media bzw. Social-Influencer-Marketing auseinandersetzen. Diese sind:

- Es gibt Hunderte Social-Media-Werkzeuge und -Tools (vgl. Social-Media-Prisma von ethority). Die wichtigsten in Bezug auf das Social-Influencer-Marketing sind Instagram, YouTube, Facebook und Blogs. Je nach Kampagne können aber auch andere Tools von Bedeutung sein.
- Diese Tools bedienen unterschiedliche Bedürfnisse und adressieren unterschiedliche Zielgruppen.
- Der Vernetzungsgrad der Werkzeuge ist meistens sehr hoch.
- Die Art der Kommunikation vom Unternehmen zum Konsumenten hat sich durch Social Media verändert. Die Hoheit über die Gesprächsinhalte liegt nicht mehr bei den Unternehmen.
- In vielen dieser Medien kann man heute auch Werbung gegen ein entsprechendes Entgelt platzieren.
- Aufgrund des Vernetzungsgrades eignen sich viele dieser Werkzeuge für Viral-Marketing.
- Der Umgang mit solchen Medien will gelernt sein, möchte man einen sogenannten Shitstorm unbedingt vermeiden.

3.2 Medienkonsum und Mediengewohnheiten

Es gibt viele Institutionen, die das Medienverhalten der Menschen beobachten. Die Zahlen, die von den jeweiligen Institutionen dazu veröffentlicht werden, weichen bisweilen etwas voneinander ab. In der Tendenz sind sich jedoch alle einig: Der Medienkonsum in Deutschland steigt seit Jahren. Dabei profitieren digitale Medien deutlich vor analogen. Über die Jahre hat die technologische Entwicklung dazu geführt, dass analoger Medienkonsum nachgelassen hat. Der digitale Medienkonsum hingegen steigt weiter an. Zwei Beispiele sollen diese Aussage verdeutlichen:

- Laut dem Bundesverband Deutscher Zeitungsverleger hatten im Jahr 1991 Tageszeitungen eine tägliche Auflage von rund 27,3 Millionen Exemplaren. 20 Jahre später lag dieser Wert bei weniger als 19 Millionen Exemplaren. 2018 lag die tägliche Auflage gar nur noch bei etwas über 14 Millionen. Auch die Anzahl der herausgegebenen Tageszeitungen sank dramatisch von 225 im Jahr 1954 auf nur noch 129 60 Jahre später.

Aktuell sinkt die Anzahl der herausgegebenen Tageszeitungen weiter. Ein Ende ist also noch nicht in Sicht.

- Im Gegensatz dazu stieg der Anteil der Internetnutzer in den letzten 20 Jahren stetig an. Laut D21-Digital-Index[19] belief sich der Anteil der Internetnutzer im Jahr 2017 auf 81 Prozent. 2002 waren es gerade einmal 42 Prozent.

Was die Dauer des täglichen Medienkonsums angeht, so schwanken die Zahlen zwischen acht und zehn Stunden pro Tag. Laut einer Studie von ZenithOptimedia aus dem Jahr 2015[20] konsumieren die Menschen weltweit jeden Tag mehr als acht Stunden Medien. Die Studie untersuchte, wie viel Zeit Menschen mit dem Lesen von Zeitungen oder Magazinen verbringen, wie viel Zeit sie vor dem Radio, dem TV-Gerät oder im Kino verbringen und natürlich wie oft sie das Internet nutzen und womit. Interessant dabei: Zwischen 2010 und 2014 hat sich die Zeit, die Menschen im Internet verbringen, fast verdoppelt. Bei ZenithOptimedia erklärt man sich die Steigerung der Gesamtzeit auch durch die verstärkte Nutzung von mobilen Endgeräten für den Medienkonsum.

Das mag sich für Marketeers zunächst positiv anhören. Denn bei hohem Medienkonsum steigen die Chancen, Konsumenten mit Marketing-Botschaften häufiger zu erreichen. Auf der anderen Seite stellt die Entwicklung im Bereich der Endgeräte das Marketing vor völlig neue Herausforderungen. Waren vor wenigen Jahren noch der Laptop und der Desktop-PC die dominierenden Endgeräte für den Konsum von Online-Medien, so kommen heute das Smartphone, das Tablet und die Smartwatch hinzu.

Der Konsum von Online-Medien findet heute auch nicht mehr nur zu Hause oder im Büro statt. Durch die technologische Entwicklung im mobilen Breitbandsektor in Kombination mit der Entwicklung der Smartphones kann heute fast immer und überall online konsumiert werden.

> Immer mehr Medienkonsum wandert ab in den digitalen Raum. Immer mehr Menschen konsumieren mobil.
> Diese Entwicklungen verändern das Marketing. Sie können langfristig von keinem Unternehmen bzw. keiner Institution ignoriert werden.

---

19 Vgl. https://initiatived21.de/app/uploads/2018/01/d21-digital-index_2017_2018.pdf, Abruf 20.01.2019.

20 Vgl. www.zenithoptimedia.com/internet-use-drive-1-4-increase-media-consumption-2015/, Abruf 07.04.2017.

3.3 Breitbandinternet

Anders als noch vor zehn Jahren verfügt heute fast jedermann über einen Breitbandanschluss. Heute können Videos über das Internet ruckelfrei angesehen werden. Und das sogar jederzeit. Denn das mobile Internet ist mittlerweile auch so weit, dass Flatrates mit einem entsprechenden Datenvolumen zu erschwinglichen Preisen angeboten werden. Das war vor zehn Jahren keinesfalls so. Die folgenden beiden Abbildungen verdeutlichen die Entwicklung eindrucksvoll.

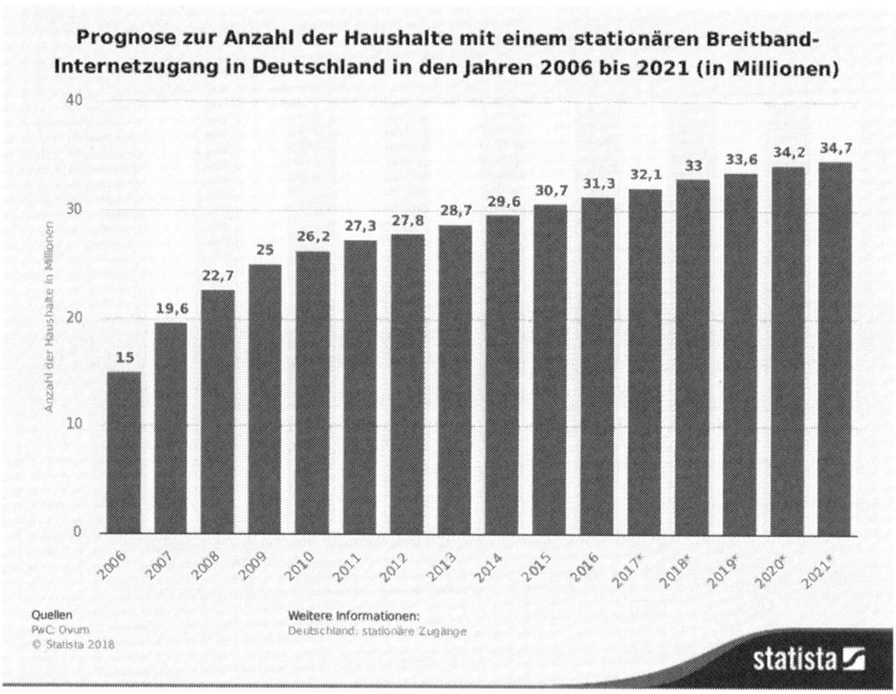

Abbildung 3.1: Anzahl der stationären Breitbandanschlüsse in Deutschland von 2006 bis 2021 (in Millionen). Zitiert nach de.statista.com, URL https://de.statista.com/statistik/daten/studie/154849/umfrage/anzahl-der-haushalte-mit-breitband-internetzugang-in-deutschland/, Abruf 25.01.2019.

Breitband schafft die Basis für veränderten Medienkonsum, was wiederum Auswirkungen auf das Marketing, insbesondere das Online-Marketing, hat. Ganz besonders die mobilen Breitbandanschlüsse in Kombination mit dem »Siegeszug der Smartphones« haben einen hohen Anteil am veränderten Medienkonsum, wie im folgenden Kapitel deutlich wird.

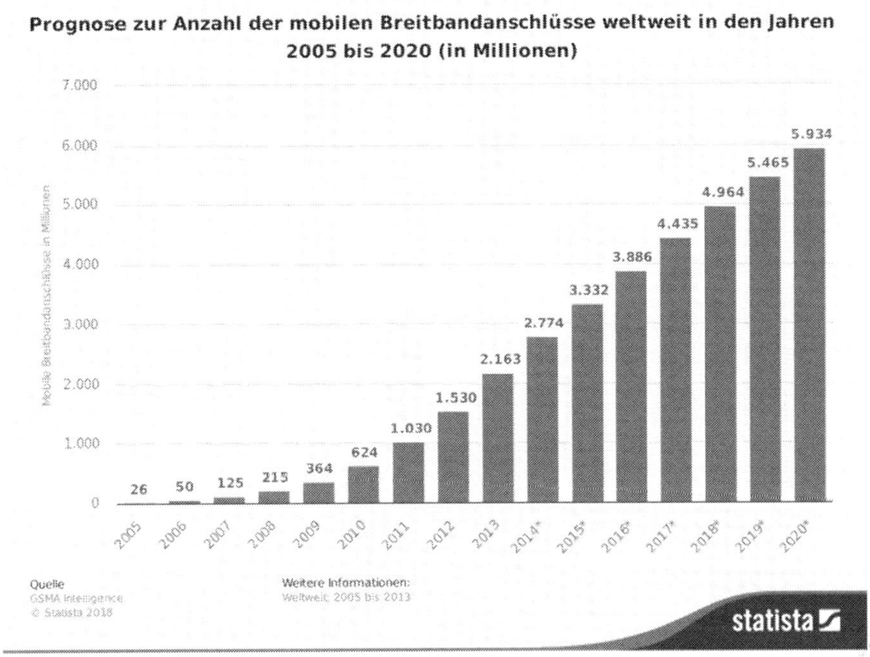

Abbildung 3.2: Prognose zur Anzahl der mobilen Breitbandanschlüsse weltweit in den Jahren 2005 bis 2020 (in Millionen). Zitiert nach de.statista.com, URL https://de.statista.com/statistik/daten/studie/218152/umfrage/anzahl-an-weltweiten-mobilen-breitbandanschluessen-seit-2005/, Abruf 25.01.2019.

3.4 Mobilfähige Endgeräte und das mobile Internet

Heute hat fast jeder ein Smartphone. Konventionelle Mobiltelefone, wie wir sie vor zehn Jahren kannten, sind fast vollständig vom Markt verschwunden. Die technologische Entwicklung ist in den letzten Jahren geradezu davongaloppiert. Die Kameras in den Smartphones erfüllen heute hohe Qualitätsstandards. Das Smartphone ist immer in der Nähe und griffbereit. Heute kann praktisch jedermann mittels Smartphone zu jeder Zeit Botschaften empfangen und senden.

Egal wen man fragt – die mobile Internetnutzung hat in den vergangenen fünf Jahren stark zugenommen und sie wächst weiter. So verzeichnete die Allensbacher Markt- und Werbeträgeranalyse 2015 (AWA) einen starken Anstieg der Internetnutzung über mobile Endgeräte. Laut Allensbach gingen 2014 rund 30 Prozent der Deutschen mit einem Smartphone oder Tablet ins Netz. 2015 waren es schon rund 45 Prozent. Die Initiative D21[21] ermittelte noch höhere Zahlen. Laut

[21] Vgl. https://initiatived21.de/, Abruf 04.01.2019.

D21 waren 2014 rund 50 Prozent der Befragten über mobile Endgeräte im Internet. 2018 sind laut D21-Digital-Index rund 66 Prozent der Deutschen mit ihren Geräten im mobilen Internet unterwegs. Mit mehr als 20.000 Befragungen von über 14-Jährigen ist die Studie, die zusammen mit dem Marktforschungsinstitut Kantor TNS erstellt wird, die umfassendste Untersuchung der Webnutzung in Deutschland.

BITTE SAGEN SIE UNS, WELCHE DER FOLGENDEN GERÄTE SIE PRIVAT ODER BERUFLICH NUTZEN?

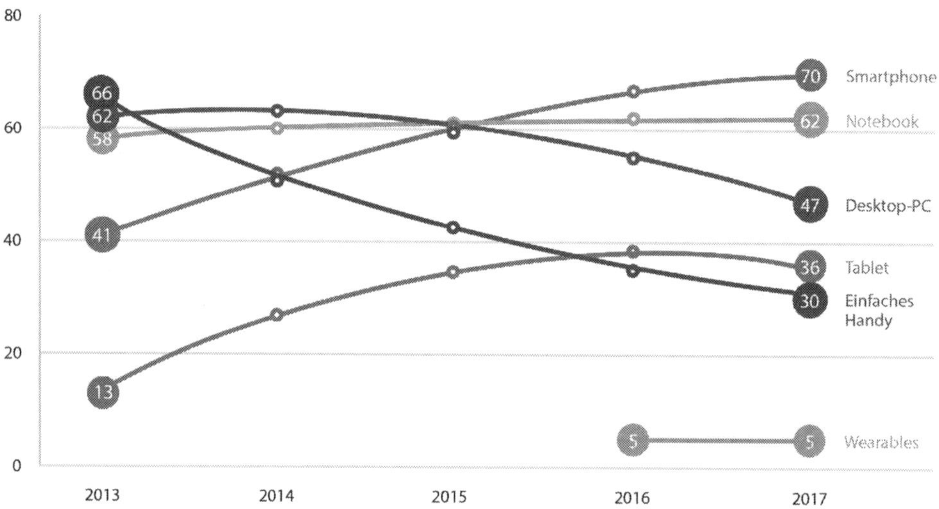

Basis: Personen ab 14 Jahren (n = 12.204); Angaben in Prozent

Abbildung 3.3: Gerätenutzung in Deutschland. Quelle: Entnommen aus der „Studie D21-Digital-Index 2017 / 2018“ und zwecks Lesbarkeit im Printmedium leicht modifiziert. Herausgeber und Rechteinhaber ist die Initiative D21 e. V., https://initiatived21.de, Haftung ausgeschlossen. Hier veröffentlicht gem. CC-Lizenz https://creativecommons.org/licenses/by/3.0/de/, Abruf 23.04.2019.

Weltweit setzt sich der Trend weg von der stationären Internet-Nutzung hin in Richtung mobiles Internet ebenfalls ungebremst fort. Laut Ende 2017 veröffentlichten Zahlen und Prognosen der Digital-Agentur Go-Globe mit Sitz in Hongkong soll der Anteil von Mobile am gesamten Internet-Traffic bis Ende 2018 auf stolze 61,2 Prozent ansteigen.

Der Trend zur steigenden Nutzung mobiler Endgeräte wird viele Geschäftsprozesse verändern. Teilweise werden das sehr starke Veränderungen sein, die sowohl die Industrie als auch den Handel (alle Handelsstufen) betreffen werden. Einige Beispiele gefällig? Schon heute ist ein Dachdecker, der auf der Baustelle per Handy ein Ersatzteil recherchiert, nichts Besonderes mehr. Oder ein Elektriker, der im Intranet seines Unternehmens einen Schaltplan über Handy einsieht, weil er bei einem Außentermin auf ein Problem stößt. Oder ein Kommissionierer in einem Versandlager, der per Handheld ein Bild der zu kommissionierenden Ware prüft. Oder ein Versicherungsmakler, der im Beratungsgespräch per Handy einen Tarifrechner bedient.

Beim Thema »mobiles Internet« geht es also schon lange nicht mehr nur um den schnöden Einkauf per Handy, obwohl der natürlich auch boomt, wie die Grafik auf der Folgeseite zeigt. Bereits 2014 hatten Smartphones einen Anteil von rund elf Prozent am Online-Umsatz in Deutschland. Laut eMarketer[22] waren es 2016 schon 38 Prozent und bis 2020 sollen es 50 Prozent werden. Das verwundert nicht. Beispielseise vermeldete Zalando für viele seiner internationalen Shops schon im ersten Quartal 2018 rund 77 Prozent Traffic von mobilen Endgeräten.

Häufiger noch als um Vertrieb geht es um eine Effizienzsteigerung von wirtschaftlich relevanten Prozessen durch die Bereitstellung von Daten/Informationen an praktisch jedem beliebigen Ort. Das mobile Internet wird überall sein und es wird überall »mitreden«: In Ihrem Auto, in Ihrem Wohnzimmer, am Arbeitsplatz oder auf der Straße. Es hat bereits viele Wirtschaftsbereiche deutlich verändert – und das, obwohl es gerade erst in den Kinderschuhen steckt. Bedenken Sie: Das erste iPhone erschien erst 2007 und das erste Tablet erst im Jahr 2010.

Deutsche schauen 80 Mal am Tag auf das Handy. Jugendliche checken alle sieben Minuten ihr Handy und sind seit einigen Jahren über konventionelle Medien wie klassisches TV oder Printmagazine kaum noch zu erreichen.

Paradox: Nur ein Prozent der gesamten Werbeausgaben in Deutschland wurde 2015 für Mobile-Marketing ausgegeben. Voraussichtlich wird sich das aber ändern. Beispielsweise schätzt die Mediagruppe Zenith, dass bis 2020 ein knappes Drittel der Online-Marketing-Budgets in Mobile fließen.

Für das Marketing und insbesondere für das Online-Marketing wird diese Entwicklung enorme Auswirkungen haben. Die Entwicklungen im mobilen Internet bergen viele Chancen und für die Unternehmen, die diese Entwicklung verschlafen haben, auch Risiken. Zukünftig wird die klassische Mobilstrategie der letzten Jahre in vielen Branchen und Wirtschaftsbereichen wohl nicht mehr ausreichen, um hinreichend Abstand zwischen Ihrem Unternehmen und dem unliebsamen

[22] Vgl. https://www.emarketer.com/Article/Mobile-Commerce-Use-Growing-Germany/1016395, Abruf 11.01.2019.

Mitbewerber zu halten. Die Entwicklung im mobilen Sektor ist zu dynamisch, um sie sich aus der Ferne anzusehen und abzuwarten.

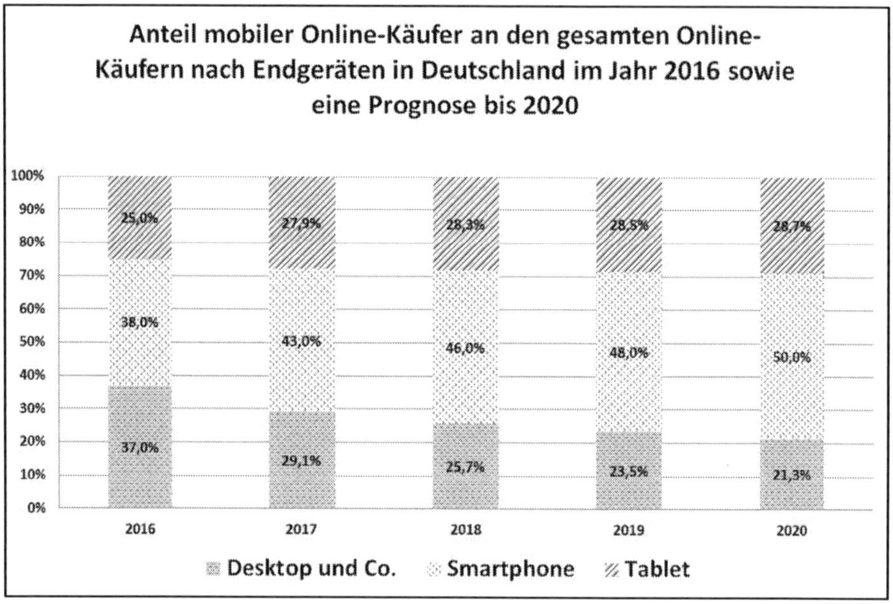

Abbildung 3.4: Online-Umsatz nach Endgerät. Quelle: eMarketer, 2017.

3.5 Digitalisierung von Geschäftsprozessen

Das Internet hat in den vergangenen 20 Jahren unsere Gesellschaft stark verändert. Getrieben von den technologischen Möglichkeiten wurden Geschäftsprozesse in manchen Branchen geradezu revolutioniert. Diese Entwicklung ist noch nicht abgeschlossen – und wird es vermutlich auch nie sein. In diesem Abschnitt möchte ich diesen Sachverhalt anhand einiger weniger Beispiele beleuchten. Die Digitalisierung von Geschäftsprozessen hat natürlich auch unmittelbaren Einfluss auf das Marketing, welches im Umfeld des digitalisierten Geschäftsprozesses stattfindet.

Beginnen wir mit einigen »alten Hüten«. Onlinebanking ist für die meisten Marktteilnehmer heute eine Selbstverständlichkeit. Auch Onlinebrokerage ist heute gang und gäbe. Das Bankenwesen war eine der ersten Branchen, in der die Digitalisierung von Geschäftsprozessen früh begonnen hat. Sicherlich war dies nicht der einzige Grund, weshalb Banken seit der Jahrtausendwende viele Filialen geschlossen haben. Aber einen nennenswerten Einfluss wird es sicherlich gehabt haben. Das Marketing der Banken hat sich aufgrund der Digitalisierung des Bankengeschäfts in den letzten zehn Jahren ebenfalls deutlich verändert.

Noch dramatischer als das Bankenwesen hat sich die Verlagslandschaft aufgrund der Digitalisierung verschiedenster Geschäftsprozesse verändert. Vor der Jahrtausendwende lebten viele Verlage ganz hervorragend von den Stellenanzeigen, die meistens am Wochenende in den Zeitungen veröffentlicht wurden. Für viele Verlage waren die Stellenanzeigen eine wichtige Umsatzquelle. Mit den Jahren sind die Stellenanzeigen jedoch in das Internet verlagert worden. Es entstanden neue Wettbewerber für die Verlage – nämlich die Jobportale. Einige Verlage versuchten gegenzusteuern und entwickelten eigene Jobportale. Durch den Konkurrenzdruck veränderte sich jedoch das Preisgefüge für Stellenanzeigen. Einige Jahre später führte die technologische Entwicklung auf dem Breitbandsektor dazu, dass Inhalte über internetbasierte Technologien quasi auf Abruf von Konsumenten bezogen werden konnten. Es entstanden zahlreiche neue Dienste und Anwendungsformen. Dies betraf die Verlags- und Medienlandschaft – also auch die TV- und Filmindustrie. Heute können Bücher, Zeitungen und Zeitschriften, Fernsehsendungen, Fernseh- oder Kinofilme online bezogen und auf unterschiedlichsten Endgeräten konsumiert werden. Die Folge dieser Entwicklungen war eine extrem starke Umwälzung und Konsolidierung des deutschen Verlags- und Medienwesens. Natürlich hat sich auch das Marketing in der Verlags- und Medienlandschaft dadurch stark verändert.

Im Grunde zieht sich die Digitalisierung von Prozessen durch fast alle Wirtschaftsbereiche und hilft, Kosten zu reduzieren. Meistens betreffen solche Veränderungen auch Arbeitsplätze. Ein Beispiel soll diese Aussage verdeutlichen: Früher wurde das Ablesen des Stromverbrauchs in den Haushalten von Angestellten der Energieversorger erledigt. Diese gingen von Haus zu Haus und notierten jeweils die Zählerstände. Später gab es Postkarten, auf denen die Konsumenten die jeweiligen Zählerstände selbst eintragen konnten. Heute gibt es zusätzlich die Option, den Zählerstand über einen Sprachcomputer oder eine Internetanwendung zu übermitteln. Bei den letzten beiden Methoden entfällt beim Energieversorger auch der Prozessschritt der erneuten Eingabe in deren System. Die Daten werden quasi vom Konsumenten direkt in das IT-System des Energieversorgers eingegeben. Mehr Prozessoptimierung geht fast nicht. Wobei – zukünftig werden die Stromzähler wahrscheinlich über eine eigene Internetverbindung die Zählerstände direkt und ohne Zutun der Konsumenten an den Energieversorger übermitteln. Die folgende Abbildung zeigt einen QR-Code, der direkt zur voreingestellten Internetseite des Energieversorgers führt, wo dann nur noch die Zählerstände eingegeben werden müssen.

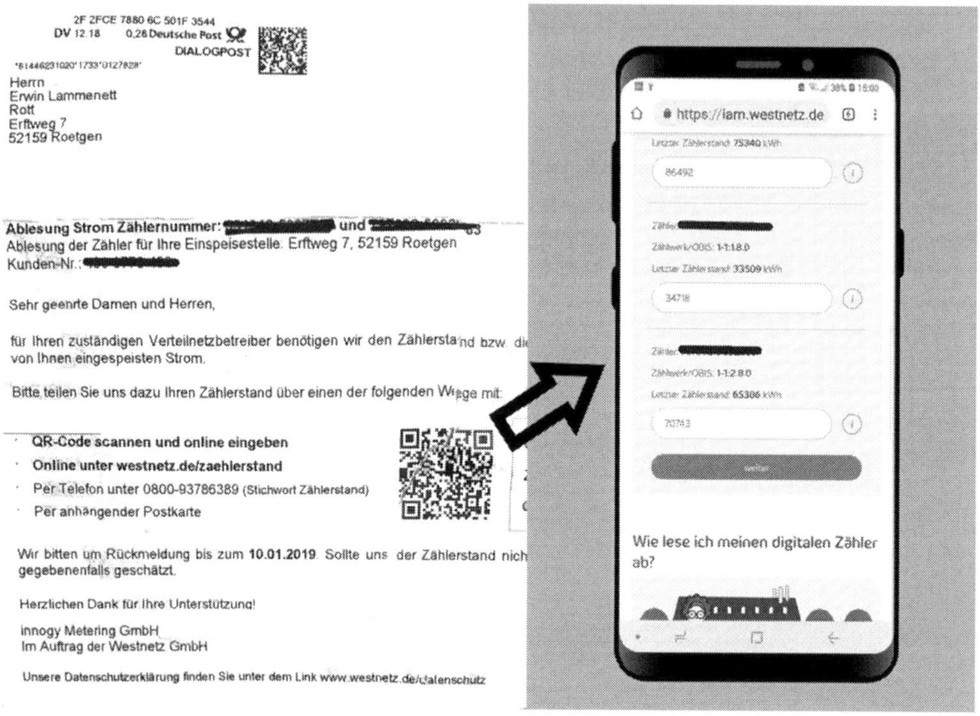

2F 2FCE 7880 6C 501F 3544
DV 12.18 0,28 Deutsche Post
DIALOGPOST

Herrn
Erwin Lammenett
Rott
Erftweg 7
52159 Roetgen

Ablesung Strom Zählernummer: [redacted] und [redacted]
Ablesung der Zähler für Ihre Einspeisestelle: Erftweg 7, 52159 Roetgen
Kunden-Nr.: [redacted]

Sehr geehrte Damen und Herren,

für Ihren zuständigen Verteilnetzbetreiber benötigen wir den Zählerstand bzw. di
von Ihnen eingespeisten Strom.

Bitte teilen Sie uns dazu Ihren Zählerstand über einen der folgenden Wege mit:

- **QR-Code scannen und online eingeben**
- **Online unter westnetz.de/zaehlerstand**
- Per Telefon unter 0800-93786389 (Stichwort Zählerstand)
- Per anhängender Postkarte

Wir bitten um Rückmeldung bis zum **10.01.2019**. Sollte uns der Zählerstand nich
gegebenenfalls geschätzt.

Herzlichen Dank für Ihre Unterstützung!

innogy Metering GmbH
Im Auftrag der Westnetz GmbH

Unsere Datenschutzerklärung finden Sie unter dem Link www.westnetz.de/datenschutz

Abbildung 3.5: Digitalisierung des Prozesses »Stromzähler ablesen«.

Auch der Handel hat sich in den vergangenen zehn Jahren stark verändert. Zunächst waren es die Onlineshops, die an jahrzehntelang geltenden Gesetzmäßigkeiten rüttelten. Dann waren es die Marktplätze wie Amazon und Co, die immer populärer wurden (Stichwort »Plattform Economy«). In manchen Branchen hat die Entwicklung des E-Commerce zum Aussterben einzelner Handelsstufen geführt. In den Jahren nach 2012 entdeckten auch Hersteller und Großhändler immer mehr die Chancen des E-Commerce. Der B2B-E-Commerce boomt seither deutlich. Händler und Hersteller, welche die Zeichen der Zeit nicht erkannt haben, bekamen extreme Probleme. Prominente Beispiele waren 2009 die Quelle GmbH und 2012 die Neckermann.de GmbH. Im Juni 2009 meldete Quelle Insolvenz an. Es gab damals nicht wenige Analysten, die das Scheitern von Quelle auf den zu späten Einstieg in den E-Commerce und die Vernachlässigung von Online-Marketing schoben. Am 11. Oktober 2012 wurde offiziell das Insolvenzverfahren gegen Neckermann eröffnet. Die Fachpresse unkte damals über das lange Festhalten am verlustreichen Kataloggeschäft. Dieses war insofern erstaunlich, als dass Neckermann einer der ersten Universalversender war, der in den E-Commerce einstieg. Das war bereits 1995. Doch offenbar wurde der Schwenk zum E-Commerce-Anbieter nie richtig vollzogen. Im Gegensatz dazu steht der Otto Versand, Hamburg. Im November 2018 wurde der letzte Otto-Katalog gedruckt[23]. Unter www.otto.de und vielen anderen Domains ist das Unternehmen heute ausgesprochen erfolgreich.

Die Digitalisierung von Geschäftsprozessen führte aber nicht nur zu Veränderungen bestehender Geschäftsprozesse. Es entstanden auch völlig neue Geschäftsmodelle, die nur wegen der neuen technologischen Entwicklungen möglich wurden. Drei Beispiele verdeutlichen diese Aussage:

Es entstand eine neue Form des Lieferservice wie beispielsweise www.lieferheld.de. Die Geschäftsprozesse, die zwischen Besteller, Restaurant und Lieferant (Kurierdienst) ablaufen, werden über eine internetbasierte Anwendung gesteuert. Die jeweiligen Marktteilnehmer verwenden hierzu schwerpunktmäßig sogenannte Apps, die über ein Smartphone zu bedienen sind.

Mit der Smartphone-App mytaxi (https://de.mytaxi.com) kann heute relativ komfortabel von unterwegs ein Taxi bestellt werden. In den meisten größeren Städten funktioniert dies einwandfrei. Am Bildschirm des Smartphones kann man auf einer Landkarte sogar das sich nähernde Taxi verfolgen. Die Bezahlung kann ebenfalls über diese App geregelt werden. Viele Geschäftskunden bevorzugen diese Art der Taxibestellung, weil die lästige Zettelwirtschaft mit den Taxiquittungen so entfällt. Die Rechnung kommt bequem per E-Mail. Dieses Geschäftsmodell wurde nur möglich, weil Smartphones mittlerweile so leistungsfähig sind, dass derartige Anwendungen betrieben werden können. Apps wie mytaxi sind natürlich den Betreibern von klassischen Taxizentralen ein Dorn im Auge. Sie haben zu einer Veränderung der Geschäftsprozesse in dieser Branche geführt und beeinflussen natürlich auch das Marketing. Genau genommen haben sie sogar zu einer Erhöhung des Kundenservice geführt. Die Taxifahrer können namälich von den Fahrgästen bewertet werden. Diese Bewertungen konnen im Bestellprozess als Filterkriterium eingesetzt werden. Viele Taxifahrer geben sich daher spürbar Mühe im Kundenservice, um gute Bewertungen und damit mehr Kunden zu erhalten.

Ein weiteres Beispiel für völlig neue Geschäftsmodelle kommt aus dem Segment Diktiertechnik. Handdiktiergeräte basieren mittlerweile auf digitaler Technologie. Geräte mit Bändern sind weitestgehend ausgestorben. Seit einigen Jahren gibt es auch Smartphone-Apps, die als vollwertiges Handdiktiergerät fungieren. Ich selbst verwende eine derartige App und die Zeilen, die Sie jetzt gerade lesen, sind mithilfe einer solchen App entstanden. Auf Basis von digitaler Diktiertech-

---

[23] Vgl. https://www.wr.de/wirtschaft/otto-chef-otto-katalog-als-schaufenster-zu-klein-geworden-id215913839.html, Abruf 06.01.2019.

nologie sind Schreibbüros entstanden, die deutschlandweit Transkriptionsdienstleistungen anbieten. Ein Pionier in diesem Segment ist www.schreibbuero-24.com. Bei diesem Unternehmen sind sämtliche Prozesse über das Internet abgebildet: Von der Auftragseinstellung über die Rückmeldung bis zur Rechnungserstellung. Genau wie die Kunden sind auch die Mitarbeiter des Unternehmens in ganz Deutschland verteilt. Ohne die Digitalisierung der mit diesem Geschäftsmodell zusammenhängenden Geschäftsprozesse wäre ein solches Unternehmen nie entstanden. Konsequenterweise setzt dieses Schreibbüro vollständig auf Online-Marketing.

3.6 Erwartungshaltung von Konsumenten

Die Kundenerwartungen und das Kundenverhalten haben sich in den vergangenen Jahren gewandelt und werden sich zukünftig erneut deutlich verändern. Durch die Informationsflut im Internet und mit steigender Nutzung von mobilen Endgeräten geht nachweislich die Gewohnheit verloren, im Web längere Textpassagen zu lesen. Im Gegenteil: Gesprochene und visualisierte Informationen liegen im Trend. Diese Entwicklung wird das Video-Marketing begünstigen.

Ferner wird die technologische Entwicklung auf dem mobilen Sektor die Erwartungshaltung der Menschen in Bezug auf fast alle wirtschaftlichen Prozesse weiter beeinflussen. Denn jeder hat heute ein Smartphone, für alles gibt es eine Webseite oder eine App und jeder will heute die Antwort auf seine Fragestellung oder sein Problem sofort erhalten. Und was ist morgen? Morgen werden Kunden Inhalte sowie Angebote entlang der gesamten Customer Journey erwarten, und zwar Touchpoint-übergreifend zur richtigen Zeit und am richtigen Ort, egal auf welchem Endgerät, egal ob im Onlineshop, im Newsletter, im Rahmen einer Anzeige oder am POS. Die Herausforderungen an das Marketing steigen damit immens.

Industrie und Handel müssen sich den Herausforderungen des veränderten Konsumentenverhaltens und der veränderten Erwartungen stellen. Die Konsumentenanforderungen werden sich in den nächsten fünf Jahren weiter stark verändern. Das gilt für das Informations-, Kauf- und Zahlungsbedürfnis der Marktteilnehmer. Hierauf müssen sich Marketing-Verantwortliche einstellen.

3.7 Platform Economy

Die Platform Economy oder Digital Platform Economy bezeichnet Geschäftsformen oder -modelle, die auf der Grundlage von internetbasierten Plattformen operieren. Eine Plattform kreiert eine Art Ökosystem, welches für sich stehen kann und verschiedenste Interaktionen zwischen den handelnden Personen ermöglicht. In den vergangenen 20 Jahren sind sehr viele solcher Plattformen in unterschiedlichsten Bereichen entstanden: Auktionsplattformen oder Handelsplattformen wie eBay oder Amazon, Netzwerke wie Facebook oder LinkedIn, Finanz- oder HR-Portale wie Workday, Freelancer oder Elance-oDesk, Logistikplattformen wie Uber, Lyft oder Sidecar oder Vermittlungsportale für Unterkünfte wie Airbnb.

Plattformen dieser Art verändern etablierte Geschäftsprozesse. Teilweise sogar ziemlich massiv. Und sie verändern das Online-Marketing. Teilweise ebenfalls massiv. Sie beeinflussen daher auch die Erstellung einer Online-Marketing-Konzeption.

Alle Ausprägungen der Platform Economy zu erläutern würde den Rahmen dieses Buches sprengen. Deshalb habe ich mir Amazon als exemplarisches Beispiel herausgesucht. Wohlgemerkt - das ist nur ein Beispiel von vielen und steht sinnbildlich für die gesamte Platform Economy.

3.8 Das Internet der Dinge

Der Begriff »Internet der Dinge« beschreibt den Siegeszug von »intelligenten Alltagsgeräten«. Alltagsgeräte wie der Kühlschrank, die Waschmaschine oder der Fernseher sind miteinander vernetzt und mit dem Internet verbunden. Der Desktop-PC verschwindet und wird mit der Zeit durch »intelligente Gegenstände« ersetzt. Im Gegensatz zu heute sollen die »Dinge« unmerklich und wie von Zauberhand unterstützen. Die immer kleiner werdenden Computer sollen Menschen ohne abzulenken oder überhaupt aufzufallen in allen Lebenslagen helfen. So werden z. B. miniaturisierte Computer, sogenannte Wearables, mit unterschiedlichen Sensoren direkt in Kleidungsstücke eingearbeitet.

Man stelle sich nun vor, wie das »Internet der Dinge« das Marketing verändern wird, wenn beispielsweise

- der Kühlschrank bei Erreichung der Meldemengen automatisch im Online-Lebensmittelshop bestellt,
- die Heizung sich selbst schon bei der Anfahrt zur Wohnung entsprechend der gemessenen Körpertemperatur reguliert oder
- das Ticket für das Kino automatisch auf Ihr Handy bespielt wird, wenn Sie das Kino betreten.

Sie glauben, Szenarien dieser Art sind Lichtjahre entfernt? Nun, Steve Jobs stellte das erste iPhone im Jahr 2007 vor. Das ist gerade einmal neun Jahre her. Kennen Sie heute jemanden, der kein Smartphone hat? Bedenken Sie einmal, wie das Smartphone unser Leben und natürlich das Marketing verändert hat. Wie wird es das »Internet der Dinge« erst tun?

4 Veränderung der Markenkommunikation und der digitalen Markenführung

Neue Möglichkeiten führen zu neuem Verhalten und veränderten Erwartungen auf Seiten der Konsumenten. Veränderung des Medienkonsums und des Konsumentenverhaltens im Allgemeinen haben natürlich auch eine Auswirkung auf die Führung einer Marke. Wenn Menschen ihren Medienkonsum immer mehr in den digitalen Raum verlagern und Unternehmen möchten, dass ihre Marke wahrgenommen wird, dann müssen Unternehmen im digitalen Raum aktiv werden. Damit wären wir beim Thema digitale Markenführung.

Ohne Zweifel wächst die Anzahl der Menschen, die primär im digitalen Raum aktiv sind. Das ergibt sich quasi zwangsläufig, da die sogenannten Digital Natives, welche mit dem Internet und dem Handy aufgewachsen sind, immer mehr werden.[24] Digital Natives denken visuell. Sie bevorzugen Bilder gegenüber Texten. Sie sehen lieber ein Video auf dem Handy als eine gedruckte Anleitung zu lesen. In Teilen erklärt das beispielsweise den Erfolg von Instagram gegenüber Facebook bei der jüngeren Zielgruppe. Mittlerweile sind kaum noch junge Menschen bei Facebook aktiv.

Digital Natives sind heute meistens auf mehreren Kanälen gleichzeitig unterwegs. Snapchat, Instagram und YouTube stehen bei ihnen hoch im Kurs. Gleichzeitig sind Digital Natives aber auch misstrauisch gegenüber Botschaften von alteingesessenen Marken und Konzernen.[25] Ehrlichkeit, Transparenz und Offenheit sind ihnen wichtig. Marken, die heute die Zielgruppe der Digital Natives erreichen möchten, sind fast schon gezwungen, sich mit allen relevanten Media-Kanälen zu beschäftigen – und natürlich mit den Stars dieser Kanäle, den Social-Influencern. Und morgen?

> Aufgrund des zwangsweise eintretenden, schleichenden Generationenwechsels sind Unternehmen bzw. Marken gezwungen, in Bezug auf die Markenkommunikation und die digitale Markenführung umzudenken.

---

24 Vgl. Abschnitt 6.7 »Erreichen von Zielgruppen, die konventionell schon heute gar nicht mehr erreicht werden«.

25 Vgl. https://emptynestblessed.com/2017/07/05/generation-z/, Abruf 01.02.2019.

Bekannt ist ferner, dass das Aufmerksamkeitsfenster von Konsumenten, insbesondere von Digital Natives, sinkt. Mitte 2015 fand eine Studie von Microsoft, Kanada weltweit hohe Aufmerksamkeit. Wohl auch, weil eine sehr plakative und leicht provokante Behauptung aufgestellt wurde. Diese lautete: Menschen haben inzwischen eine geringere Aufmerksamkeitsspanne (8 Sekunden) als ein Goldfisch (9 Sekunden). Vielfach wurde die Schuld am Untersuchungsergebnis auf die Reizüberflutung der heutigen Zeit geschoben. Besaß ein Haushalt vor 20 Jahren noch ein Gerät, welches an das Internet angeschlossen war, so besitzt heutzutage fast jede Person in einem Haushalt mehrere internetfähige Geräte. Diese werden dann auch noch abwechselnd genutzt. 2017 war dann sogar zu lesen »Goldfische waren gestern – Aufmerksamkeitsspanne auf Facebook liegt mobil bei 1,7 Sekunden«.[26] Marken tun also gut daran, ihre Botschaften in kurzer, prägnanter und präziser Form zu formulieren.

Zwangsläufig wird die Gruppe der Digital Natives wachsen. Immer mehr Entscheider in Haushalten und Unternehmen werden Digital Natives sein. Markenkommunikation und Markenführung können diesen Umstand nicht ignorieren. Strategisch ist eine aktive Auseinandersetzung mit dieser Tatsache von hoher Bedeutung.

Mit dem Thema der digitalen Markenführung tun sich viele Unternehmen in Deutschland noch schwer. Es hat 2015 erstmals ein namhaftes deutsches DAX-Unternehmen gegeben, welches sich in Bezug auf ein bestimmtes Segment seines Produktportfolios von klassischen Medien verabschiedet hat und ausschließlich auf digitale Medien setzte. Die Rede ist von VW. Bei der Kampagne für den neuen Sharan verzichtete VW erstmalig vollständig auf Print, TV und Plakat und setzte exklusiv auf Digital.[27]

Seit vielen Jahren beobachte ich bei Neuerungen im Online-Bereich immer wieder das gleiche Phänomen. Fünf bis zehn Prozent der Marktteilnehmer adaptieren Neuerungen schnell und reagieren zügig. 90 bis 95 Prozent reagieren sehr langsam. Wie sonst könnte es erklärt werden, dass 2015 gerade einmal ein Prozent der Werbebudgets auf Mobile Marketing verwendet wurde. Das ist geradezu paradox, denn in Deutschland nutzten laut ARD-ZDF-Onlinestudie[28] bereits 2015 rund 55 Prozent der Menschen das mobile Internet. Das sind fünf Prozent

---

[26] Vgl. http://www.futurebiz.de/artikel/aufmerksamkeitspanne-facebook-mobil/, Abruf 10.02.2019.

[27] Vgl. https://www.horizont.net/marketing/nachrichten/Sharan-Launch-Volkswagen-setzt-voll-auf-digitale-Werbung-135114, Abruf 10.02.2019.

[28] Vgl. https://www.ard-zdf-onlinestudie.de/index.php?id=524, Abruf 05.02.2019.

mehr als im Jahr zuvor. AGOF kommt auf ähnliche Zahlen für 2015. 2018 sind laut D21-Digital-Index schon fast zwei von drei Deutschen mit ihren Geräten im mobilen Internet unterwegs. Mit mehr als 20.000 Befragungen von über 14-Jährigen ist die Studie, die zusammen mit dem Marktforschungsinstitut Kantor TNS erstellt wird, die umfassendste Untersuchung der Webnutzung in Deutschland. In der Spitze verbringen die Menschen bis zu vier Stunden pro Tag im mobilen Internet.

Die Digitalisierung hat die Form der Markenkommunikation in den letzten zehn Jahren von Grund auf revolutioniert. Bei vielen Marktteilnehmern ist das aber noch nicht hinreichend angekommen. Es gibt heute in der Online-Welt viele vergleichsweise günstige Wege, Markenbotschaften zu transportieren und Markenaufbau oder Markenpflege zu betreiben. Allerdings stellt die Vielzahl der Möglichkeiten und die Komplexität vieler Online-Marketing-Disziplinen eine Herausforderung in der digitalen Markenführung dar.

4.1 Die Marke wird wichtiger

Die Stärke einer Marke beeinflusst die Online-Marketing-Konzeption. Eine starke digitale Marke hat eine große Strahlkraft, was Implikationen auf fast jede Online-Marketing-Disziplin hat. Dabei ist es gleichgültig, ob Sie als Markeninhaber Online-Marketing-Aktivitäten planen oder als Händler Markenware verkaufen. In Deutschland liegt Markenware wieder im Trend. Die »Geiz ist geil«-Ära scheint zu bröckeln. Laut Allensbach wissen 40 Prozent der deutschen Konsumenten den Wert einer Marke beim Kauf von Produkten wieder zu schätzen. Das ist so viel wie seit der Jahrtausendwende nicht mehr.

Zukünftig wird eine starke digitale Marke noch mehr profitieren, als bisher. Stichwort »Strahlkraft der Marke«.

Doch welche Strahlkraft hat eine Marke? Und wie ist diese Strahlkraft im Vergleich zu Mitbewerbermarken zu sehen? Ansatzpunkte, dieses herauszufinden, bietet beispielsweise Google Trends. Auch Analyse-Tools aus dem Social-Media-Umfeld bieten Ansatzpunkte. Denn Marken mit einer starken Strahlkraft werden häufig gesucht. In den sozialen Medien wird häufiger über sie gesprochen als über Marken mit geringer Strahlkraft und Bekanntheit. Möchte man keine hohe fünfstellige Summe für eine Marktstudie ausgeben, so ist die Betrachtung des Suchvolumens und der Nennungen des Markennamens in sozialen Medien durchaus eine Alternative.

Vergleicht man beispielsweise die Suchhäufigkeit der Jeansmarke »Levi's« mit der Marke »Wrangler«, so wird man feststellen, dass die Marke »Wrangler«

weltweit im Jahr 2015 an »Levi's« vorbeigezogen war. 2017 hat Levi's dann wieder aufgeholt. Hier der Link zu Google Trends:

www.google.de/trends/explore#q=levis%2C%20wrangler&cmpt=q&tz=Etc%2F GMT-1

In Deutschland hat »Levi's« aber die Nase noch deutlich vorne:

www.google.de/trends/explore#cmpt=q&q=levis,+wrangler&geo=DE

Online-Händler, die mit Jeans Geld verdienen wollen und sich für eine der beiden Marken entscheiden müssten, würden in Deutschland wahrscheinlich besser fahren, wenn sie auf »Levi's« setzten. Zu Recht werden Sie jetzt fragen: Warum nicht beide Marken verkaufen? In der Praxis würden sicherlich beide Marken in das Portfolio des Onlineshops aufgenommen werden. Aber wenn es bezüglich der Suchmaschinenoptimierung oder anderen Online-Marketing-Maßnahmen, wie z. B. Google Ads, Budgetrestriktionen gibt, würde aus Händlersicht die größere Strahlkraft der Marke »Levi's« dafür sprechen, dieser mehr Budget zu widmen. Das würde den Hersteller Levi's freuen. Logisch - denn die Händler geben ihr Geld aus, um Umsatz mit Levi's zu machen. Probieren Sie es einfach mal aus und geben bei Google die Suchwortkombination » Levi's Hose kaufen« ein. Bei mir erscheinen neben Levi's selbst auch Galeria Kaufhof, Otto, Jeans Direct und andere mehr. Gibt man aber »Picaldi Jeans kaufen« ein, erscheint keine einzige Händleranzeige. Gibt man »Mac Jeans kaufen« ein, so erscheint nur Zalando, aber sonst kein weiter Händleranzeige. In gewisser Weise ist das eine Spirale, die sich immer weiterdreht. Gut geführte Marken werden von Händlern gerne beworben und geraten so immer mehr ins digitale Sichtfeld der Konsumenten. Weniger gut geführte Marken haben es digital immer schwerer. Das wissen auch die Händler und nutzen daher die Popularität von Markennamen, um ihren eigenen Umsatz zu stärken.

Noch deutlicher wird diese Erkenntnis, wenn man bei Google nach »Jeans kaufen« sucht und dann einmal auf einen der Anbieter klickt, die für dieses Suchwort bei Google Ads Geld ausgeben. Bei https://www.jeans-direct.de sieht man auf der Startseite - wen wundert es - sehr präsent Levi's. Bei dress-for-less landet man auf der URL https://www.dress-for-less.de/bekleidung-jeans und sieht dort als erstes Jeans der Marken Pepe, Calvin Klein, LTB und Tommy Hilfiger. Auch in der Präsentation haben gut geführte Marken also Vorteile. Sie werden präsenter auf den Landingpages der Händler angeboten als Marken mit einer geringeren Strahlkraft. **Und so dreht sich die Spirale immer weiter**. Gut geführte Marken strahlen immer mehr, während die Hürden für schlecht geführte Marken immer höher werden, um ins Sichtfeld der Konsumenten zu gelangen. Dieses Phänomen ist vom Grundsatz her ja nicht neu. Auch in der nicht digitalen Welt werden gut geführte Marken bevorzugt. In jedem Supermarkt sind die teuren und bekannten Produkte im Regal bequem und in Sichthöhe für den Konsumenten angeordnet. Um die günstigen Produkte zu erreichen, muss man sich im Supermarkt häufig bücken. **Der große Unterschied ist jedoch, dass in der digitalen Welt eine viel größere Spiralwirkung entsteht, weil die Handlungen und Aktivitäten unterschiedlicher Marktteilnehmer für jedermann sichtbar sind.** Ferner weil unterschiedliche Akteure an unterschiedlichen Stellen Geld dafür ausgeben, damit sie von der Strahlkraft einer Marke profitieren. In der nicht digitalen Welt ist das bisweilen genau umgekehrt (Stichwort »WKZ«).

Die vorangegangenen Ausführungen machen deutlich, warum Unternehmen gut daran tun, ihre Marken im digitalen Raum aktiv zu führen und das Standing der Marke nicht dem Zufall zu überlassen. Dabei werden eher mehr als weniger Kanäle eine Rolle spielen. Außerdem müssen die Anforderungen der Konsumenten, die sich u. a. im geänderten Nutzerverhalten ausdrücken, adressiert werden. Ferner gilt mehr denn je, dass der Nutzen deutlich gemacht werden muss und nicht einfach nur das Produkt präsentiert wird.

4.2 Influencer können die Gesetze des Marketings nicht außer Kraft setzen

Bei aller Euphorie über digitales Marketing und der hohen strategischen Bedeutung darf man jedoch nicht außer Acht lassen, dass die Vermarktung mit Meinungsführern immer nur so gut sein kann wie die gesamte Customer Journey. Auch Influencer-Marketing vermag nur wenig mehr zu leisten als den initialen Kaufimpuls zu setzen. Im Kern besteht hierin kein Unterschied zu anderen Online-Marketing-Disziplinen oder gar konventionellen Marketing-Formen. Das bedeutet, dass das Gesamtpaket der Vermarktungskette stimmen muss. Der gesamte Markenauftritt muss dem entsprechen, was die Influencer kommunizieren. Wer mit einem Onlineshop agiert, der eine schlechte Usability hat, wer zu überhöhten Preisen anbietet oder wessen Produkt deutlich schlechter ist als das der Mitbewerber, der darf sich über ausbleibende Verkäufe nicht wundern. Influencer sind keine Zauberer. Salopp ausgedrückt: Influencer können auf Marken aufmerksam machen oder Besucher auf eine bestimmte Webseite oder Fanpage lenken. Was diese dort sehen, erleben und gegebenenfalls tun, ist nicht mehr Sache des Influencer-Marketings. Werbetreibende tun also gut daran, ein schlüssiges Gesamtkonzept zu entwickeln und die etablierten Gesetze des Marketings nicht zu ignorieren.

5 Einführung, Abgrenzungen und Definitionen

Inhalt

Influencer-Marketing ist keine Erfindung des Social-Media-Zeitalters. Durch die Nutzung von Social Media ist in der jüngeren Zeit eine Stilblüte dieser Marketing-Art entstanden, die mittlerweile eine zunehmende Bedeutung im Marketing-Mix vieler Unternehmen einnimmt. Sie erfährt in Zeiten von Ad-Blockern und genereller Werbemüdigkeit im Internet derzeit eine stark gestiegene Wertschätzung.

In Deutschland war das Jahr 2016 das Jahr des Influencer-Marketings. Der Blick in das Tool »Google Trends« lässt daran keinen Zweifel. Die Anzahl der Suchanfragen nach »Influencer-Marketing« ist insbesondere im Jahr 2016 deutlich gestiegen und wird, wenn sich der Trend fortschreibt, bald das Niveau von Content-Marketing erreichen. Die Abbildung auf der folgenden Seite zeigt einige Online-Marketing-Disziplinen im Vergleich zu Influencer-Marketing im Marz 2019. Man erkennt deutlich, wie Influencer-Marketing im Laufe des Jahres 2016 Themen wie »Video-Marketing« oder »Display Advertising« überflügelt und sich langsam an das Niveau von Content-Marketing herantastet.

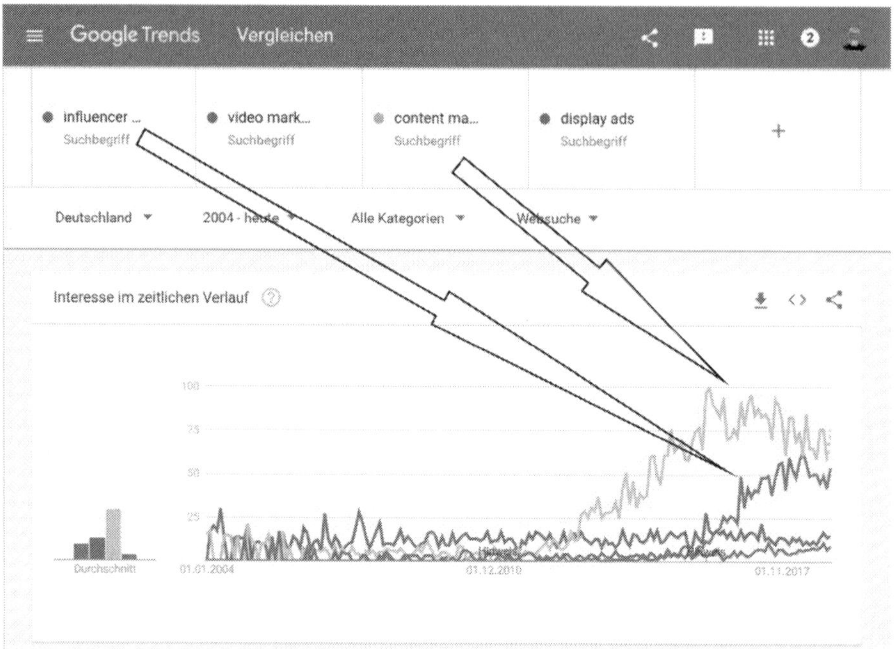

Abbildung 5.1: Die Suche nach »Influencer-Marketing« im Vergleich zu anderen Online-Marketing-Disziplinen in Google Trends.

Im Kern geht es darum, vertrauenswürdige, authentische und glaubwürdige Dritte dazu zu bewegen, öffentlich positive Aussagen über ein Unternehmen oder eine Marke zu tätigen. Im Idealfall passen diese Personen zur jeweiligen Marke, damit dem Aspekt der Glaubwürdigkeit Genüge getan wird. Dieses Vorgehen ist uralt. Es geht darum, Menschen mit Einfluss und Ansehen einzuspannen für Unternehmenszwecke. Persönlichen Empfehlungen vertrauen Konsumenten generell mehr als stumpfen Werbebotschaften. Das hat sich seit Jahrhunderten nicht geändert und ist vielfach wissenschaftlich belegt. Beispielsweise warb die Firma Oliver schon vor 100 Jahren mit dem guten Namen von Henry Ford, der in den USA als sehr angesehene Persönlichkeit galt. Die folgende Abbildung zeigt ein Werbeplakat aus dem Jahr 1918, bei dem die Firma Oliver Henry Ford als Testimonial einsetzt. Bis heute vertrauen Konsumenten auf Empfehlungen. Man benötigt nur zwei Minuten, um mithilfe von Google Studien mit Statements zu finden wie:

- »Nielsen-Studie: Empfehlungen und Online-Konsumentenbewertungen sind weltweit die vertrauenswürdigsten Werbeformen« oder
- »Studie zeigt: Empfehlungen sind die wirksamsten Kaufauslöser« oder
- »Nielsen: Empfehlungsmarketing gehört an die erste Stelle im Businessplan«.

Abbildung 5.2: Firma Oliver nutzt Henry Ford im Jahr 1918 als Testimonial © Flickr / Don O'Brien , URL https://www.flickr.com/photos/dok1/4487114438/, Zugriff 19.03.2019.

Auch wenn man sich heutzutage Fernsehwerbung anschaut, findet man haufenweise Unternehmen, die ihr Produkt mit Stars aus verschiedensten Bereichen (Sport, Show, Musik, Entertainment usw.) bewerben. In diesem Kontext werden die Influencer eher Testimonials genannt. Laut dem Gabler Wirtschaftslexikon wird »Testimonial« wie folgt definiert:

> Auftreten von bekannten Persönlichkeiten in den Medien zum Zweck der Werbung für ein Produkt. Die Personen geben vor, das Produkt zu benutzen und damit zufrieden zu sein. Entscheidend für einen positiven Imagetransfer sind die Übereinstimmung des Produktimages mit den gegebenen oder auch vermeintlichen Eigenschaften des Prominenten und die Glaubwürdigkeit der Werbebotschaft.
> Quelle: http://wirtschaftslexikon.gabler.de/Archiv/81531/testimonial-v6.html, Zugriff am 02.03.2019.

Teilweise wird die Abgrenzung zwischen einem Testimonial und einem Celebrity-Influencer sehr schwierig. Dazu aber in den beiden nachfolgenden Kapiteln mehr, wenn es darum geht, einmal einige Begriffe aus dieser vergleichsweise jungen Marketing-Disziplin genauer zu definieren.

Im Zeitalter der benutzergenerierten Inhalte ist die Nutzung von Meinungsführern wesentlich erschwinglicher geworden. Es muss kein Sebastian Schweinsteiger oder keine Serena Williams mehr sein. Auch wenn die Reichweite einiger Celebrity-Influencer gigantisch ist, so erreicht beispielsweise Mario Götze mit einem Post bei Instagram mehr Menschen als die Kanzlerin mit ihrer Neujahrsansprache im TV. Auch mit weniger bekannten YouTube- oder Instagram-Stars lassen sich heute Erfolge erzielen. Nach wie vor ist jedoch wichtig, dass die Zuschauer bzw. Follower der Influencer zur Zielgruppe des Unternehmens passen.

Zudem gibt es heute viele »Influencer-Stars«, die ihre Reichweite selbst aufgebaut haben und die nicht aus Bereichen wie Sport, TV oder Musik bekannt sind. Diese Influencer sind erfolgreich, weil sie als Person echt, authentisch und unterhaltsam sind. Beispiele solcher Influencer sind Bibi[30], Gronkh[31] oder Pamela Reif[32]. Sie haben es geschafft, sich aus eigener Kraft zur »Marke« zu machen. Manche von ihnen erreichen plattformübergreifend tagtäglich Millionen von Nutzern. So hat beispielsweise der YouTube-Kanal »BibisBeautyPalace« rund 5,5 Millionen Abonnenten (Stand Februar 2019). Auf Instagram folgen ihr über 6,4 Millionen User. Von diesen Reichweiten träumt so manches TV-Format. Das interessante an diesen Zahlen ist nicht nur die absolute Größe, sondern auch die dynamische Entwicklung. Im Juli 2017, als die erste Auflage dieses Buches erschien, lagen die Werte noch bei 4,5 und 4,4 Millionen. Besonders auf Instagram hat »BibisBeautyPalace« also stark zugelegt. Aber auch knapp eine Million zusätzliche YouTube-Abonnenten in rund 19 Monaten können sich sehen lassen. Beide Größen sind ein Indiz dafür, dass sich Influencer-Marketing aktuell sehr dynamisch entwickelt.

Der Begriff »Influencer« (von engl. »to influence«: beeinflussen) entstand um das Jahr 2007. Er bezeichnet Personen, die in einem oder mehreren sozialen Netzwerken eine starke Präsenz haben und ein hohes Ansehen genießen. Zumeist wird die Stärke ihrer Präsenz an der Anzahl ihrer Follower oder Abonnenten gemessen. Influencer-Marketing bezeichnet die kommerzielle Nutzung dieser Personen und deren Reichweite. Häufig wird auch der Begriff »Social-Influencer-Marketing« verwendet. Aus Sicht eines Unternehmens geht es beim Influencer-

---

30 Vgl. https://de.wikipedia.org/wiki/Bianca_Heinicke, Zugriff 21.03.2019.

31 Vgl. https://de.wikipedia.org/wiki/Gronkh, Zugriff 21.03.2019.

32 Vgl. https://de.wikipedia.org/wiki/Pamela_Reif, Zugriff 21.03.2019.

Marketing darum, geeignete Influencer zu identifizieren und zu gewinnen, um sie dann als Multiplikatoren für ihre Werbebotschaft zu nutzen.

Die Wurzeln des Social-Influencer-Marketings liegen in der Blogger-Szene in den USA. Hier sind die sogenannten »Mummy-Blogs« besonders zu erwähnen. Diese Bloggerinnen widmen sich vor allem praktischen Tipps für Mütter. Es geht um Rezepte, DIY-Tutorials, Produkttests oder Tipps für die Organisation einer Kinderparty. Findige Marketeers entdeckten das Potenzial dieser Bewegung und fanden Wege, ihre eigenen Produkte durch die Blog-Betreiberinnen präsentieren, besprechen bzw. empfehlen zu lassen.

Neben den Begriffen »Influencer-Marketing« oder »Social-Influencer-Marketing« kursieren weitere Begriffe in der Szene, die recht nah am Thema sind, beispielsweise »Advocacy-Marketing« oder »Word-of-Mouth-Marketing«. In Deutschland sind diese Begriffe weniger bekannt. Sie werden häufig unter dem Begriff »Empfehlungsmarketing« subsumiert. In der englischsprachigen Literatur ist »Advocacy-Marketing« und »Word-of-Mouth-Marketing« stärker abgegrenzt. Beide Themen können zumindest in einigen Bereichen Parallelen zum »Influencer-Marketing« aufweisen. Mehr zur klaren Abgrenzung der Begrifflichkeiten finden Sie im folgenden Abschnitt.

In den USA ist »Word-of-Mouth-Marketing« weit verbreitet. Es gibt sogar eine Organisation in Chicago, die sich um die Einhaltung ethischer Grundsätze, um Know-how-Transfer und um die professionelle Weiterentwicklung dieser Marketing-Disziplin kümmert. Die »Word of Mouth Marketing Association«[33] (WOMMA) finanziert sich durch Mitgliederbeiträge und Spenden. Ihr gehören namhafte Unternehmen an wie Google, Burger King, Coca Cola, IBM, Honda, Philips und viele andere mehr.

5.1 Was genau ist Influencer-Marketing?

Ohne mich zu wiederholen, möchte ich einmal den Versuch einer klaren Abgrenzung und Definition der unterschiedlichen Begrifflichkeiten unternehmen. Im Online-Marketing kursieren viele Buzzwords und oft werden Begriffe unscharf oder gar falsch verwendet. Das macht die Kommunikation zwischen unterschiedlichen Marktteilnehmern nicht einfacher. Daher bin ich ein Fan von klar definierten Begrifflichkeiten.

---

[33] Vgl. www.womma.org, Zugriff 22.03.2019.

5.1.1.1 *Testimonial vs. Influencer bzw. Influencer-Marketing*

Der Begriff »Influencer-Marketing« ist nicht trennscharf und birgt Potenzial für Missverständnisse. Hingegen ist der Begriff »Social-Influencer-Marketing« eher geeignet, um eine klare Abgrenzung und damit ein eindeutiges Verständnis zu erreichen. Denn vom Grundsatz her ist ein Testimonial auch ein Influencer, allerdings nicht zwingend ein Social Influencer.

Dazu ein Beispiel:

> Bewirbt ein prominenter Fußballer wie Sebastian Schweinsteiger im TV ein Produkt, so ist diese Maßnahme zunächst lediglich eine konventionelle TV-Werbung mit dem Testimonial Sebastian Schweinsteiger. Natürlich ist Sebastian Schweinsteiger auch ein Influencer. Man könnte daher auf die Idee kommen, diese Maßnahme als Influencer-Marketing zu bezeichnen. Allerdings stellt der Begriff »Influencer« ja auf Personen ab, die in einem oder mehreren sozialen Netzwerken eine starke Präsenz und Reichweite haben. Der Kanal »TV« ist aber ganz eindeutig kein soziales Netzwerk. Daher wäre diese Maßnahme sicher nicht dem Influencer-Marketing zuzuordnen. Offensichtlicher würde diese Argumentationskette, wenn man anstatt des Begriffs »Influencer-Marketing« den Begriff »Social-Influencer-Marketing« verwenden würde. Vor diesem Hintergrund erscheinen mir die Begriffe »Social-Influencer-Marketing« und »Social Influencer« deutlich geeigneter und trennschärfer als die Begriffe »Influencer-Marketing« und »Influencer«.

Bewirbt Herr Schweinsteiger dasselbe Produkt über seine Facebook-Fanpage, so wäre die Maßnahme eindeutig dem »Social-Influencer-Marketing« zuzuordnen.

An dieser Stelle möchte ich nicht unerwähnt lassen, dass es durchaus auch Marktteilnehmer gibt, die einen Herrn Schweinsteiger partout nicht als Influencer bezeichnen würden. Für diese Marktteilnehmer ist eine Person nur dann ein Influencer, wenn sie ihre Popularität aus eigener Kraft über einen oder mehrere Social-Media-Kanäle erreicht hat (z. B. Bibi[34]). Demzurfolge wäre ein werblicher Post von Sebastian Schweinsteiger auf seiner Fanpage nicht dem Social-Influencer-Marketing zuzuordnen. Diese Auffassung teile ich nicht.

5.1.1.2 *Advocate bzw. Advocacy-Marketing vs. Social Influencer bzw. Social-Influencer-Marketing*

Ein Advocate ist eine Person, die in keiner formalen Beziehung zum werbetreibenden Unternehmen steht und die auch keine Vergütung, weder in monetärer

---

[34] Vgl. https://de.wikipedia.org/wiki/Bianca_Heinicke, Zugriff 21.03.2019.

noch in sachlicher Form, vom Unternehmen erhält. Für Unternehmen haben echte Advocates einen hohen Wert, da sie authentisch sind und in der Regel ein sehr hohes Vertrauen genießen. **Ein Social Influencer erhält in der Regel eine Vergütung in Geld- oder Sachwerten für seine Mitwirkung. Damit ist Advocacy-Marketing vom Social-Influencer-Marketing klar abgegrenzt.**

Typischerweise werden in der englischsprachigen Literatur drei Kategorien voneinander unterschieden:

- Consumer Advocates,
- Employee Advocates und
- Social Advocates.

Consumer Advocates sind im Grunde Fans einer Marke, die sich in besonderem Maße mit einer Marke identifizieren. Sie sprechen nicht nur positiv im Kreise von Freunden, Familie oder einer Community über die Marke, bisweilen stehen sie sogar auf eine emotionale Weise für die Marke ein.

Employee Advocates sind Angestellte eines Unternehmens, die sich in hohem Maße mit diesem Unternehmen oder einer Marke dieses Unternehmens identifizieren und dieses auch öffentlich vertreten. In den USA haben größere Unternehmen spezielle Programme, mit denen sie versuchen, Arbeitnehmer zu Advocates zu machen.

Social Advocates bezeichnet Personen, die sich in hohem Maße mit sozialen Aspekten im Umfeld eines Unternehmens oder einer Marke identifizieren und ihre positive Einstellung verbreiten. Wenn sich beispielsweise ein Unternehmen in besonderem Maße für hungernde Kinder engagiert, so kann es Social Advocates gewinnen, die aber nicht zwingend gleichzeitig auch Kunden, also Consumer Advocates, sind.

5.1.1.3 *Empfehlungsmarketing, Word-of-Mouth-Marketing vs. Influencer-Marketing*

In der deutschen Marketing-Literatur ist der Begriff »Empfehlungsmarketing« sehr weit gefasst und beinhaltet Elemente, die in der englischsprachigen Literatur unter verschiedenen Begriffen zu finden sind. Empfehlungsmarketing wird häufig auch Mundpropaganda genannt und als Word-of-Mouth-Marketing (WoMM) übersetzt. In Deutschland beinhaltet es auch Elemente des Advocacy-Marketings, was sehr schnell deutlich wird, wenn man sich beispielsweise die Definition aus der deutschen Wikipedia vor Augen führt:

Unter Empfehlungsmarketing[35] (auch Mundpropaganda, engl. Word of Mouth) ist ein Instrument der Neukundengewinnung zu verstehen, das durch Mundpropaganda, Bewertungen und Referenzen von Kunden erfolgt. Voraussetzung ist in der Regel, dass der Kunde mit den Leistungen des Anbieters zufrieden ist. Insofern sind eine adäquate Bestandskundenpflege und ein dementsprechendes Loyalitätsmarketing dem Empfehlungsmarketing vorgelagert.
Neben den Kunden eines Unternehmens kommen auch andere Marktteilnehmer als Empfehlende in Betracht. Dies können z. B. Mitarbeiter oder Netzwerkpartner des Unternehmens sein. Die Gewinnung der eigenen Mitarbeiter als positiv Empfehlende ist der Dreh- und Angelpunkt des Empfehlungsmarketing. Netzwerkpartner sind ebenfalls geeignete Empfehler. Sie müssen nicht zwangsläufig selbst eine Erfahrung mit dem Produkt haben, aber von der Leistungsfähigkeit des Anbieters überzeugt sein, also z. B. beratende Ingenieure, Architekten usw.

Im Gegensatz zum Social-Influencer-Marketing muss das Empfehlungsmarketing nicht zwingend über einen Social-Media-Kanal erfolgen. So ist beispielsweise die Arbeit mit den Möglichkeiten eines Gütesiegels auch dem Empfehlungsmarketing zuzuordnen. Die folgende Abbildung zeigt die Bewertungen und Empfehlungen von Kunden des Onlineshops www.heunetz.de. Ein weiteres Beispiel wären E-Mail-Marketing-Aktivitäten mit Empfehlungscharakter.

Natürlich sind Empfehler auch Influencer. Sicherlich tummeln sich Empfehler auch in sozialen Medien und posten dort. Beispielsweise fördern viele Anbieter von Gütesiegeln auch das Posten von Empfehlungen in sozialen Netzwerken, wie unten rechts in Abbildung 5.3 zu erkennen ist. Aber Empfehler erhalten in der Regel keine Vergütung, weshalb eine klare Abgrenzung zum Social-Influencer-Marketing gegeben ist.

Social-Influencer-Marketing umfasst Maßnahmen, die sich grundsätzlich eines Kanals bedienen, der den sozialen Medien zuzuordnen ist, und die eine Vergütung des Social Influencers für seine Unterstützung/Mitwirkung bedingen. Damit ist Social-Influencer-Marketing klar abgegrenzt von Empfehlungsmarketing, WoMM oder der Werbung mit Testimonials.

[35] Vgl. https://de.wikipedia.org/wiki/Empfehlungsmarketing, Stand März 2018, Zugriff am 12.03.2018.

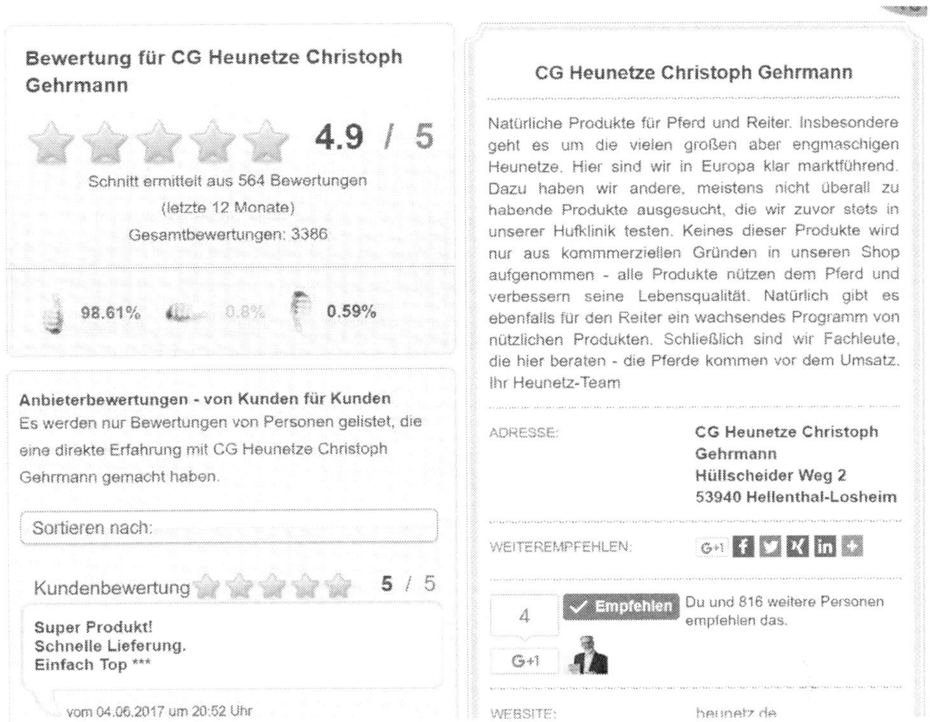

Abbildung 5.3 : Gütesiegel als Treiber im Empfehlungsmarketing am Beispiel des Onlineshops www.heunetz.de.

5.2 Die Evolution des Influencer-Marketings

Influencer-Marketing entwickelt sich. Für mich ist Entwicklung in unserer schnelllebigen Zeit ein wichtiger Aspekt für den Fortbestand. Je nachdem, welche Abhandlung man liest, ist von drei bis vier Evolutionsstufen die Rede. Ich sehe mittlerweile sogar fünf Evolutionsstufen:

Stufe 1: Die klassische Werbekooperation. Ein Unternehmen bucht einen Influencer, der für Testimonial-Jobs oder Sponsored-Posts eine Gage erhält. Diese Jobs können als Kampagne oder als dauerhafte Kooperation ausgelegt sein. Mittlerweile hat sich die Meinung, dass Influencer-Marketing als dauerhafte Partnerschaft die meisten Vorteile bietet, durchgesetzt. Aber Vorsicht: Arbeitet man immer mit den gleichen Influencern zusammen, wird man auch immer nur deren Follower erreichen. Auch einmalige Influencer-Kampagnen mit wechselnden Influencern können ihre Bedeutung und Berechtigung haben.

Stufe 2: Marken und Influencer kooperieren (über Lizenz oder Joint Venture). Beispiel H&M: Die Fashion-Firma stellt Influencer wie AceTee ins Zentrum ganzer Kollektionen und hat mit »Nyden«[37] nun eine Marke kreiert, die sich ausschließlich auf die Influencer-Linien konzentriert.

Stufe 3: Influencer bringen eine Fangemeinde mit, die mit den Zielgruppen eines Unternehmens korrespondiert. Dazu muss die Fangemeinde ausreichend groß sein. Beispiel: Die Kooperation zwischen dm und der YouTuberin Bibi (5,5 Mio. Abonnenten im Feb. 2019) in Bezug auf Bibis Pflegeartikel-Kollektion »bilou«. Diese Pflegekollektion war anfänglich exklusiv bei dm erhältlich. Der Launch der ersten Produkte im Jahr 2015 löste einen regelrechten Run auf die dm-Filialen aus.[38] Damals hatte Bibi rund 2,5 Mio. Abonnenten.

Heute ist »bilou« auch bei Rossmann, Müller und anderen Händlern erhältlich.

Stufe 4: Das Handlungsumfeld für den Einsatz von Social Influencern erweitert sich. Neben den Aspekten der Vertriebsförderung und Markenbekanntheit entwickeln sich ganz andere Ansatzpunkte wie beispielsweise die Unterstützung der Personalabteilung von Unternehmen. Beispiel: Der Online-Händler OTTO startete im Oktober 2017 ein internes Jobbotschafter-Programm.[39] Es wurden zunächst etwa 100 Mitarbeiter zu sogenannten »Corporate Influencern« ausgebildet. Potenziellen Bewerbern und dringend gesuchten Fachkräften sollen so Kultur und Arbeitsatmosphäre bei OTTO nähergebracht werden. Influencer-Marketing hat damit nun auch Eingang in den HR-Bereich von Unternehmen gefunden (Stichwort Personal-Marketing). Auch Amazon setzt mittlerweile eigene Mitarbeiter ein, um das ramponierte Unternehmensimage zu verbessern.[40]

Stufe 5: Das Unternehmen ist nicht weiter sichtbar, der Influencer ist Produkt und Marke zugleich und baut sich sein eigenes Markenimperium auf. Beispiel: Sophia Thiel[41], die unter ihrem Namen eines der erfolgreichsten Fitnesskonzepte Deutschlands vertreibt. Sophia Thiel hat mit Stand März 2019 rund 1,3 Mio. Facebook-Abonnenten. Auch bei Instagram kommt sie auf 1,3 Mio. Abonnenten.

Noch deutlicher wird die Entwicklung, wenn man sich den chinesischen Markt einmal ansieht. Während in der westlichen Welt die Influencer primär die Produkte und Leistungen anderer Unternehmen bekannt machen, hat der Aufstieg

---

37 Vgl. http://www.instyle.de/fashion/hm-nyden-neue-marke, Zugriff 25.03.2019.

38 Vgl. http://www.absatzwirtschaft.de/bibi-hebt-dm-aus-den-angeln-68367/, Zugriff 25.03.2019.

39 Vgl. https://www.haufe.de/personal/hr-management/corporate-influencer-im-recruiting-bei-otto_80_428828.html, Zugriff 26.03.2019.

40 Vgl. https://t3n.de/news/amazon-mitarbeiter-influencer-1143137/, Zugriff 20.02.2019.

41 Vgl. https://www.sophia-thiel.com, Zugriff 26.03.2019.

der Influencer in China dafür gesorgt, dass neue Imperien entstehen. In China bauen die Influencer-Stars nicht selten lieber ihr eigenes E-Commerce-Imperium auf als für Dritte Werbung zu machen. Insbesondere in der Modewelt hat sich ein eigenes Ökosystem rund um die Influencer entwickelt.[42] Schon heute gehören in China fünf der zehn Top-Bekleidungsmarken auf »Taobao« Influencern. Taobao ist mit über 40 Millionen angemeldeten Benutzern die größte Internet-Auktionsplattform im asiatischen Raum und gehört zur Alibaba-Gruppe.

Exkurs
Zu den Evolutionsstufen des Influencer-Marketings siehe auch: »Influencer Marketing – Evolution, Chancen und Herausforderungen der neuen Komponente im Kommunikationsmix«[43]. Dieses Papier ist im Rahmen der Forschungsreihe der Schweizerischen Gesellschaft für Marketing (GfM) im April 2017 erschienen. Die GfM nimmt nach eigenem Bekunden in der Schweiz eine führende Rolle in der Forschung im Bereich marktorientierte Unternehmensführung ein. Das Papier geht ausführlich auf die Evolution der Influencer-Industrie ein.

5.3 Ein Wort zu Influencern im B2B-Marketing

Influencer-Marketing wird meistens mit B2C-Marketing in Verbindung gebracht. Die Marktteilnehmer denken in erster Linie an beliebte Social-Media-Plattformen wie Instagram, YouTube oder Facebook und an die Posts der Social-Media-Stars aus Mode, Beauty, Technik, Fitness oder Lifestyle. Doch lassen Sie uns bitte nicht vergessen, dass es auch noch die sogenannten Business-Netzwerke gibt wie beispielsweise XING und LinkedIn. Auf diesen Plattformen findet man auch B2B-Influencer. Meistens nennen sich diese Personen jedoch nicht Influencer. Es handelt sich häufig um angesehene Branchenexperten, Redner auf Konferenzen, Vorstande von Unternehmen oder Verbänden. Sie veröffentlichen regelmäßig in Fachmagazinen oder gar Büchern.

In den Business-Netzwerken können Mitglieder genauso Beiträge veröffentlichen wie das auf Facebook, Instagram oder YouTube möglich ist. Die Medienvielfalt reicht von Text über Bild bis hin zu Bewegtbild. »B2B-Influencer« posten regelmäßig in Business-Netzwerken. Meistens handelt es sich bei den Inhalten um Fachbeiträge oder Hinweise auf interessante, fachspezifische Inhalte. Man-

42 Vgl. http://adage.com/article/digital/china-s-influencers-create-brands/312229/, Zugriff 26.03.2019.

43 Vgl. https://issuu.com/gfm-swiss-marketing/docs/a17-1202_forschungsbrosch__re_4-17, Zugriff 25.03.2019.

che dieser Inhalte werden von sehr vielen Mitgliedern des jeweiligen Business-Netzwerkes wahrgenommen. Allerdings ist die Konzentration eine andere als im B2C. Laut einem Report von LinkedIn stechen nur wenige Top-Influencer aus den wöchentlich 160.000 veröffentlichten Artikeln des Netzwerks hervor. Zu den erfolgreichsten Influencern auf LinkedIn gehören Tom Goodwin (Zenith Media), Dennis Williams (Augment), Jan Rezab (Socialbakers) und Katie Martell (Marketing Consultant).

Ein wesentlicher Unterschied bei der Betrachtung von B2B-Influencern vs. B2C-Influencern sind die Kennzahlen. Im B2B-Marketing geht es selten um Masse. Im Vordergrund steht die Qualität der Kontakte. Die Mechanismen sind in Ansätzen vergleichbar, keinesfalls jedoch exakt identisch. Kontakte und Beziehungen sind im B2B-Marketing noch wichtiger als im B2C-Marketing. So manches Geschäft wird über die Zahlung von Provisionen erst möglich. Oft wäscht eine Hand die andere. Influencer-Marketing kann also auch im B2B-Sektor funktionieren. Auch wenn man es dort vielleicht nicht immer Influencer-Marketing nennen würde. Beispielsweise beschreibt Claudia Leischner, Geschäftsführerin des zu Dentsu Aegis gehörenden B2B-Netzwerks Gyro, in einem Artikel für Horizont[44] die fünf wichtigsten Influencer-Typen für die B2B-Kommunikation. Drei der genannten Typen würde ich aber eher im Bereich des Empfehlungsmarketings oder Advocacy-Marketings ansiedeln, als im Influencer-Marketing.

Fazit: B2B-Influencer-Marketing erfordert eine andere Herangehensweise als im Konsumentenmarkt. Es hat mit dem ursprünglichen im B2C geprägten Begriff nur sehr wenig zu tun.

5.4 Querverbindungen zu anderen Online-Marketing-Disziplinen

Das Beziehungsgeflecht einzelner Online-Marketing-Disziplinen untereinander ist durchaus vielschichtig. Disziplinen unterstützen einander, verstärken einander, bauen aufeinander auf oder ergänzen sich. Das ist in Bezug auf Social-Influencer-Marketing nicht anders. Die Zusammenhänge und Abhängigkeiten einzelner Disziplinen beeinflussen daher auch die Ausgestaltung des gesamten Online-Marketing-Mix. Daher möchte ich an dieser Stelle die Querverbindungen von Social-Influencer-Marketing zu anderen Online-Marketing-Disziplinen kurz ansprechen. Zwischen den Disziplinen Content-Marketing, Social-Media-

[44] Vgl. https://www.horizont.net/marketing/kommentare/influencer-marketing-fuenf-influencer-typen-die-jedem-b2b-unternehmen-helfen-koennen-173589, Abruf 02.04.2019

Marketing, Online-Empfehlungsmarketing und Influencer-Marketing gibt es jeweils einen besonderen Bezug, weshalb ich mit diesen Disziplinen beginne.

5.4.1 Content-Marketing

Content-Marketing ist eine Methode, welche die Zielgruppe ansprechen soll, um sie direkt oder indirekt vom eigenen Unternehmen und seinem Leistungsangebot oder einer eigenen Marke zu überzeugen. Content-Marketing soll Kunden gewinnen oder halten, ohne jedoch zu direkt, zu aufdringlich oder gar störend zu sein. Keinesfalls ist Content-Marketing vordergründig werblich. Das ist im Grunde schon die erste Parallele zum Influencer-Marketing. Auch gut gemachtes Influencer-Marketing ist nicht aufdringlich, nicht störend oder gar vordergründig werblich.

Beim Content-Marketing kommt es darauf an, einen Mehrwert zu liefern. Dies kann mit informierenden, beratenden und unterhaltenden Inhalten geschehen. Es kann über Texte, Bilder, Videos oder Podcasts erfolgen. Content-Marketing stellt nicht das eigene Unternehmen oder das eigene Produkt in den Mittelpunkt, sondern einen Inhalt, der einen Mehrwert bietet. Klassische Beispiele für Content im Sinne von Content-Marketing sind Whitepaper, Tutorials, Info-Grafiken, Studien, Lexika oder Ratgeber. Diese werden auf der Webseite eines Unternehmens verankert und sollen im Idealfall dazu führen, dass Besucher die Inhalte teilen oder darauf verlinken bzw. im virtuellen Raum darüber reden. Auch diesbezüglich existieren Parallelen zum Influencer-Marketing. Denn auch Influencer-Marketing generiert bisweilen Mehrwerte.

Viele Jahre war Content-Marketing besonders vom Thema Suchmaschinenoptimierung getrieben. Da die Suchmaschinen, allen voran Google, immer häufiger Algorithmus-Updates veröffentlichen, deren Ziel es ist, die Qualität der Suchergebnisse zu verbessern, sind Webseiten mit wirklich werthaltigem Content im Vorteil. Die Fachwelt ist sich darüber einig, dass dieser Trend noch eine Weile anhalten wird. Doch im Content-Marketing geht es schon lange nicht mehr nur um die Entwicklung von Content, der in den Suchmaschinen gut platziert ist und so Besucher auf eine bestimmte Webseite bringt oder auf ein bestimmtes Unternehmen aufmerksam macht. Wirklich attraktiver Content hat auch immer das Potenzial, einen viralen Effekt zu erreichen. Hiermit wäre man dann schnell beim Thema Viral-Marketing. Es hat in der Vergangenheit viele Beispiele gegeben, wie Unternehmen auch mit kleineren Budgets durch die Veröffentlichung von spektakulärem, interessantem, nutzbringendem oder leicht anrüchigem Content Millionen von Menschen auf sich aufmerksam gemacht haben.

Zwischen Influencer-Marketing und Content-Marketing gibt es im Kern zwei wesentliche Berührungspunkte:

- Influencer produzieren Content. In vielen Fällen nutzen Unternehmen heute auch Influencer, um Ideen und Inhalte für das Content-Marketing zu entwickeln bzw. entwickeln zu lassen. Dies hat für das Unternehmen zwei wesentliche Vorteile: Einerseits werden die Ressourcen des Unternehmens geschont und zum zweiten wird Content »in der Sprache der Zielgruppe« entwickelt. Bedingung ist natürlich, dass bei der Auswahl der Influencer und der Erstellung des Briefings gut gearbeitet worden ist.
- Ferner distribuieren Influencer über ihre Kanäle auch Content an ihre Fans oder Abonnenten, die im Idealfall mit der Zielgruppe des werbetreibenden Unternehmens übereinstimmen. Aufgrund der Kommunikation und Interaktion zwischen den Influencern und ihren Fans ergibt sich neben der reinen Distribution von Content ein weiterer Nutzen für werbetreibende Unternehmen. Marketeers können von Influencern lernen, welche Inhalte, Themen und Kanäle besonders gut wirken, und so ihre Content-Strategie verfeinern.

5.4.2 Social-Media-Marketing

Social-Media-Marketing ist im Wesentlichen getrieben von Inhalten, die durch die User erzeugt wurden. Die Rede ist vom sogenannten »User-generated Content«. Eines der ersten Instrumente von Social Media waren die Blogs. Interessant ist, dass der Ursprung von Influencer-Marketing ebenfalls in der Bloggerszene lag, den sogenannten Mummy-Blogs in den USA. Heute gibt es neben den Blogs viele weitere soziale Medien, über die User ihre Inhalte veröffentlichen und mit anderen teilen können. Einige dieser User sind im Laufe der Zeit zu Influencern geworden. Wer sich für die Vielfalt von Social Media in Deutschland interessiert, dem empfehle ich die Infografik »Social-Media- Prisma« von ethority (http://ethority.de/ social-media-prisma/, Abruf 05.03.2019).

Zwischen dem originären Social-Media-Marketing eines Unternehmens und dem Social-Influencer-Marketing eines Unternehmens kann es natürlich vielfältige Querverbindungen geben. Beispielsweise kann ein Unternehmen auf die Posts von Influencern reagieren und diese zusätzlich über seine eigenen Kanäle »zweitverwerten«. Auf bestimmten Kanälen, wie beispielsweise Facebook, kann die Reichweite eines Beitrags durch ein zusätzliches Budget im Rahmen einer Facebook-Werbeanzeige deutlich erhöht werden. Überhaupt stellt sich in diesem Kontext auch die Frage nach der Zweitverwertung der Inhalte, die durch Influencer erzeugt werden. Diesbezüglich können Querverbindungen in andere Disziplinen, wie das Content-Marketing, oder auch in die Online-Werbung entstehen, wie im Abschnitt 5.4.1. verdeutlicht wurde. Die Querverbindung kann aber auch noch weitergehen. Influencer-Markeitng kann zum festen Baustein einer ganzheitlichen Social-Media-Strategie eines Unternehmens werden. Bitte beachten Sie dazu auch den Abschnitt 8.4 »Influencer-Marketing als Baustein der eigenen Social-Media-Strategie« auf Seite 114.

5.4.3 Online-Empfehlungsmarketing

Die sozialen Medien haben dem Empfehlungsmarketing eine neue Dimension verliehen. Über die sozialen Medien erhalten Empfehlungen heute eine bedeutend höhere Sichtbarkeit. Influencer-Marketing hat diese Dimension in gewisser Weise noch verstärkt. Influencer empfehlen mehr oder weniger subtil, indirekt und unaufdringlich Unternehmen, Marken und/oder Produkte. Es gibt mittlerweile Studien,[45] die belegen, dass rund ein Drittel der Konsumenten schon einmal aufgrund des Posts eines Social-Influencers zum Kauf eines Produkts oder einer Dienstleistung bewegt worden sind. Dennoch sind Influencer-Marketing und Empfehlungsmarketing klar voneinander abgegrenzt. Empfehler agieren unentgeltlich, Influencer tun dies im Normalfall nicht. Im Online-Empfehlungsmarketing ist das genauso.[46] Es gibt also starke Parallelen, aber auch klare Abgrenzungskriterien zwischen den beiden Marketing-Disziplinen.

5.4.4 Affiliate-Marketing

Eine direkte Verbindung zwischen Social-Influencer-Marketing und Affiliate-Marketing gibt es zunächst nicht. Bei einer langfristigen Zusammenarbeit zwischen einem Social Influencer und einem Werbetreibenden, der ebenfalls Affiliate-Marketing betreibt, kann es natürlich sinnvoll sein, im Rahmen der Posts des Influencers spezielle Affiliate-Links zu verwenden. Aus Sicht des Controllings würde auf diese Weise sogar eine konkrete Kennzahl entstehen, die Aufschluss darüber gibt, wie viel Umsatz bzw. wie viele Leads aus dem Umfeld des jeweiligen Influencers entsteht(en).

Natürlich könnte man auch als Werbetreibender versuchen, einen Teil der Entlohnung für den Influencer variabel zu halten und von den Ergebnissen aus dem Affiliate-Marketing abhängig zu machen. Bitte betrachten Sie dazu auch im Kapitel »Influencer-Honorar« den Abschnitt 9.2.4 »Das Affiliate-Modell« (ab Seite 118). Ob ein Influencer dazu bereit ist, hängt natürlich vom Einzelfall ab.

---

45 Vgl. http://www.olapic.com/resources/consumer-research-psychology-following-whitepaper-s1cp/, Zugriff 19.03.2019.

46 Vgl. Abbildung 5.3 : Gütesiegel als Treiber im Empfehlungsmarketing am Beispiel des Onlineshops .

Grundsätzlich sind variable Vergütungsmodelle auch im Social-Influencer-Marketing nicht verboten. Die meisten Influencer stehen solchen Modellen aber kritisch gegenüber. Laut einer Studie[47] von »Brandnew« und »Marketing Week« aus dem Jahr 2016 lehnen 80 Prozent der Befragten solche Modelle ab. Das bedeutet aber im Umkehrschluss, dass 20 Prozent der Influencer derartige Modelle nicht ablehnen. Auch der Umstand, dass die Firma Reachbird in einem Video zum Thema »Preismodelle im Influencer-Marketing« explizit das »Affiliate-Modell« anspricht, deutet auf eine Querverbindung hin. Hier der Servicelink zum Video:

Technik

https://vimeo.com/224311707

Darüber hinaus gibt es natürlich auch Influencer, die aus Eigenmotivation mit Affiliate-Links arbeiten, um zusätzlich Geld zu verdienen. Dieses Prinzip ist ja nicht neu. Früher gab es viele Webseiten, die von sogenannten Webmastern mit fremdem Content bestückt wurden, um so Traffic über Suchmaschinen abzugreifen. Dieser Traffic wurde dann über AdSense oder Affiliate-Links quasi weiterverkauft. Dieses Grundprinzip ist auch heute noch gängig, besonders bei kleinen und mittleren Influencern.

Ein Beispiel: In der Abbildung 6.8, auf Seite 82, ist ein YouTube-Video von einem Micor-Influencer zu sehen. Unmittelbar unter dem Video ist dieser kurze Affiliate-Link zu finden: http://amzn.to/2oKDLkd. Der Link ist als Amazon-Link bezeichnet und führt zur langen URL: https://www.amazon.de/YAMAY-Aktivit%C3%A4tstracker-Schrittz%C3%A4hler-Kalorienz%C3%A4hler-Vibrationsalarm-Schwarz/dp/B073WR7CGM/ref=as_li_ss_tl?ie=UTF8&qid=1519991726&sr=8-1&keywords=fitness+tracker+yamay&linkCode=sl1&tag=**videocheckod-21**&linkId=9f1256b0b39bb591081f4e752e9b60fe. Die lange URL enthält die Affiliate-ID des Affilates »videocheckod-21«. Diese ID gehört wahrscheinlich zum Autor des Videos. Oberflächlich betrachtet ist nicht erkennbar, ob der Influencer vom jeweiligen Unternehmen oder Distributor zusätzlich vergütet wird oder ob er das Video aus Eigenmotivation erstellt hat und über den Affiliate-Link nun versucht, Geld zu verdienen.

47 Vgl. https://www.marketingweek.com/2016/12/07/influencer-marketing-creators-perspective/, Zugriff 22.03.2019.

Neben der direkten Querverbindung zwischen den beiden Online-Marketing-Disziplinen gibt es auch noch eine indirekte. Affiliates werden im Regelfall zu 100 Prozent erfolgsabhängig vergütet. Es ist also im Interesse eines Affiliates, dass sein Engagement für ein Unternehmen, eine Marke oder einen Onlineshop zu konkret messbaren Umsätzen oder Leads führt. Nur dann verdient ein Affiliate Geld. Es ist kein Geheimnis, dass eine starke und vertrauenswürdige Marke höhere Erfolgschancen im Sinne von Conversions hat als eine schwache und wenig vertrauensvolle Marke. Alle Maßnahmen aus dem Umfeld Social-Influencer-Marketing, die darauf abzielen, die Marke zu stärken und das Vertrauen in die Marke zu erhöhen, stützen also indirekt auch das Affiliate-Marketing. Affiliates werden an der Vermarktung einer starken Marke ein deutlich höheres Interesse haben, da sie mit starken Marken in der Regel mehr Geld verdienen.

5.4.5 Suchmaschinenoptimierung

Zwischen der Suchmaschinenoptimierung und dem Social-Influencer-Marketing gibt es mehrere Querverbindungen und Interdependenzen. Ein Erfolgsparameter bei der Suchmaschinenoptimierung sind Backlinks. Zwar hat die Bedeutung von Backlinks für das Ranking einzelner Keywords in den letzten Jahren abgenommen, doch bedeutungslos sind Backlinks noch lange nicht. Backlinks aus Social-Media-Netzwerken und themennahen Blogs haben laut einigen Experten sogar eine recht hohe Bedeutung für die Suchmaschinenoptimierung. Social-Influencer-Kampagnen führen zu Backlinks, jedenfalls wenn das Konzept entsprechend clever aufgesetzt ist. Insofern unterstützt Social-Influencer-Marketing auch die Suchmaschinenoptimierung.

Auch aus einem anderen Blickwinkel kann Social-Influencer-Marketing Beiträge zur Suchmaschinenoptimierung leisten. Denn Google indiziert natürlich auch Social-Media-Kanäle. Wird beispielsweise über eine Social-Influencer-Kampagne ein YouTube-Video erstellt, welches in der Beschreibung sinnvoll mit den für ein Unternehmen relevanten Keywords verschlagwortet ist, kann es durchaus vorkommen, dass das Video bei einer entsprechenden Suche auf der Search-Engine-Result-Page (SERP) von Google angezeigt wird.

5.4.6 Online-Werbung

Im Grunde ist Social-Influencer-Marketing ein Substitut für die klassische Online-Werbung. Durch den »Filter« der Influencer wird versucht, Werbebotschaften zum einen möglichst nah an die Zielgruppe zu platzieren und zum zweiten den Vertrauensbonus des Influencers möglichst optimal auszunutzen. Es spricht aber natürlich auch nichts dagegen, die kreativen Inhalte, welche von Influencern im Rahmen ihrer Arbeit produziert werden, auch für konventionelle

Online-Werbung einzusetzen - vorausgesetzt natürlich, bei den Vertragsverhandlungen mit den Influencern ist an die Einräumung entsprechender Nutzungsrechte gedacht worden. Auch ist es durchaus üblich, Posts von Influencern direkt oder indirekt zu bewerben, um deren Sichtbarkeit zu erhöhen. Denn im Normalfall wird der Post eines Influencers nicht an seine komplette Followerschaft ausgesteuert. Beispielsweise steuert Facebook nur ca. 3 bis 8 Prozent der organischen Posts einer Fanpage an die Abonnenten aus. Mit etwas Werbebudget kann man die Reichweite innerhalb der Fanbase des Influencers deutlich erhöhen – und das zu sehr moderaten Kosten.

5.4.7 Online-PR

Man hält es kaum für möglich, aber auch in Bezug auf die Online-PR kann Social-Influencer-Marketing indirekt Beiträge leisten, denn Journalisten recherchieren heute auch vermehrt in sozialen Netzwerken. Laut einer Umfrage von »news aktuell« aus dem Jahr 2016 sagen 58 Prozent der Journalisten, dass Social Media in den letzten beiden Jahren für die Recherche wichtiger geworden sind. 42 Prozent binden Informationen aus sozialen Netzwerken auch tatsächlich in ihre Beiträge ein. Laut der Umfrage liegt Facebook ganz vorn in der Gunst der Journalisten (75 Prozent), gefolgt von YouTube (65 Prozent) und Twitter (55 Prozent). Es soll sogar Journalisten geben, die keine Pressemeldungen mehr lesen, sondern lieber gleich in den sozialen Medien nach verwertbaren Inhalten suchen. Insofern gibt es natürlich eine Querverbindung zwischen den beiden Online-Marketing-Teildisziplinen.

5.4.8 E-Mail-Marketing und Video-Marketing

Eine direkte Querverbindung zwischen diesen beiden Online-Marketing-Disziplinen und dem Social-Influencer-Marketing gibt es nicht. Allerdings stellt sich hier natürlich die Frage nach den Möglichkeiten für die Zweitverwertung der Inhalte, welche von den Influencern erstellt werden. Entsteht beispielsweise im Rahmen einer Influencer-Kampagne ein tolles Video, so spricht nichts dagegen, dieses in einem Newsletter zu verlinken oder in einer anderen Weise zu verwenden – vorausgesetzt die Nutzungsrechte wurden entsprechend eingekauft. Grundsätzlich gilt diese Aussage natürlich für alle Kanäle, die im Rahmen von Social-Influencer-Marketing genutzt werden. Jeder Post, egal ob auf Instagram, Facebook oder YouTube, bewirkt i. d. R. eine Reaktion im Kreise der Follower des Influencers. Über diese Reaktion kann auch im Rahmen eines E-Mail-Newsletters berichtet werden. Hat beispielsweise der Post eines Influencers eine besonders hohe Anzahl von Likes erreicht, kann hieraus ein redaktioneller Beitrag für den Newsletter erstellt werden. Insofern kann also auch eine indirekte Verbindung zwischen den genannten Online-Marketing-Disziplinen entstehen.

6 Die Gründe für und die Vorteile von Social-Influencer-Marketing

Inhalt

In der Theorie sind die Vorteile von Social-Influencer-Marketing gegenüber konventionellen Marketing- bzw. Werbeformen überwältigend. In der Praxis muss man mittlerweile jedoch sehr genau hinsehen, wie in den nächsten Abschnitten deutlich wird. Doch trotz der vielen Probleme, die mit einem schnellen Wachstum und einem Hype einhergehen, hat Social-Influencer-Marketing auf der rein sachlichen Ebene etliche Vorzüge und klare Vorteile gegenüber vielen anderen Werbe- und Marketing-Formen vorzuweisen. Die folgenden Abschnitte erheben keinen Anspruch auf Vollständigkeit.

6.1 Bruch mit dem Prinzip der Unterbrecherwerbung

Influencer-Marketing bricht mit dem Prinzip der Unterbrecherwerbung und unterscheidet sich so deutlich von vielen anderen Werbeformen. Sind Sie nicht auch mittlerweile genervt von Werbeformen, die das, was Sie eigentlich gerade tun möchten, unterbrechen? Gleichgültig, ob das in der nicht digitalen Welt geschieht, wie beispielsweise das Ansehen eines TV-Films, der durch Werbung unterbrochen wird, oder in der digitalen Welt, wo es mittlerweile kaum noch werbefreie Zonen gibt. Egal ob man auf einer Webseite etwas nachlesen möchte oder bei YouTube einen Film ansehen möchte - die nächste Werbeeinblendung kommt bestimmt. Menschen empfinden Unterbrecherwerbung als zunehmend störend. Eine von Innofact im Auftrag der APG durchgeführte Umfrage zeigt, dass 73 Prozent der Befragten Werbung im Fernsehen als störend empfinden. 70 Prozent empfinden Werbung im Internet als störend. Für die Altersgruppe der 15- bis 29-Jährigen liegen diese Zahlen sogar noch höher. 81 Prozent der 15- bis 29-Jährigen finden Werbung im Fernsehen störend. 72 Prozent finden diese im Internet störend.

Die Posts eines Influencers sind zwar auch Werbung. Denn spätestens seit der juristischen Klarstellung im Jahr 2017 werden mittlerweile werbliche Posts auch als Werbung gekennzeichnet. Aber sie sind keine Unterbrecherwerbung und werden daher nicht annähernd als störend empfunden.

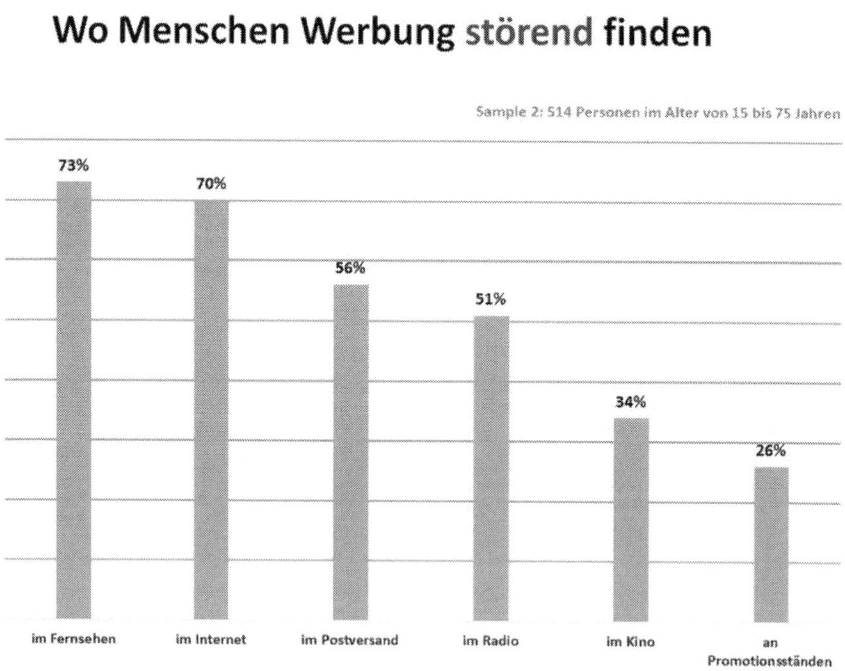

Abbildung 6.1: Hier stört Werbung. Quelle: Infofact-Omnibus 2017.

6.2 Influencer-Marketing lässt sich nicht von AdBlockern ausblenden

Unter vielen Mediennutzern hat sich eine Art Werbemüdigkeit entwickelt – und zwar gleich in zweierlei Hinsicht. Zum einen gibt es Mediennutzer, die technisch gegen Werbung vorgehen und diese durch sogenannte »AdBlocker« herausfiltern lassen (vgl. Abbildung 6.2). Zum anderen gibt es mittlerweile viele Nutzer, die die herkömmliche Online-Werbung mental ausblenden. Die Ursache für dieses mentale Ausblenden ist die allgegenwärtige Penetranz. Wer heute vier Stunden im Internet verbringt, bekommt zwei- bis dreitausend Werbeeinblendungen zu sehen. Demzufolge stellt sich ein starker Abstumpfungseffekt beim Nutzer ein; Werbung wird nicht mehr aktiv wahrgenommen, das Gehirn ist darauf geeicht, Online-Werbung zu ignorieren. Emanzipierte Mediennutzer im Zeitalter des Web 2.0 sind anspruchsvoller geworden und finden kaum noch Gefallen an konventionellen Werbeformen oder 08/15-Werbebotschaften. Beispielsweise liegt heute die durchschnittliche CTR von Bannerwerbung unter 0,1 Prozent. Ich erinnere mich noch an Zeiten, da lag die durchschnittliche CTR bei 2 bis 3 Prozent. Das Standardbanner 468x60 wird im Durchschnitt gar nur noch von 0,04 Prozent der Nutzer geklickt. Voraussichtlich werden diese Werte noch weiter sinken. Social-Influencer-Marketing könnte ein Weg aus dem Dilemma dieser Werbemüdigkeit sein.

Laut eMarketer nutzten 2015 rund 15 Prozent der Deutschen Werbeblocker. Bis 2019 sollen es knapp 23 Prozent werden. Andere Institute geben sogar noch deutlich höhere Werte an. Laut einer Befragung vom Reuters Institute for the Study of Journalism lag der Wert 2017 bereits bei 28 Prozent.[48] Egal wen man fragt, mindestens ein Fünftel der Deutschen nutzt AdBlocker – konservativ geschätzt. Die meisten werden von den Nutzern selbst installiert. Es ist damit zu rechnen, dass die Zahl der AdBlocker weiter steigen wird, da unterschiedliche Marktteilnehmer wie Internet-Provider, Browser- oder gar Hardware-Hersteller (Stichwort »AdBlocker im Router«) das Thema AdBlocker für sich entdeckt haben und entsprechende Services entwickeln, um ihren Kunden einen Mehrwert zu liefern. So hat beispielsweise Samsung im Q4 2017 seinen neuen Android-Internetbrowser mit einem vorinstallierten Blocker für Tracking und Werbung ausgeliefert. Samsung reagiert mit dieser zusätzlichen Funktion auf Nutzerwünsche. Die Block-Funktionen sind in den Voreinstellungen nicht standardmäßig aktiviert – der Nutzer muss proaktiv tätig werden und die entsprechenden Funktionen eigenständig aktivieren. Daher ist es sicherlich kein Zufall, dass die

48 Vgl. https://de.statista.com/infografik/5043/onliner-die-einen-adblocker-nutzen/, Zugriff 15.02.2019.

AdBlocker-Rate auf mobilen Android-Endgeräten zuletzt signifikant angestiegen ist (vgl. Abbildung 6.3).

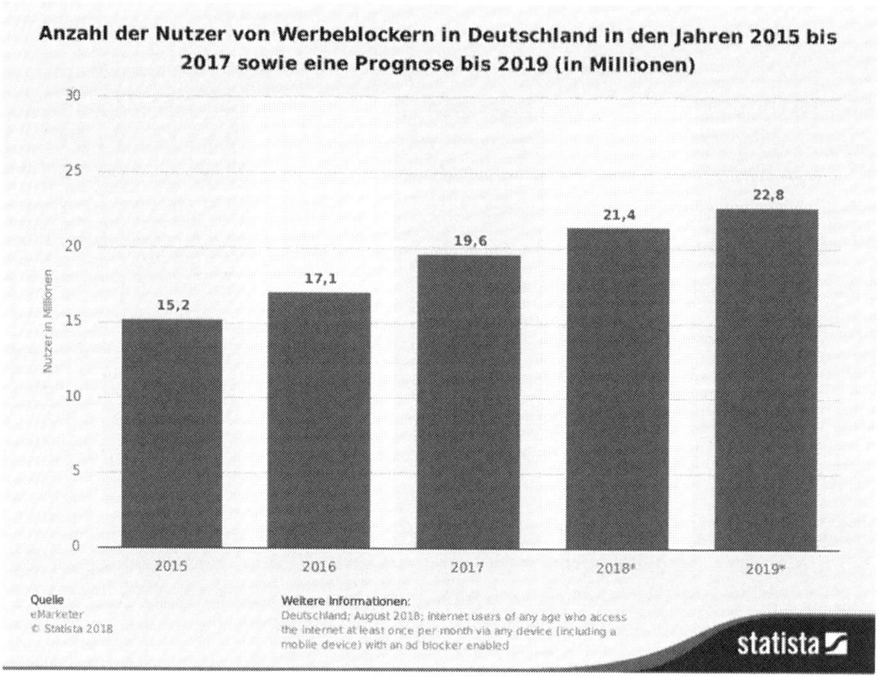

Abbildung 6.2: Anzahl der Nutzer von Werbeblockern in Deutschland in den Jahren 2015 sowie eine Prognose bis 2019 (in Millionen). Zitiert nach de.statista.com, URL: https://de.statista.com/statistik/daten/studie/911962/umfrage/anzahl-der-nutzer-von-adblockern-in-deutschland/, Abruf 03.02.2019.

Ein weiteres Beispiel ist Google. Seit dem 15. Februar 2018 blockiert der beliebte Chrome-Browser[49] alle Ads, die nicht den »Better-Ads-Standards«[50] entsprechen. Und das auch ohne eine bewusste Handlung des Nutzers. Laut eigenen Angaben hat das Unternehmen in 2018 mehr als 2,3 Milliarden Werbeanzeigen gesperrt - das sind rund 6,3 Millionen pro Tag. Insgesamt hat das Unternehmen im vergangenen Jahr 31 neue Richtlinien zur Verhinderung irreführender und betrügerischer Werbung eingeführt.

---

49 Vgl. https://onetoone.de/de/artikel/was-googles-adblocker-f%C3%BCr-chrome-f%C3%BCr-das-marketing-bedeutet, Zugriff 15.02.2019.

50 Vgl. https://www.betterads.org/, Zugriff 17.02.2019.

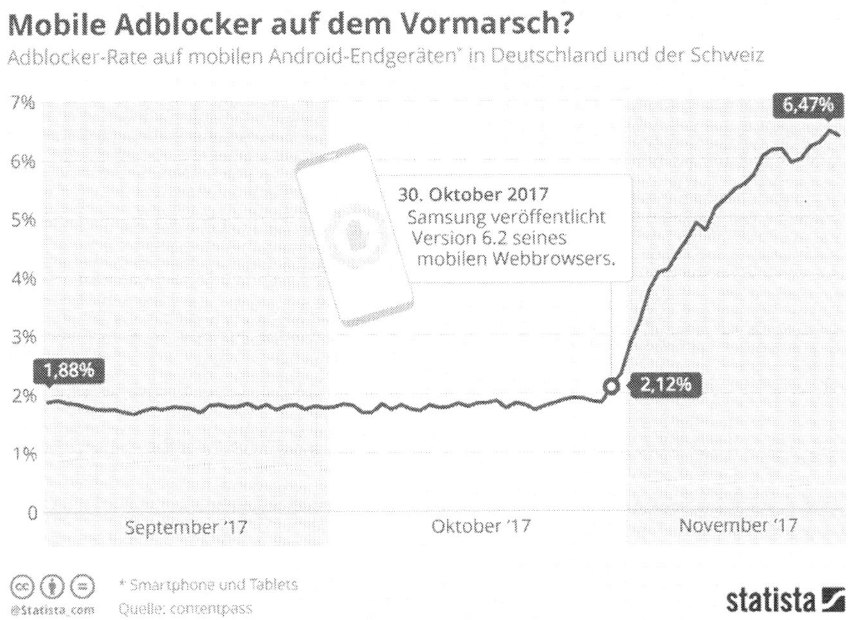

Abbildung 6.3: Mobile AdBlocker auf dem Vormarsch? Zitiert nach de.statista.com, URL https://de.statista.com/infografik/11992/adblocker-rate-schnellt-nach-oben/, Abruf 10.02.2019.

6.3 Glaubwürdigkeit und Vertrauen

Die Empfehlungen von Dritten sind im Kaufentscheidungsprozess wichtiger und werthaltiger als die Werbebotschaften des Anbieters. Laut der Nielsen-Studie »Global Trust in Advertising Survey« vertrauen weltweit 92 Prozent der Konsumenten Empfehlungen anderer Menschen, selbst wenn sie diese nicht kennen. 70 Prozent vertrauen Online-Bewertungen mehr als der Werbeaussage vom Anbieter. Eine Nielsen-Studie aus dem Jahr 2015 kommt für Deutschland zu vergleichbaren Ergebnissen. Zwar ist ein Social Influencer nicht mit einem Empfehler gleichzusetzen – genauso wenig ist Social-Influencer-Marketing mit Empfehlungsmarketing gleichzusetzen. Aber es gibt natürlich Parallelen. Gut gemachtes Influencer-Marketing kann an die Qualität von echtem und gut gemachtem Empfehlungsmarketing heranreichen. Daran hat auch die gesetzliche Regelung zur Auszeichnungspflicht von Influencer-Posts als Werbung aus dem Jahr 2017 nichts geändert. Vergleiche hierzu auch die Ausführungen zur Kennzeichnungspflicht im Kapitel 1 »« (ab Seite 213).

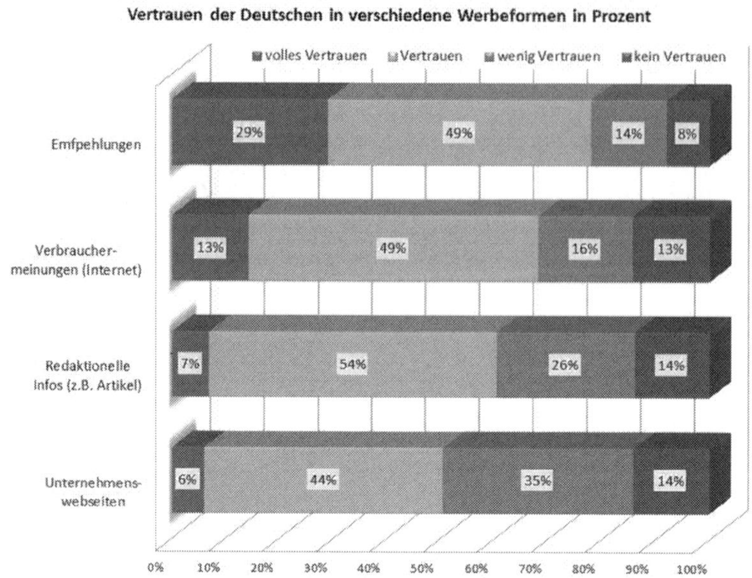

Abbildung 6.4: Vertrauen der Deutschen in verschiedene Werbeformen. Zitiert nach URL http://www.nielsen.com/de/de/insights/reports/2015/Trust-in-Advertising.html, Abruf 04.07.2017.

Zwischen dem Influencer und seinen Followern besteht eine enge Verbundenheit. Oft wird auch von einer parasozialen Beziehung gesprochen. Der Influencer kennt sicherlich nur wenige Details über einige seiner Follower. Seine Follower wissen jedoch sehr viel über den Influencer, da sie über die Posts des Influencers regelmäßig Informationen beziehen. Die Follower haben Einblicke in das Leben des Influencers, sie kennen seine Meinung zu bestimmten Themen, manchmal auch seinen Tagesablauf und unterschiedliche persönliche Informationen. Subjektiv entsteht dadurch das Gefühl, den Influencer als einen guten Freund zu haben. Obwohl diese »gute Freundschaft« de facto sehr einseitig ist, ist der Umstand dennoch von hoher Bedeutung. Denn was Freunde empfehlen, wird wesentlich wichtiger und werthaltiger wahrgenommen als Aussagen des eigentlichen Werbetreibenden.

6.4 Influencer können gleich mehrere Ansatzpunkte im Kaufentscheidungsprozess haben

Influencer-Marketing hat gegenüber anderen Marketing-Disziplinen einen weiteren gravierenden Vorteil. Dieser erscheint mir so interessant, dass ich ihm ein eigenes Kapitel widme. Influencer-Marketing bietet nämlich vielfältige Optionen der Einflussnahme im Kaufentscheidungsprozess. Diese gehen über das bekannte AIDA-Modell hinaus. Die Einflussnahme anderer Marketing-Maßnahmen endet häufig bei der Bedarfsweckung (Desire).

Exkurs AIDA-Modell

AIDA ist ein Akronym für ein Werbewirkungsprinzip. Es steht für die englischen Begriffe **A**ttention (Aufmerksamkeit), **I**nterest (Interesse), **D**esire (Verlangen/Bedarf) und **A**ction (Handlung).

Gemäß dem AIDA-Prinzip ist die erste Aufgabe der Werbung, Aufmerksamkeit zu erzeugen. Das Werbemedium soll die Zielgruppe anziehen, um ihr Bewusstsein insoweit zu beeinflussen, als dass sie sich für den Werbegegenstand interessiert. Das Interesse für Produkte oder Dienstleistungen zu wecken, ist die zweite Aufgabe. Hieraus soll der Wunsch entstehen, das Produkt oder die Dienstleistung haben zu müssen. Dies wiederum soll zum Ziel führen, die gewünschte Kaufhandlung zu erreichen.[54]

Das klassische AIDA-Modell wird in vielen Marketing-Büchern zitiert. Analysiert man den Kaufentscheidungsprozess detaillierter, so stellt man jedoch fest, dass nach der Bedarfsweckung die Entscheidung für den Kauf eines/einer bestimmten Produktes/Dienstleistung noch lange nicht gefallen ist. Besonders bei höherwertigeren, kostenintensiveren oder erklärungsbedürftigeren Produkten schließt sich an die eigentliche Phase der Bedarfsweckung (Desire) die Suche nach entsprechenden Lösungen/Produkten an. Nur selten kommt es bei höherwertigeren, kostenintensiveren oder erklärungsbedürftigeren Produkten zu Spontankäufen. Sind mehrere Lösungen/Produkte, die zur Bedarfsbefriedigung geeignet sind, identifiziert, so tritt der Kaufentscheidungsprozess in die Phase der Alternativenbewertung. Es werden Testberichte gelesen, Freunde befragt und ggf. aktuelle Verwender des infrage kommenden Produktes identifiziert und interviewt. Insofern klaffet im Rahmen des klassischen AIDA-Modell bei bestimmten Produkten (höherwertigere, kostenintensivere oder erklärungsbedürftige Produkte) häufig eine Lücke zwischen den Stufen »Desire« und «Action« (vgl. Abbildung 6.5).

Influencer können sich an fast allen Punkten im Kaufentscheidungsprozess einbringen und Einfluss nehmen – und zwar unmittelbar oder mittelbar. Dabei ist deren Einflussnahme nicht auf die Phase der »Bedarfsweckung« beschränkt, wie in Abbildung 6.5 deutlich wird.

---

[54] Quelle: https://de.wikipedia.org/wiki/AIDA-Modell, Zugriff 15.03.2018

In der Phase der »Informations- und Produktsuche« werden die Kanäle bekannter Influencer nicht selten von Konsumenten konsultiert. Eine im November 2017 veröffentlichte Studie des Bundesverbandes digitale Wirtschaft (BVDW) besagt, dass heute bereits jeder sechste Konsument im Rahmen der Informations- und Produktsuche bei Influencern fündig wird. Bitte sehen Sie hierzu die Abbildung 6.6 auf Seite 76.

Auch indirekt ist eine Einflussnahme von Influencern in dieser Phase möglich. Die von Influencern generierten Inhalte werden natürlich auch von Suchmaschinen, allen voran Google, erfasst. Wenn Konsumenten in der Phase der Informations- und Produktsuche über Suchmaschinen auf die Inhalte von Influencern stoßen, erfolgt natürlich auch eine Einflussnahme. Beinhalten die Inhalte des Influencers dann auch noch Links zu den unmittelbaren Angeboten des Werbetreibenden, kann die Einflussnahme im Rahmen des Kaufentscheidungsprozesses besonders groß sein.

Auch in der Phase der »Alternativenbewertung« kann der Einfluss von Influencern schlussendlich das Pendel für oder gegen den Kauf eines ganz bestimmten Produktes ausschlagen lassen. Die Bedeutung von Empfehlungen im Rahmen von Kaufentscheidungsprozessen dürfte unstrittig sein. Influencer können natürlich nicht nur Alternativen aufzeigen, sondern auch Empfehlungen aussprechen. Auch kann alleine schon die Tatsache, dass sich ein bekannter und beliebter Influencer klar zu einer bestimmten Marke bekennt, im Rahmen der Alternativenbewertung den Kaufprozess zugunsten dieser Marke beeinflussen.

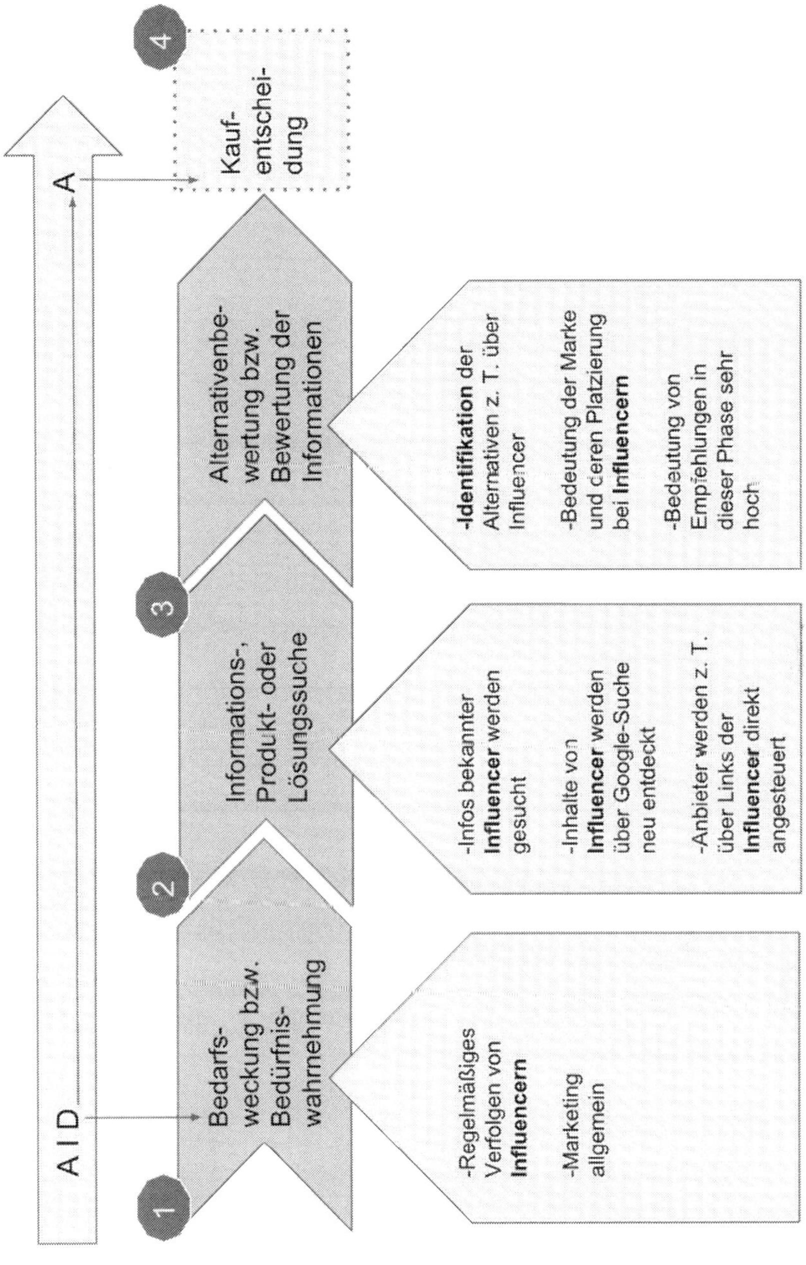

Abbildung 6.5: Ansatzpunkte für Influencer-Marketing im Kaufentscheidungsprozess (Quelle: In Anlehnung an Nirschl / Steinberg, Beeinflussungsmöglichkeiten der Kaufentscheidung durch Influencer, ein Einstieg in das Influencer-Marketing, 2017, Springer Gabler).

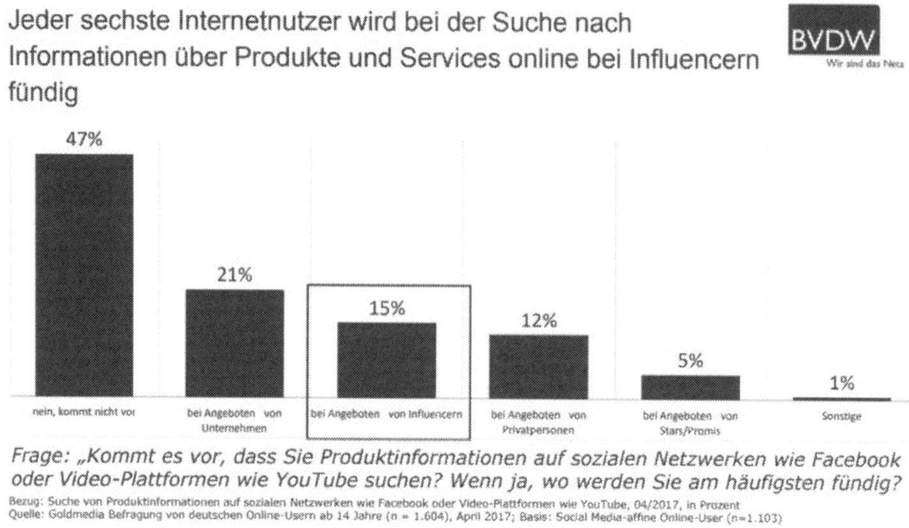

Abbildung 6.6: Jeder sechste Internetnutzer wird bei der Suche nach Informationen über Produkte und Services online bei Influencern fündig. Quelle: BVDW / INFLURY 2017, https://www.bvdw.org/fileadmin/bvdw/upload/studien/171128_IM-Studie_final-draft-bvdw_low.pdf, Zugriff 22. März 2019.

6.5 Hohe Reichweite und Option auf viralen Effekt

Durch die Nutzung von sozialen Medien kann ein viraler Effekt entstehen. Der virale Effekt ist das gewünschte Ergebnis einer viralen Marketing-Kampagne. Virales Marketing ist nicht neu. Aber es hat durch die sozialen Medien eine neue Dimension erhalten. Der Bergriff »viral« ist von »Virus« abgeleitet und beschreibt die epidemische Ausbreitung einer Nachricht bzw. Botschaft. Genau hier können soziale Medien helfen. Durch die Vernetzung und durch Funktionen wie Teilen, Kommentieren und Liken können Nachrichten und Botschaften in sozialen Medien eine hohe Verbreitung erreichen. Damit eine Nachricht eine epidemische Ausbreitung erreicht, muss zunächst eine gewisse kritische Masse bei der Verbreitung erreicht werden. Dazu ist es hilfreich, wenn Meinungsmacher und Multiplikatoren die Nachricht teilen. Genau hier kann Influencer-Marketing ansetzen. Social Influencer erreichen regelmäßig ein großes Publikum in den sozialen Medien. Tritt ein viraler Effekt ein, so kann die Reichweite des Influencers um ein Vielfaches multipliziert werden. Gegebenenfalls kann die Botschaft so auch auf andere soziale Kanäle gelangen als die ursprünglich vom Influencer bespielten. Insofern sind Social Influencer auch Multiplikatoren.

Viral Marketing und Viral Sharing sind besonders für Unternehmen mit kleinem Budget interessant. Denn im Vordergrund steht die Idee und nicht das verfügbare Marketing-Budget. Zahlreiche Beispiele zeigen, dass Kreativität ganz klar das

Budget schlagen kann. Das gilt sogar für die Produktionskosten des Materials, welches für den Post verwendet wird. Um diese Aussage zu untermauern möchte ich aus meinem Buch »Praxiswissen Online-Marketing, 7. Auflage, März, 2019, Springer Gabler, Seite 409« zitieren:

Videos, die einen beachtlichen Erfolg verzeichnen, müssen nicht teuer produziert sein. Zwei Beispiele sollen dies belegen:

Das Best-Practice-Beispiel von Blendtec zeigt, wie ein relativ unbekanntes Unternehmen dank viraler Effekte einen großen Bekanntheitsgrad erfahren kann. Ohne Zweifel hatte die „Will it blend?"-Serie der Firma Blendtec Inc. eine positive Implikation auf die Umsätze des Unternehmens.

Auf eine skurrile Art präsentiert der Gründer der Firma Blendtec, Tom Dickson, die Stärke seiner Mixer. Es werden aber nicht Früchte oder Gemüse im Mixer zerkleinert, sondern Gegenstände des alltäglichen Lebens wie iPads, Golfbälle oder Spielzeug.

iPad, 17 Millionen Aufrufe in fünf Jahren:

www.YouTube.com/watch?v=lAl28d6tbko

Servicelink: www.lammenett.de/78106

Golfball, 7 Millionen Aufrufe in zehn Jahren:

www.YouTube.com/watch?v=MC8Zvl-8ziA

Servicelink: www.lammenett.de/78107

Spielzeug (Silly Putty), 4,2 Millionen Aufrufe in acht Jahren:

www.YouTube.com/watch?v=jTcIgu1o6N0

Servicelink: www.lammenett.de/78108

Ebenfalls als Best-Practice-Beispiel in der Kategorie „vergleichsweise günstig produziert" würde ich das Video von DollarShaveClub.com ansiedeln. Im Video präsentiert der Gründer Mike Dublin seine Geschäftsidee auf sarkastische, lustige Weise. Das Video erreichte in den ersten drei Jahren nach Veröffentlichung über 20 Millionen Aufrufe.

Es wurde veröffentlicht am 06.03.2012. Bis November 2018 erreichte das Video über 25,8 Millionen Aufrufe auf YouTube: www.YouTube.com/watch?v=ZUG9qYTJMsI.

Servicelink: www.lammenett.de/78109

6.6 Fans für die eigene Page gewinnen als Nebeneffekt

Als positiver Nebeneffekt besteht immer die Möglichkeit, durch Influencer auch Fans oder Abonnenten für die eigenen sozialen Unternehmensplattformen zu gewinnen. Passen die Influencer gut zum eigenen Unternehmen, dürften die gewonnenen Fans bzw. Abonnenten qualitativ hochwertig sein.

6.7 Erreichen von Zielgruppen, die konventionell schon heute gar nicht mehr erreicht werden

Es gibt heute schon Zielgruppen, die über konventionelle Medien kaum noch zu erreichen sind und/oder die der klassischen Geschäftswelt und den klassischen Werbemethoden extrem skeptisch gegenüberstehen. Im Kapitel »Marketing abseits von TV, Radio, Zeitungen und Zeitschriften und wie es dazu kam« bin ich ausführlich auf diesen Aspekt eingegangen.

Ferner wird die Zielgruppe derer, die sich konventionellen Medien verschließen, zwangsläufig größer. Es findet ein schleichender Generationenwechsel statt, der ein Umdenken im Marketing unabdingbar macht. Bereits 2017 war die Bevölkerungsgruppe der sogenannten Generation Z weltweit um rund 3 Millionen Menschen größer als die Gruppe der sogenannten Millennials.[55] Als Generation Z werden, je nach Literaturquelle, Menschen bezeichnet, die etwa ab 1995 bis 2010 geboren sind. Als Millennials werden Personen bezeichnet, die zwischen 1980 und 2000 geboren wurden. Diese übliche Klassifizierung ist zwar nicht ganz überschneidungsfrei. Der Trend ist jedoch klar und eindeutig. Die Zahl der sogenannten Digital Natives wird immer weiter steigen. Digital Natives sind mit dem Internet aufgewachsen. Sie kennen keinen Alltag ohne Internet und Handy. Ihr Medienkonsum unterscheidet sich bereits heute deutlich vom Konsum älterer Semester.

---

[55] Vgl. https://latest.13d.com/generation-z-is-poised-to-overtake-millennials-purchasing-power-and-size-7a08d8914ad5, Abruf 28.01.2019.

Social-Influencer-Marketing kann in Bezug auf diese Zielgruppe ein Ausweg sein, denn Social Influencer erreichen diese Zielgruppe. Insofern können sie ein Türöffner zur digitalen Generation sein. Ferner sind digitale Meinungsführer mit einem Vertrauensvorschuss ihrer Abonnenten gesegnet. Daran ändert auch die Kennzeichnung bezahlter Posts wenig, wie jüngere Studien gezeigt haben.

6.8 Im Vergleich geringere Streuverluste

In der konventionellen Werbung wird oft viel Geld ausgegeben für Maßnahmen, die zwar eine wahnsinnige Reichweite besitzen, aber leider auch einen hohen Streuverlust haben. Beispielsweise erreicht ein 30-Sekunden-Werbeclip beim Super Bowl über 100 Millionen Zuschauer. Dafür kostet die Maßnahme aber auch 5 Millionen Dollar und die Gefahr eines beachtlichen Streuverlustes lässt sich nicht wegdiskutieren. Mit einem Bruchteil dieses Betrages kann man über Social-Influencer-Marketing wesentlich effektiver Personen innerhalb der Zielgruppe erreichen. Denn Influencer sprechen meist eine sehr homogene Zielgruppe an. Durch die sorgfältige Auswahl (vgl. Abschnitt 10.3 »Passende Influencer suchen und finden«, Seite 145) können zur eigentlichen Zielgruppe passende Influencer sehr passgenau identifiziert werden. Auf diese Weise können Streuverluste minimiert werden. Die eigentliche Zielgruppe ist also vergleichsweise genau ansteuerbar, wenn man »die richtigen« Influencer findet. Natürlich kommt es auch auf die Ausgestaltung der Kampagne an. Eine Influencer-Kampagne mit einem oder wenigen Celebrity-Influencern wird im Zweifel mehr Streuverluste haben als eine Kampagne mit 100 Mid-Level-Influencern. Es kommt jedoch immer auf die eigentliche Zielsetzung der Kampagne an; denn sicherlich haben auch Kampagnen mit Celebrities ihre Vorzüge und Daseinsberechtigung.

Laut dem Analyse-Tool »InfluencerDB« sind die Performance-Werte von bezahlten Posts von Top-Tier-Influencern nur 30 Prozent schlechter als deren organische Posts. Bei Micro-Influencern liegt der Unterschied oft bei weniger als 10 Prozent. Dies ist ein klares Indiz dafür, dass auch sogenannte »Sponsored Posts« von den Followern der Influencer angenommen werden.

6.9 Frische, kreative Ideen in der Sprache der Konsumenten und Storytelling

Im Gegensatz zu klassischer Werbung wird der gesamte Kreativprozess an die Influencer ausgelagert. Der Werbetreibende erstellt lediglich ein Briefing. Der eigentliche Content wird vom Influencer erstellt. In manchen Modellen hat der Werbetreibende auch noch einen gewissen Einfluss auf den Kreativprozess. In anderen Modellen muss er dem Influencer vertrauen und sich überraschen lassen, was sich manchmal sehr lohnen kann.

Die Auslagerung des Kreativprozesses an eine Vielzahl »echter Menschen« bringt noch eine weitere spannende Facette mit sich: Influencer können in einer Sprache über Unternehmen und Produkte sprechen, die ein Marketeer niemals benutzen würde. Zum einen führt das dazu, dass eine Botschaft weniger als Werbung wahrgenommen wird, was sicherlich positive Effekte hat. Zum anderen sind Influencer sprachlich näher an der Zielgruppe, was das Verständnis und die Akzeptanz der Botschaft wiederum erhöhen dürfte. Es ist daher in vielen Fällen auch nicht empfehlenswert, den kreativen Erstellungsprozess des Influencers durch zu starke Vorgaben zu sehr einzuengen.

Doch Influencer sprechen nicht nur die Sprache der Konsumenten, was grundsätzlich bereits ein Vorteil ist. Sie wissen auch noch, wie man Geschichten erzählt. Das Erzählen von Geschichten, zu neudeutsch »Storytelling«, ist in der digitalen Welt zum Erfolgsfaktor geworden. Unter Storytelling versteht man *»eine Kommunikationsmethode zur Vermittlung von Informationen, Wissen, Werten, Meinungen etc. Dies kann über Sprache, Text, Bild oder Videos erfolgen. Dabei werden nicht emotionale Inhalte in Geschichten verpackt, um über die Geschichte Emotionen und Interesse bei Zuhörern, Lesern oder Betrachtern zu wecken«.*[56] Influencer mit einer hohen Reichweite haben diese nicht zufällig erreicht. Sie haben sich diese Reichweite verdient. Sie beherrschen nicht nur die Sprache ihrer Zielgruppe, sondern sie können auch Geschichten auf eine Art und Weise erzählen, die in der Zielgruppe ankommt. Die Zusammenarbeit mit Influencern resultiert also im Idealfall in Geschichten, die das Produkt des jeweiligen Werbetreibenden in einem Kontext darstellen, der von der Zielgruppe auch emotional positiv wahrgenommen wird. Insofern machen Influencer Produkte erlebbar in der Sprache der Zielgruppe. In Summe wird dadurch das Produkt glaubwürdiger präsentiert. Viel glaubwürdiger, als dies eine vom Markeninhaber ausgehende Kommunikation je leisten könnte.

6.10 Nachhaltigkeit und positive SEO-Aspekte

Der Content, der durch Influencer erstellt und veröffentlicht wird, hat eine gewisse Langlebigkeit. Er bleibt dauerhaft im Netz und ist auch dauerhaft auffindbar, beispielsweise über Suchmaschinen oder Suchmechanismen innerhalb der Plattformen (z. B. die Videosuche innerhalb YouTube). Diese Langlebigkeit können viele konventionelle Werbeformen nicht bieten. Ein Beispiel soll diese Aus-

---

[56] Quelle: https://www.onlinemarketing-praxis.de/glossar/storytelling, Abruf 22.03.2019.

sage verdeutlichen: Die folgende Abbildung zeigt die Suchergebnisseite (SERP, Search Engine Results Page) zu der Suche bei Google nach dem Fitnessarmband IP67. Da in der Google-Suche auch YouTube-Videos eingeblendet werden (Stichwort »Universal Search«), erscheinen auf der SERP auch Videos von Influencern.

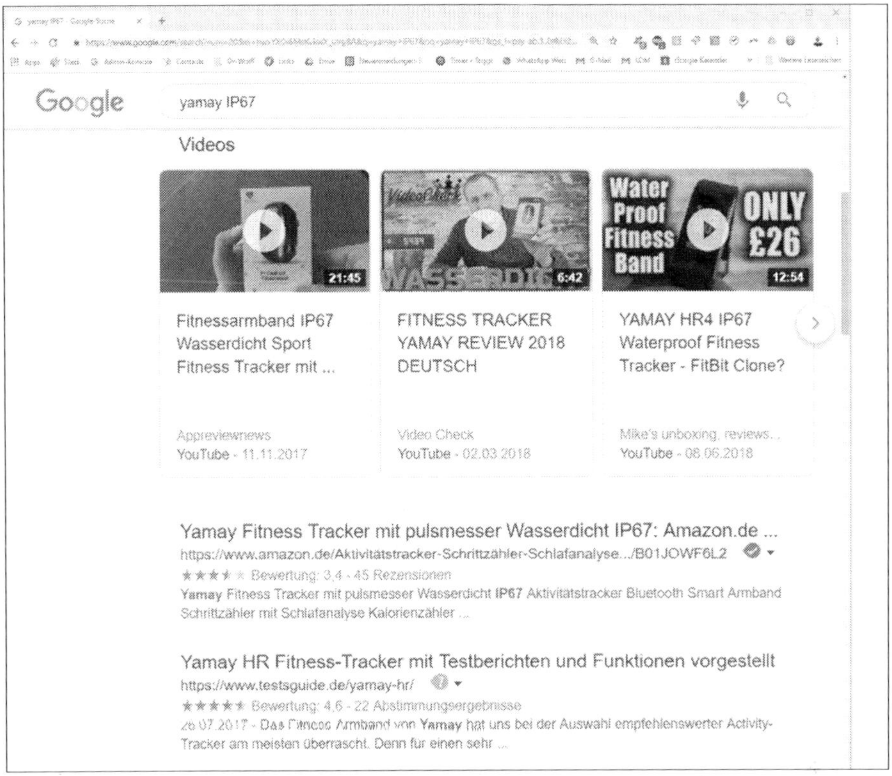

Abbildung 6.7: Einblendungen von Influencer-Videos auf der SERP bei der Suche nach einem Produkt in Google. Quelle: Google.de.

6.11 Zweitverwertung im Sinne von Content-Marketing

In vielen Fällen kann der so entstehende Content auch im Sinne von Content-Marketing auf eigenen Seiten »zweitverwertet« werden. Am Beispiel des bereits genannten Fitnessarmbands möchte ich diese Aussage erläutern: Postet ein Influencer ein Video über einen seiner Social-Media-Kanäle, so kann dieser Post über die Teilen-Funktion des jeweiligen Kanals praktisch von jedermann geteilt oder auf der eigenen Webseite eingebettet werden. Warum also nicht vom Werbetreibenden selbst? Im Influencer-Marketing ist es durchaus üblich, dass Unternehmen Posts von Influencern auch über ihre eigenen Kanäle verwerten. Je nach Konzept der Kampagne kann dies mehr oder minder sinnvoll sein. Es kann also ein doppelter Nutzen entstehen. Abbildung 6.8 zeigt ein Video, welches über die Teilen-Funktion von YouTube praktisch von jedermann weiter verbreitet werden kann – also auch vom Distributor der Yamay-Geräte. Abbildung 6.9 zeigt die im Standard von YouTube angebotenen Optionen für das Teilen von Videos.

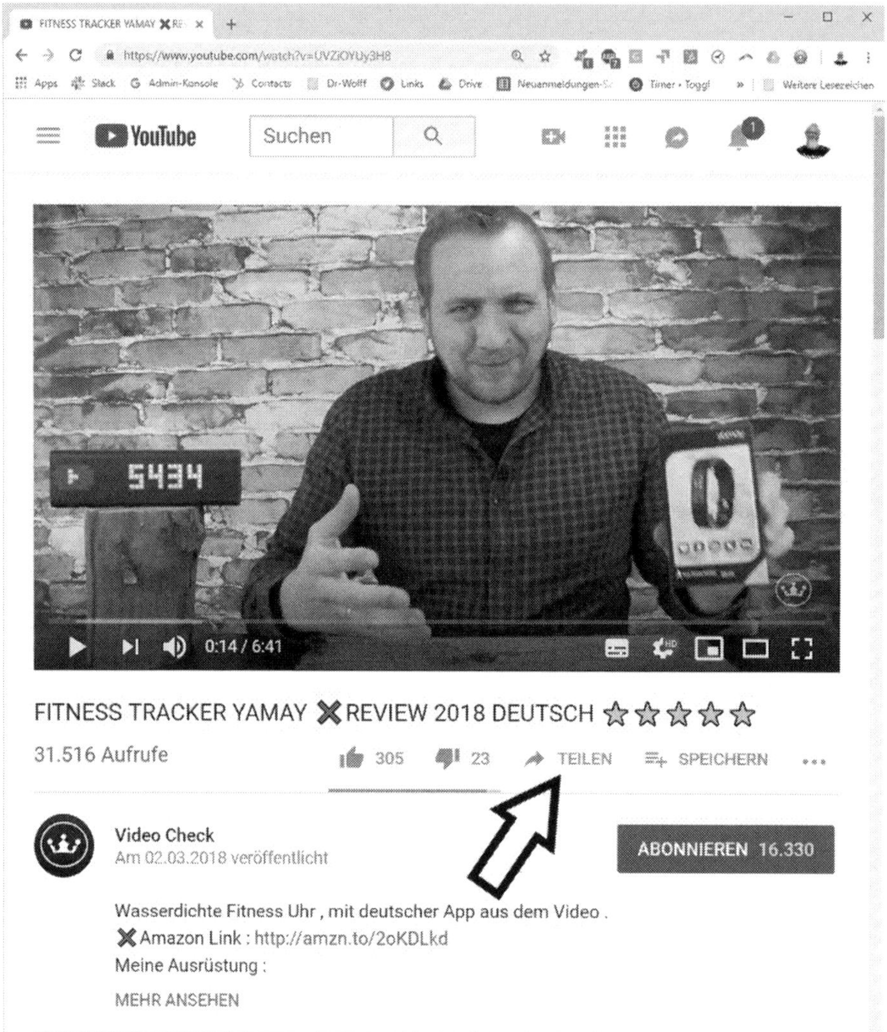

Abbildung 6.8: Beispiel eines Influencer-Videos für den Fitness Tracker Yamay IP67 auf YouTube. Quelle: YouToube.com, Abruf 04.02.2019.

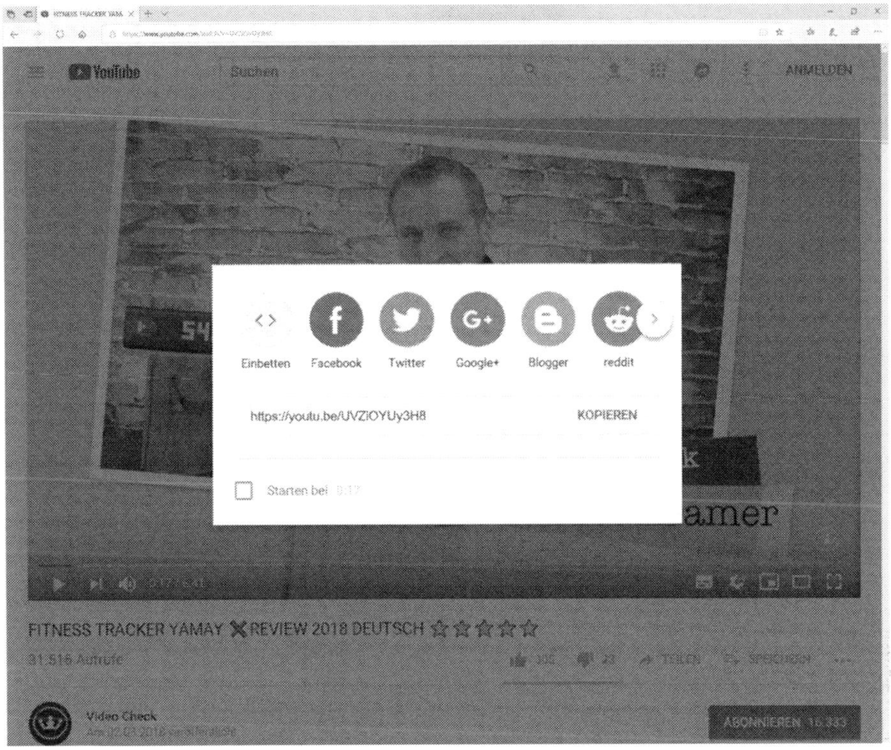

Abbildung 6.9: Unterschiedliche Optionen für das Teilen und die Einbettung eines YouTube-Videos. Quelle: YouToube.com, Abruf 04.02.2019.

6.12 Messbarkeit

Die große Stärke des Online-Marketings im Vergleich zu konventionellem Marketing ist, dass sich Erfolg relativ präzise und sehr kurzfristig messen lässt. Dadurch ist es möglich, noch im laufenden Prozess Verbesserungen zu initiieren. In der Spitze sollte Online-Marketing einem permanenten Verbesserungsprozess unterzogen werden. Dieser Aspekt gilt auch für das Influencer-Marketing, denn es ist eine Teildisziplin des Online-Marketings. Der Erfolg einer Influencer-Marketing-Kampagne ist relativ genau messbar, je nach Konzeption sogar bis auf die Transaktionsebene. Durch den schnellen Rückkanal, z. B. über die Kommentare, erhält der Werbetreibende ein unmittelbares Feedback, welches gegebenenfalls noch während der Laufzeit der Kampagne genutzt werden kann, um Verfeinerungen und Optimierungen durchzuführen. Im Kapitel 14 »Auswertung und Controlling« gehe ich auf diese Aspekte näher ein (ab Seite 201).

6.13 Hoher Return-on-Marketing-Investment (ROMI)

In einer Studie[57] der Firma Tapinfluenc, welche das Unternehmen gemeinsam mit Nielsen Catalina Solutions in 2016 durchgeführt hat, wurde dem Influencer-Marketing ein hoher ROMI[58] attestiert, der teilweise deutlich über dem anderer Online-Marketing-Maßnahmen lag. In der Studie wird von einem elfmal höheren ROMI gesprochen. Das interessante an der Studie ist, dass sie die erste ist, die den Verkaufserfolg in stationären Filialen auf Basis von Influencer-Marketing-Aktivitäten untersucht hat. Die inkrementellen Umsätze in den Shops wurden in den Bezug gesetzt zu »pro 1.000 Seitenzugriffe aus Influencer-Marketing«. Es ergab sich die Erkenntnis eines kontinuierlich abnehmenden CPM-Wertes, der dazu führte, dass der durchschnittliche ROMI im Vergleich zum durchschnittlichen ROMI beim Display-Marketing elfmal höher war.

---

57 Vgl. https://www.tapinfluence.com/influencer-marketing-statistics/, Abruf 04.02.2019.

58 ROMI = **R**eturn **o**n **M**arketing **I**nvest.

7 Konzeptteil 1: Grundsätzliche Vorüberlegungen für ein Influencer-Marketing-Konzept

Inhalt

Influencer-Marketing ist eine Online-Marketing-Disziplin wie viele andere auch. Sie unterliegt zwar eigenen Gesetzmäßigkeiten und Mechanismen, im Idealfall ist sie jedoch ein integraler Bestandteil eines ganzheitlichen Online-Marketing-Konzeptes. Nur so kommt es zu Synergien und Multiplikator-Effekten. Im allerbesten Fall ist Influencer-Marketing auch noch eingebettet in eine Gesamt-Marketing-Strategie, um auch crossmediale Effekte zu erzeugen und so das Optimum aus dem Marketing-Budget herauszuholen. Laut einer Studie[60] von A. T. Kearney aus Oktober 2016 war dies bisher aber selten der Fall, was von den A. T.-Kearney-Beratern als größter Fehler bezeichnet wird.

Ausgehend von diesem Gedanken ist ein Influencer-Marketing-Konzept ein Subkonzept eines ganzheitlichen Online-Marketing-Konzeptes. Wie jedes gute Online-Marketing-Konzept fängt es mit der Definition von Zielen an.

7.1 Reflexion und Definition der Ziele

Online-Marketing kann viele unterschiedliche Ziele unterstützen, so auch Influencer-Marketing. Angesprochen auf das Thema »mögliche Ziele« denken

---

60 Vgl. https://www.atkearney.de/studien/-/asset_publisher/Rv2vNmilj1Kf/content/id/9544361, Zugriff 20.06.2017.

die meisten Marketeer zunächst an Umsatz und Gewinn. Bei börsennotierten Unternehmen spielt oft der sogenannte Shareholder Value eine übergeordnete Rolle. Sicher geht es am Ende des Tages bei kommerziell agierenden Unternehmen immer um Umsatz und Gewinn. Insofern könnte man diese als Primärziel definieren. Spätestens jedoch auf der zweiten Ebene der Zielpyramide (vgl. nachfolgende Abbildung) wird es jedoch deutlich vielschichtiger. Beispielsweise sind dort üblicherweise Ziele zu finden wie:

- Markenaufbau/Branding
- Mitarbeitergewinnung/Unternehmermarke
- Imagebildung/Reputation
- Verkaufsförderung/Leads
- Engagement
- Markterweiterung/Diversifikation.

Das Ziel jeder Influencer-Marketing-Kampagne sollte klar definiert sein. Bei der Konzeption ist es wichtig, ein klares Bild von dem oder den angestrebten Ziel(en) zu haben. Die Ziele sollten:

- relevant sein,
- unter objektiven Gesichtspunkten erreichbar sein,
- konform mit übergeordneten Marketing-Zielen, insbesondere mit den Zielen der Online-Marketing-Konzeption sein,
- messbar sein.

In diesem Kontext schadet es oft nicht, sich selbst einmal eine Reihe von elementaren Fragen zu stellen – auch wenn diese vielleicht zunächst banal erscheinen mögen:

- Geht es um ein Produkt oder eine Dienstleistung?
- Geht es um B2C oder B2B?
- Geht es um ein Konsumgut oder ein Investitionsgut?
- Geht es um Markenbekanntheit?
- Geht es um eine Produkteinführung, um Produkttests oder um Produktbewertungen?
- Geht es um eine solide Steigerung des Marktanteils oder um schnelle Umsatzsteigerungen?
- Steht die Kundenzufriedenheit im Vordergrund oder die Gewinnung neuer Kunden?
- etc.

Auf der dritten Ebene einer Zielpyramide folgen i. d. R. operative Unterziele. Die folgende Abbildung zeigt ein Beispiel, bei dem die »Anzahl der Besucher auf einer bestimmten Marken- oder Unternehmenswebseite« ein Ziel sein kann. Dieser Wert kann jedoch, je nach Einzelfall, auch eine Kennzahl zur Messung des Erfolges bestimmter Marketing-Maßnahmen sein.

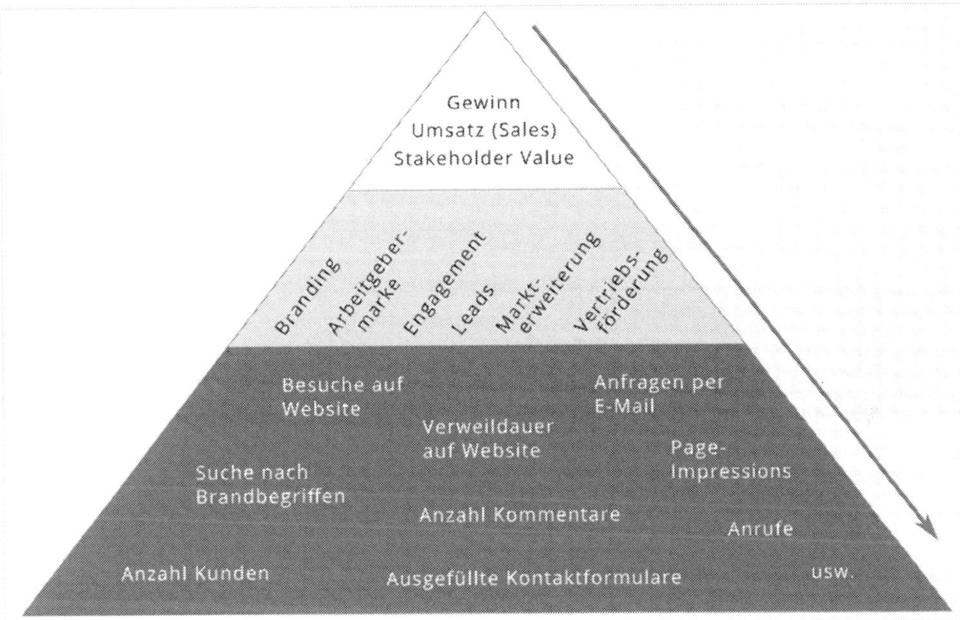

Abbildung 7.1: Zielpyramide im Online-Marketing. Quelle: Lammenett, Online-Marketing-Konzeption – 2017: Der Weg zum optimalen Online-Marketing-Konzept. Roetgen, 2017, Seite 173.

Natürlich kann es auch vorkommen, dass es innerhalb eines Unternehmens sehr unterschiedliche Zielszenarien gibt. Das würde unweigerlich zu unterschiedlichen Subkonzepten führen. Zwei Beispiele sollen diese Aussage verdeutlichen:

- Ein Pharmaunternehmen möchte ein neues Produkt im Markt einführen und bekannt machen. Für ein zweites Produkt des Unternehmens läuft in einem Jahr das Patent und damit der Schutz aus. Im ersten Fall würden Branding und Markenbekanntheit im Vordergrund stehen. Im zweiten Fall würden Vertriebsförderung und Sales im Vordergrund stehen. Das jeweilige Social-Influencer-Marketing-Konzept würde sehr unterschiedlich ausfallen.
- Ein Textilhersteller produziert und vertreibt Produkte unter seiner Eigenmarke. Dabei werden Produkte hergestellt, die sich primär an Per-

sonen über 40 Jahre richten. Eine weitere Produktlinie richtet sich an Teenager. Bedingt durch die unterschiedliche Altersstruktur der Zielgruppen würde das jeweilige Social-Influencer-Marketing-Konzept sehr unterschiedlich ausfallen. Allein schon die Unterschiede bei den eingesetzten Kanälen würden den jeweiligen Kampagnen ein ganz anderes Gesicht geben. Eine Kampagne, die sich explizit an Teenager richtet, könnte auch über Snapchat und Instagram hervorragend funktionieren. Bei Zielgruppen über 40 Jahre würde man wohl eher auf andere Kanäle setzen.

Besonders das zweite Beispiel macht sehr deutlich, wie wichtig auch die genaue Beschreibung bzw. Definition der Zielgruppe ist.

7.2 Genaue Definition der Zielgruppe

In der frühen Phase der Konzeption ist es lohnenswert, über die Zielgruppe der Social-Influencer-Marketing-Aktivitäten nachzudenken und diese sehr genau zu beschreiben. Für die passgenaue Selektion der Social Influencer und der Social-Media-Kanäle kann dies sehr wichtig werden. Einige Beispiele machen deutlich, weshalb:

- Teenager haben heute einen anderen Medienkonsum als ältere Semester. Das Handy und der Konsum von Medien über das Handy spielen bei Teenagern eine große Rolle. Eine Influencer-Marketing-Kampagne, die primär Teenager erreichen soll, würde zwingend den »Mobile-First«-Ansatz berücksichtigen müssen. Bei der Wahl der Kanäle würde man sicherlich YouTube, Snapchat und Instagram sehr genau prüfen, da diese Kanäle bei Teenagern besonders beliebt sind.
- Für Hilfsorganisationen sind ältere Menschen eine interessante Zielgruppe. In der Regel sind ältere Menschen spendenaffiner als jüngere. Ältere Menschen sind aber auch gegenüber vielen Entwicklungen rund um das Internet sehr skeptisch. In einer Influencer-Marketing-Konzeption, die sich primär an ältere Menschen richtet, würden tendenziell länger etablierte soziale Kanäle begünstigt werden, z. B. Blogs.
- Sind Hobbys oder bestimmte Vorlieben zur Eingrenzung der Zielgruppe bekannt, so ist es hilfreich, diese möglichst genau zu beschreiben – je spezifischer, je besser. Beispielsweise wäre die Beschreibung nach Interesse/Thema, z. B. Lifestyle, Beauty, Fashion, Technologie, Film oder

Sport schon ein Anfang. Allerdings ist jedes dieser Themen/Interessengebiete noch sehr breit gefächert. Beispielsweise könnte das Interesse »Sport« noch weiter heruntergebrochen werden in Ballsport, Reitsport, Wassersport usw. Selbst an dieser Stelle könnte noch weiter differenziert werden, um die Zielgruppe möglichst genau zu beschreiben. Beispielsweise sind im Reitsport die Springreiter mit hoher Wahrscheinlichkeit über andere Social Influencer zu erreichen als die Westernreiter. An dieser Stelle wird deutlich, weshalb die exakte Beschreibung der Zielgruppe so wichtig ist.

In der Praxis sind Zielgruppenbeschreibungen bisweilen sehr spezifisch. Hier einige Beispiele aus meiner Beraterpraxis:

- Junge Menschen aus ganz Deutschland zwischen 16 und 18 Jahren mit Haupt- oder Realschulabschluss und Affinität zur Natur. (Berufsverband, der für seine Mitglieder Auszubildende für einen handwerklichen Beruf begeistern möchte)
- Damen im Alter zwischen 39 und 50 Jahren, die in die Wechseljahre gekommen sind, mit Haarausfall oder dünner werdendem Haar zu kämpfen haben und die in Großbritannien leben. (Kosmetikbranche)
- Männer und Frauen zwischen 30 und 50 Jahren, preis- und qualitätsbewusst, Lifestyle-orientiert, mittleres Einkommen. (Modehersteller)
- Deutsche Elektriker und Einzelhändler aus dem Segment Elektrohandel. (Elektrogroßhändler)
- Reiter und Pferdebesitzer aus der DACH-Region. (Betreiber eines Onlineshops für Reitsportbedarf)
- Reiter und Pferdebesitzer aus der DACH-Region, die sich alternativen Methoden der Pferdehaltung zugewandt fühlen, ihre Pferde ohne Gebiss und ohne Eisen reiten. (Betreiber eines weiteren Onlineshops für Reitsportbedarf)
- Gutaussehende Menschen aus ganz Europa zwischen 16 und 25 Jahren, die entweder bereits als Model arbeiten und entsprechende Jobs suchen oder Menschen, die sich für den Beruf des Models interessieren. (Online-Model-Vermittlungsportal)
- Firmen oder Einzelpersonen, die häufig in deutscher Sprache diktieren und kein eigenes Sekretariat zur Transkription haben. z. B. Ärzte, Architekten, Juristen, Freiberufler u. dgl. m. (Schreibbüro).

Beschreiben Sie die Zielgruppe Ihrer Influencer-Marketing-Kampagne so genau wie möglich. Je nach Situation hilft auch eine Segmentierung der Zielgruppe, um mögliche Aktivitäten noch genauer und mit noch weniger Streuverlust aussteuern zu können. Versuchen Sie auch, etwas über die Gewohnheiten und Vorlieben Ihrer Zielgruppe herauszufinden. Auch diese Informationen werden bei der Konzeption hilfreich sein. Besonders die Kundenbedürfnisse sind von hohem Interesse. Diesbezügliche Informationen können später auch in das Influencer-Briefing Eingang finden. Denn schlussendlich »verkauft man immer einen Nutzen und nicht einfach nur ein Produkt«.

7.3 Reflexion der Kundenbedürfnisse

Auch für das spätere Briefing kann es sehr von Vorteil sein, wenn man die eigentlichen Bedürfnisse der Kunden einmal reflektiert und der Frage nachgeht, welche Probleme die eigenen Produkte eigentlich lösen. Informationen dazu können den Social Influencern helfen, tolle Posts zu Ihren Produkten zu entwickeln. Schlussendlich hat Social-Influencer-Marketing ja auch ein kreatives Potenzial. Diese Kreativität muss aber in die richtige Richtung kanalisiert werden. Versuchen Sie also einmal, sich in Ihre Kunde hineinzuversetzen oder ergründen Sie die Beweggründe und Bedürfnisse Ihrer Kunden, die zum Kauf Ihres Produktes geführt haben, beispielsweise über Interviews oder eine Online-Umfrage. Die so erhobenen Informationen können und sollten auch im Briefing für die Influencer-Kampagne Eingang finden.

7.4 Was macht der Mitbewerber?

Auch ein Blick auf den oder die Mitbewerber kann nicht schaden. Zum einen ist es immer gut zu wissen, was der Mitbewerb tut, und zum anderen kann man dort vielleicht Positiv- oder Negativbeispiele einsehen und davon lernen. Stellen Sie sich in Bezug auf den Mitbewerber und das Influencer-Marketing doch einmal folgende Fragen:

- Welche Mitbewerber gibt es?
- Wie stark sind diese Mitbewerber in der Online-Welt?
- Welche Aktivitäten unternehmen die Mitbewerber?
- Betreiben Mitbewerber bereits Social-Influencer-Marketing? Wenn ja, mit welchen Influencern?
- Wie genau sieht das Influencer-Profil aus, welches der Mitbewerber einsetzt?

- Welche Aktivitäten und Aktionen entfaltet der Mitbewerber in den sozialen Medien? Welche davon sind durch Social-Influencer-Marketing getrieben?

Keinesfalls sollten Sie meine Anregung in Bezug auf den Mitbewerb missverstehen und alles genau so machen wie Ihr Mitbewerber. Kreativität und Einzigartigkeit werden auch beim Social-Influencer-Marketing belohnt und erhöhen die Chance, dass die Posts der Social Influencer einen viralen Effekt erzielen.

7.5 Stoßrichtung und Budget

Von elementarer Bedeutung ist natürlich das zur Verfügung stehende Budget. In der Praxis ist das Budget häufig ein stark limitierender Faktor. Unternehmen wie Zalando, die über mehr als fünf Jahre sehr viel Geld in Marketing investiert haben, ohne Gewinne zu machen, sind eher eine Ausnahme. Vor der Entwicklung eines Influencer-Marketing-Konzeptes sollte zumindest eine grobe Vorstellung darüber existieren, wie viel Budget pro Jahr zur Verfügung steht. Denn mittlerweile nähern sich in einigen Bereichen die Honorare der Influencer immer mehr den Honoraren von klassischen Werbetestimonials an. Hinzu kommen ggf. Aufwände für Reisekosten, Unterbringung oder die Bereitstellung von höherwertigen Produkten zu Test- und Bewertungszwecken. Der Preis für ein Posting, etwa für eine Produktplatzierung, hängt i. d. R. von verschiedenen Faktoren wie Reichweite, Dauer der Produkteinbindung und dem Aufwand des jeweiligen Influencers für die Erstellung der Inhalte ab. Dabei variieren die Preise beim Influencer-Marketing aktuell noch sehr stark. Genaues Hinsehen und Nachverhandeln kann sich sehr lohnen. Hinweise zu gängigen Preisen finden Sie im Kapitel 9 »Konzeptteil 3: Budgetierung und Kosten« ab Seite 117.

Wenn die Influencer-Marketing-Kampagne eher auf die direkte Förderung des Verkaufs abzielt als auf Markenbildung oder Markenbekanntheit, dann kann es zusätzlich sehr hilfreich sein, eine Vorstellung davon zu haben, was ein Kunde wert ist. Meine Beraterpraxis hat gezeigt, dass die wenigsten Unternehmen die Frage nach dem Kundenlebenszyklus und dem Kundenwert beantworten können. Gerade bei der Planung von Marketing-Aktivitäten wäre aber das Wissen um diesen Wert von großem Vorteil, weil man dann bei der Beurteilung des Erfolges von Kampagnen zu ganz anderen Ergebnissen kommt. Das gilt natürlich nicht nur für Social-Influencer-Marketing-Kampagnen, sondern für alle Online-Marketing-Aktivitäten.

In Bezug auf das Budget macht es durchaus Sinn, sich bereits in einem frühen Stadium Gedanken über die grundsätzliche Stoßrichtung der Social-Influencer-Kampagne zu machen. Einige Beispiele verdeutlichen diese Aussage:

- Eine Kampagne mit Celebrity-Influencern wird ganz andere Kostenstrukturen haben als eine Kampagne, die auf Micro-Influencer setzt. Sicherlich werden auch andere Budgets benötigt. Posts von Micro-Influencern können bisweilen auch gegen die Zusendung von Produkten bewirkt werden. Wenn Geld fließt, dann sind das bei Micro-Influencern Beträge im zwei- bis dreistelligen Bereich. Posts von Celebrities bedingen nicht selten ein sechsstelliges Budget. Auch die Prozesse bei der Abwicklung und die damit verbundenen Kosten dürften völlig unterschiedlich aussehen. Celebrities lassen sich fast immer von Agenturen oder Managern vertreten. Allein dieser Umstand bedingt eine völlig unterschiedliche Prozesskette mit unterschiedlichen Kosten- und Budgetstrukturen.
- Auch die Suche nach geeigneten Influencern und die damit verbundenen Budgetnotwendigkeiten wird, je nach Influencer-Profil, sehr unterschiedlich ausfallen. Celebrities und Top-Tier-Influencer sind mittlerweile wählerisch geworden. Manche Top-Tier-Influencer bekommen über 20 Anfragen am Tag, wovon sie die meisten ablehnen. Die Suche nach einem oder zwei Top-Tier-Influencern und die damit verbundenen Kosten wird daher ganz anders verlaufen als die Suche nach 30 oder 40 Micro-Influencern.
- Auch die Frage nach der Dauer der Zusammenarbeit mit den identifizierten Influencern wird eine Implikation auf das benötigte Budget haben. Es macht einen Unterschied, ob eine klassische Kampagne aufgesetzt werden soll, die einen Anfang und ein Ende hat, oder ob eine dauerhafte, langfristige Beziehung zu Influencern mit regelmäßigen Posts etabliert werden soll.
- In gewisser Weise wird auch der angestrebte Kanal eine Auswirkung auf die benötigten Budgets haben. Die Erstellung eines Videos durch einen Influencer ist aufwendiger als die Erstellung eines Instagram-Posts. Demzufolge wird auch das bereitzustellende Budget anders ausgestattet sein müssen. Interessant in diesem Zusammenhang ist auch, dass sich einige Insider den Hype von Instagram damit erklären, dass Instagram einfach deutlich günstiger ist als YouTube.

Unabhängig von solchen Details ist natürlich das angestrebte Ziel der bedeutendste Faktor in Bezug auf das zu bestimmende Budget. Zwei Beispiele verdeutlichen diese Aussage:

- Soll die Anzahl der Besucher einer Webseite mittels Influencer-Marketing von durchschnittlich 20.000 pro Monat auf 40.000 gesteigert werden, so kann man bereits überschlägig ermitteln, dass man bei einer Engagement-Rate von 3 Prozent eine Reichweite von rund 666.000 Followern benötigt. Um die entsprechende Reichweite zu erhalten, kann man entweder auf 10 bis 15 Mid-Level-Influencer oder auf 3 bis 4 Top-Tier-Influencer setzen. Jede Alternative ist mit unterschiedlichen Budgetanforderungen verbunden.
- Möchte man ein neues Produkt in den Markt einführen und durch Influencer bekannt machen, so muss ein entsprechender Werbedruck erzeugt werden. Wie groß dieser Werbedruck sein muss, hängt von der Anzahl der Produkteinheiten ab, die man im Rahmen der Markteinführung zunächst verkaufen möchte. In Nischenmärkten lässt sich hierzu eine relativ einfache Rechnung aufstellen, insbesondere wenn bereits empirisches Zahlenmaterial vorliegt. Für die Einführung des Prime-Feeders[61] zu besonderen Konditionen in Deutschland mit einer Stückzahl von 1.000 Stück lässt sich die benötigte Reichweite wie folgt ermitteln: Zielgröße (1.000) / Conversion-Rate im Shop in Prozent / durchschnittliche Engagement-Rate der Influencer in Prozent / Anteil der Klicks auf Shoplinks in Prozent. Ist die voraussichtlich benötigte Reichweite bekannt, kann man sich auf die Suche nach geeigneten Influencern begeben, die diese Reichweite abdecken. Das benötigte Budget wird dann relativ schnell deutlich.

Im Rahmen der Konzeption ist es sinnvoll, sich zunächst über die groben Eckpfeiler und Eckdaten im Klaren zu werden und zu prüfen, ob für das Vorhaben ein ausreichendes Budget zur Verfügung steht. Erst danach sollte es an die Detailausarbeitung gehen. Auf diese Weise können Ineffizienzen vermieden werden.

---

[61] Vgl. https://www.heunetz.de/heunetz-engmaschig-gross-original-cg-heunetze/primefeeder.html, Zugriff 20.02.2018.

8 Konzeptteil 2: Arten der Zusammenarbeit und Einsatzformen

Inhalt

Im Abschnitt 5.2 »Die Evolution des Influencer-Marketings« bin ich auf die Entwicklung des Influencer-Marketings eingegangen. Aus den jeweiligen Evolutionsstufen ergeben sich auch die typischen Arten der Zusammenarbeit mit Influencern. Sie reichen vom einfachen Influencer-Advertising über unterschiedlich Formen der Kooperation mit mehr oder minder enger Bindung bis hin zu Arten, bei der ein Influencer als Markeninhaber fungiert und das Unternehmen nur noch als Produzent. Es stellt sich also nun die Frage, welche Art der Zusammenarbeit und welche Einsatzform(en) für die Erreichung Ihres Ziels »die richtigen« sind. In diesem Kapitel erfahren Sie mehr zu den gängigen Optionen.

8.1 Grundsätzliche Arten der Zusammenarbeit

Beim **Influencer-Advertising** handelt es sich im Grunde um eine klassische Werbekooperation. Das Unternehmen kauft die Reichweite des Infleuncers für die Verbreitung seiner Werbebotschaft. Meistens sind bei dieser Art der Zusammenarbeit die für das Unternehmen anfallenden Kosten sehr eng an die Reichweite geknüpft. Je mehr Follower die Botschaft sehen, desto teurer wird/werden der oder die Posts für das Unternehmen. Häufig sind bei dieser Art der Zusammenarbeit die Vorgaben seitens des Unternehmens umfangreich. Die Kreativität des Influencers steht nicht unbedingt im Vordergrund. Bisweilen kann das Influencer-Advertising zulasten der Glaubwürdigkeit und Authentizität der jeweiligen Werbeaktion gehen. Dennoch sieht man reines Influencer-Advertising häufig.

Bei **Kooperationen** spielt natürlich auch die Reichweite des Influencers eine Rolle. Der Hauptunterschied ist jedoch, dass Marken Wert darauf legen, die kreative Kraft des Influencers zu nutzen und über einen längeren Zeitraum mit dem Influencer zu arbeiten. Die Zusammenarbeit mit dem Influencer erfolgt auf »Augenhöhe« und der Influencer wird nicht auf seine Eigenschaft als Reichweiten-Lieferant reduziert. Die Werbebotschaft soll im Stil des Influencers und in der Sprache seiner Follower übermittelt werden. Der Influencer kann und soll die Zielgruppe authentisch und in »seiner Sprache« ansprechen. Oft verwenden Unternehmen bei engeren Kooperationen auch vom Influencer produzierte Inhalte für ihr Content-Marketing. Bei dieser Art der Kooperation ist die Glaubwürdigkeit und Authentizität deutlich höher als beim reinen Influencer-Advertising.

Für **sehr enge Kooperationen** mit Influencern wird auch häufig der Begriff **Influencer-Relations** genutzt. Dieser steht für eine nachhaltige und intensive Beziehung zwischen dem Influencer und dem werbetreibenden Unternehmen. Aus jüngeren Tagen des Influencer-Marketings, als Influencer-Marketing noch Blog-Marketing hieß, kennt man auch den Begriff Blogger-Relations. Insofern stellt sich also die Frage, ob Influencer-Relations einfach nur »alter Wein in neuen Schläuchen« ist. Natürlich ist dies nur eine rhetorische Frage. Influencer sind am Ende des Tages auch nur Menschen. Möchte man als Unternehmen mit ihnen eine enge Beziehung pflegen, etwa weil man der Auffassung ist, dass Sie geeignete Markenbotschafter sind oder weil sie in einer Nische einen Expertenstatus haben, dann muss man sich um diese Menschen kümmern. Dieses »kümmern« ist nichts anderes als eine Beziehungspflege, sowie man sie beispielsweise aus der PR-Abteilung kennt, wo Beziehungen zu Journalisten gepflegt werden oder aus dem Key-Accounting, wo die Key-Accounter Beziehungen zu Top-Kunden pflegen. Konkrete Maßnahmen reichen von Glückwünschen zum Geburtstag bis hin zu Einladungen für exklusive Events oder Reisen. Ich überlasse es Ihnen, darüber zu urteilen ob das »alter Wein in neuen Schläuchen« ist oder nicht. Der wesentliche Unterschied beim Influencer-Marketing, so wie wir es heute verstehen, ist, dass der Influencer Posts veröffentlicht, wenn er zu Events eingeladen wird.

8.2 Typische strategische Einsatzgebiete

Im Abschnitt 7.1 »Reflexion und Definition der Ziele« bin ich bereits auf mögliche Einsatzgebiete aus dem Blickwinkel von Marketing-Zielen eingegangen. In diesem Abschnitt möchte ich diese Optionen konkretisieren.

8.2.1 Markenaufbau/Brand Awareness

Kennen Sie den Ausspruch: »Marke verkauft«? Eine gut geführte Marke hat gegenüber weniger gut geführten Marken diverse Vorteile. Im Abschnitt 4.1 »Die Marke wird wichtiger« (Seite 45) bin ich ausführlich auf diesen Aspekt eingegangen. Influencer können beachtliche Beiträge für die Markenbekanntheit leisten. Wer mit Influencern zusammenarbeitet, bringt seine Marke ins Gespräch und erreicht Menschen aus der gewünschten Zielgruppe. Vorausgesetzt natürlich, die Wahl des bzw. der Influencer/s im Vorfeld war zielführend. Influencer können Geschichten rund um die Marke erzählen, die der Werbetreibende selbst nie in dieser Form erzählen könnte. Je nach Konzept kann die Brand Awareness daher deutlich gesteigert werden. In diesem Kontext ist Influencer-Marketing nicht nur für unbekannte Marken, sondern durchaus auch für bereits etablierte und bekannte Marken eine spannende Ergänzung im Marketing-Mix.

In jüngerer Zeit fungieren Influencer immer öfter als offizielle **Markenbotschafter**. Zumeist werden hier längerfristige Verträge mit Influencern verhandelt. Im Prinzip kann jeder ein Markenbotschafter sein, der eine Marke, ein Produkt oder eine Dienstleistung nutzt und zur Zielgruppe passt (Stichwort »Markenfit«). Also auch ein Influencer. In der Praxis werden die Begriffe »Markenbotschafter« und »Testimonial« oft synonym zueinander verwendet. Tatsächlich besteht aber ein entscheidender Unterschied. Ein **Testimonial** tritt in einem eigens für ihn geschaffenen Kontext auf. Bezahlte Markenbotschafter treten hingegen in einem natürlichen Kontext auf und präsentieren die Marke in ihrer authentischen Umgebung. Das erklärt teilweise auch die Popularität von Influencern als Markenbotschafter. Im Grunde sind ihre sozialen Kanäle ja auch eine Art natürlicher Kontext – jedenfalls aus dem Blickwinkel der Influencer und ihrer Fans. Gemeinsam ist dem Testimonial und dem bezahlten Markenbotschafter, dass sie berühmte Persönlichkeiten oder Personen mit einem hohen Wiedererkennungswert sind.

8.2.2 Mitarbeitergewinnung/Employer Branding

Otto hat es vorgemacht.[62] Auch im Employer Branding kann Influencer-Marketing erfolgreich eingesetzt werden. Beim Employer Branding geht es im Grunde um die Positionierung einer Marke bzw. eines Unternehmens als Arbeitgebermarke. Employer Branding hat zum Ziel, ein Unternehmen insgesamt als attraktiven Arbeitgeber darzustellen und von anderen Wettbewerbern im Arbeitsmarkt positiv abzuheben. Insofern ist es eine unternehmensstrategische

62 Vgl. Otto: Corporate Influencer zur Personalsuche , https://blog.hilker-consulting.de/otto-corporate-influencer-zur-personalsuche, Abruf 06.02.2019.

Maßnahme, bei der Konzepte aus dem Marketing angewandt werden – also auch aus dem Influencer-Marketing.

8.2.3 Image und Reputation

Das Image einer Marke wird im Kern geprägt von der Wahrnehmung innerhalb der Zielgruppe. Natürlich können unterschiedliche Zielgruppen das Image einer jeweiligen Marke auch unterschiedlich bewerten. Und sicherlich hat eine unterschiedliche Bewertung auch Einfluss auf die Kaufentscheidung. Eine unterschiedliche Wahrnehmung einer Marke in verschiedenen Zielgruppen ist nicht ungewöhnlich. Image und Reputation sind im Grunde subjektiv.

In Bezug auf die Imagebildung hat der Aspekt des Vertrauens eine hohe Bedeutung. Hier sind wir nun wieder bei einem der Hauptvorteile des Influencer-Marketings: Viele Influencer genießen das Vertrauen ihrer Fangemeinde (vgl. Abschnitt 6.3 »Glaubwürdigkeit und Vertrauen«). Influencer können also sehr nachhaltig die Wahrnehmung und die Bewertung einer Marke innerhalb ihrer Fangemeinde beeinflussen. Diesen Umstand können Unternehmen nutzen, um das Image ihrer Marke in eine bestimmte Richtung zu lenken.

So ist beispielsweise Unilever Deutschland für die Marke AXE u. a. eine Kooperation mit Flying Uwe eingegangen. Flying Uwe ist ein alter Hase im YouTube-Geschäft. Er hat eine treue Gefolgschaft, die er sich in den letzten zehn Jahren erarbeitet hat. Er adressiert primär die Themen Fitness, Videospiele und Autos. Im Video gibt Flying Uwe Einblicke in eine Foto- und Film-Session mit anderen Influencern. Im Kern geht es um den neuen AXE-Duft »Fresh Forest & Graffiti«. Und natürlich gibt es auch Karten zur »AXE Fresh Forest & Grafitti« Party zu gewinnen.

Monte & Uwe beim AXE-Dreh!

https://www.youtube.com/watch?v=_5yPqpJjgMw

8.2.4 Markentreue (Brand Loyality)

Die Gewinnung eines neuen Kunden ist in der Regel viel teurer als einen Bestandskunden zu halten. Das alleine ist schon ein hinreichender Grund, sich aktiv um die Markentreue von Konsumenten zu kümmern. Um manche Marken haben sich in den sozialen Medien regelrechte Fangemeinden gebildet. Je größer die Fangemeinde einer Marke in den sozialen Medien ist, umso mehr festigt sich das Markenbild, was letztendlich auch dazu führt, dass Konsumenten erneut zur jeweiligen Marke greifen. In diesem Umfeld können Influencer eine wichtige Rolle spielen. Influencer sind Multiplikatoren. Sie können Geschichten erzählen, die sich nicht unbedingt unmittelbar auf den Umsatz einer Marke auswirken, die aber Facetten einer Marke aufzeigen, die zu einer höheren Markenbindung führen.

Markentreue wird natürlich auch dadurch gefördert, dass im Problemfall ein guter Support geboten wird. Auch hier können Influencer zum Einsatz kommen. Konkret spreche ich die Video-Tutorials an, die zu Hunderttausenden bei YouTube zu finden sind. Besonders junge Menschen lesen heute kaum noch eine Bedienungsanleitung. Sie suchen Hilfe entweder bei Google oder direkt bei YouTube. Als Unternehmen macht es natürlich durchaus Sinn, im Sinne von Markentreue die Erstellung von How-to-Videos durch Influencer zu unterstützen. Natürlich kann ein Unternehmen derartige Videos auch aufwendig selbst produzieren und hoffen, dass bei einer entsprechenden Suchanfrage das Video auch gefunden wird. Doch meistens haben Videos, die von Influencern veröffentlicht werden, eine bessere Chance auf Sichtbarkeit bzw. Auffindbarkeit.

8.2.5 Verkauf/Leads

Beim Thema »Verkaufsförderung und Leads generieren« sind wir wahrscheinlich bei dem angelangt, was die meisten Leser meines Buches interessieren wird. Persönlich finde ich das sehr interessant. Ich erinnere mich gut an die Zeit, wo Unternehmen eine Facebook-Fanpage in erster Linie deshalb gelauncht haben, um mehr Umsatz zu generieren. Erst Jahre später haben viele Marketeers erst verstanden, dass ein Engagement in den sozialen Medien häufig nur indirekt, also über die Höherprofilierung der Marke, zu mehr Umsatz führt. Es wird Sie freuen, hier zu lesen, dass Influencer-Marketing durchaus gut geeignet ist, um den Umsatz Ihres Unternehmens direkt zu fördern. Persönlich sind mir Influencer-Marketing-Kampagnen bekannt, die zu einem völligen Ausverkauf eines Produktes, online und offline, geführt haben. Allerdings kommt es natürlich wie immer auf das Detail an bzw. im Influencer-Marketing auf die Konzeption der Kampagne. Es gibt eben gute und schlechte Kampagnen. Das ist beim Influencer-Marketing nicht anders als in anderen Online-Marketing-Disziplinen.

Besonders wenn Produkte auch online verkauft werden, kann Influencer-Marketing eine spannende Alternative zu anderen Online-Marketing-Disziplinen sein. Wie bereits im Abschnitt 6.2 »Influencer-Marketing lässt sich nicht von AdBlockern ausblenden« erörtert, funktioniert Influencer-Marketing auch mit aktiven AdBlockern.

Bisweilen findet man im Influencer-Marketing auch Vergütungsmodelle aus dem Performance-Marketing. Vor allem kleine und mittelgroße Influencer arbeiten ab und zu auch auf Basis eines Affiliate-Modells. Beispielsweise enthält auch das Video aus der Abbildung 6.8 (Seite 82) einen Affiliate-Link. Der Autor des Videos kommuniziert dieses auch ganz offen. Oberflächlich betrachtet ist nicht erkennbar, ob der Influencer vom jeweiligen Unternehmen oder Distributor zusätzlich vergütet wird oder ob er das Video aus Eigenmotivation erstellt hat und über den Affiliate-Link nun versucht, Geld zu verdienen.

Gängig ist auch, den Verkauf über Rabattcodes anzukurbeln. Das kann mit oder ohne Affiliate-Arrangement im Hintergrund konzipiert werden. Wenn der Rabattcode-Aktion ein Affiliate-Modell zugrunde liegt, dann wird der Influencer am Umsatz beteiligt, der über die Rabattcodes generiert wird, und nicht etwa fix vergütet. Bei einem derartigen Vorgehen kann der Influencer seinen Followern sogar noch einen Mehrwert bieten. Davon profitieren im Grunde alle Beteiligten. Beispiele für Posts mit Rabattcode sind u. a. in Abbildung 8.8 (Seite 111) und Abbildung 8.9 (Seite 112) zu sehen.

Ähnliches gilt im Grunde auch für die Lead-Generierung durch Influencer-Kooperationen. Die Herausforderung besteht darin, aus den treuen Followern eines Influencers einen Lead zu generieren. Ein konkreter Umsatz wird also erst in einem zweiten Schritt generiert. Die Schwierigkeit besteht darin, die Follower dazu zu bewegen, die jeweilige soziale Plattform zu verlassen und beispielsweise auf einer Webseite oder eigens eingerichteten Landingpage ihre Kontaktdaten zu hinterlassen. In der Regel wird ein Follower oder Abonnent das jedoch nur dann tun, wenn ein entsprechender Nutzen/Mehrwert in Aussicht gestellt wird. Ohne einen zusätzlichen Mehrwert für die Follower wird die Zusammenarbeit mit einem Influencer in puncto Lead-Generierung sicherlich weniger Erfolg haben als mit Mehrwert. In Bezug auf mögliche Mehrwerte sind der Kreativität keine Grenze gesetzt. Beispiele für typische Mehrwerte sind:

- Treffen mit dem Influencer
- Einladung zu einem exklusiven Event (in die Firma oder extern)
- die Überlassung von exklusiven Inhalten
- Boni oder Rabatte
- u. v. a. m.

8.2.6 Markterweiterung/Diversifikation

Grundsätzlich kann Influencer-Marketing natürlich auch bei der Diversifikationsstrategie von Bedeutung sein. Gleichgültig, ob es sich um eine Produkteinführung in einen neuen Markt handelt oder für eine neue Zielgruppe. Insbesondere, wenn neue Produkte für junge Zielgruppen eingeführt werden sollen, kann Influencer-Marketing hochgradig relevant werden. Denn junge Zielgruppen sind heute über einen konventionellen TV-Spot kaum noch erreichbar. Bitte vergleichen Sie dazu auch Abschnitt 6.7 »Erreichen von Zielgruppen, die konventionell schon heute gar nicht mehr erreicht werden«.

In bestimmten Branchen, wie beispielsweise Entertainmenttechnik oder Telefonie, bietet es sich geradezu an, bei Produkteinführungen mit Influencern zusammenzuarbeiten – auch unabhängig von diversifikationspolitischen Überlegungen. Denn Influencer verstehen sich auch als Experten auf einem gewissen Themengebiet und sind daher von sich aus immer auf der Suche nach den neuesten Trends und Produkten. Erscheint beispielsweise ein neues Smartphone, ein neues Lautsprechersystem oder ein neuer Monitor, wollen Influencer möglichst die ersten sein, die darüber zu berichten. Denn die ersten Berichterstattungen über ein heiß begehrtes Produkt bekommen die höchste Aufmerksamkeit. Beispielsweise lud Huawei 2018 den Tech-Experten Lewis Hilsenteger zu einem hauseigenen Release-Event ein. Hilsenteger folgen auf Instagram 1,9 Millionen Menschen. Auf seinem YouTube-Kanal hat er 13 Millionen Abonnenten.

Abbildung 8.1: Tech-Experte Lewis Hilsenteger auf dem hauseigenen HUAWEI Release-Event für das neue P20 Smartphone. Quelle: Instagram, Abruf 15.02.2019.

8.3 Typische operative Einsatzformen

In Zusammenhang mit den angestrebten Marketing-Zielen und dem strategischen Einsatzgebiet des Influencer-Marketings kann es auch hilfreich sein, sich frühzeitig erste Gedanken zu der gewünschten Kooperationsform zu machen. In diesem Abschnitt bespreche ich gängige Formen und konkrete, operative Einsatzgebiete. Allerdings erhebt diese Auflistung keinen Anspruch auf Vollständigkeit. Der Kreativität sind im Grunde kaum Grenzen gesetzt. Weitere Inspirationen finden Sie in den Fallbeispielen im Kapitel 17 (Seite 243).

8.3.1 Product Placements in Videos

Product Placements sind nicht neu. Man kennt sie auch aus anderen Medien. Der Jaguar oder der BMW im James-Bond-Film oder die Marlboro in Filmen wie »A little help« oder »The Boondock Saints« sind ebenfalls Product Placements. Das jeweilige Produkt wird in eine Story integriert. Das Produkt fällt zwar auf, steht aber nicht im Mittelpunkt. Häufig wird es nur beiläufig, aber dennoch präsent gezeigt. Damals wie heute kann geschicktes Product Placement hohe Beiträge zur Absatzförderung leisten. Beispielsweise erlebte BMW nach dem James-Bond-Film »Golden Eye« einen regelrechten Run auf den Z3. Nach »Golden Eye« gab es Wartezeiten von bis zu acht Monaten für den Z3.

Im Influencer-Marketing findet man Product Placements häufig auf YouTube und manchmal auch auf Facebook. Dabei können die Platzierungen unterschiedliche Ausgestaltungsformen annehmen. Häufig wird um das jeweilige Produkt eine Story entwickelt. Dabei gibt es unterschiedliche Formen in Bezug auf die Rolle des eigentlichen Produktes bzw. der Marke im Video. So kann das Produkt nur sehr unterschwellig in Erscheinung treten und unbewusst wahrgenommen werden. In der Literatur wird diese Art der Platzierung bisweilen auch **On-Set-Placement** genannt. Im Gegensatz dazu steht das sogenannte Creative Placement. Beim **Creative Placement** ist das Produkt relativ offensichtlich und für einen längeren Zeitraum im Video zu sehen. Im Laufe der Handlung rückt das Produkt immer mehr in den Mittelpunkt. Eine Steigerungsform ist das sogenannte **Image Placement**, oft auch Branded Entertainment genannt. Beim **Branded Entertainment** steht die Marke im gesamten Video im Zentrum. Die Handlung des Videos dreht sich quasi um die Marke. Ein Branded Entertainment geht also deutlich über ein Produkt Placement hinaus, da das Produkt ja nicht in eine bestehende Handlung integriert wird, sondern vollständig ins Zentrum der Handlung rückt. Insofern könnte man auch darüber streiten, ob diese Form des Influencer-Marketings noch ein Product Placement ist oder schon eine Produktinszenierung. Beispiele für derartige Placements sind das Video »Coke-Teil-O-Mat« von Y-TITTY oder der Limo Werbespot mit Joko und Klaas.

Coke-Teil-O-Mat

https://youtu.be/XjoNEr2hcoM

Limo-Werbespot mit Joko und Klaas

https://youtu.be/zyIAGGEYs_k

Im Fitness-Bereich werden Produkte besonders gerne in Videos integriert. Beispielsweise integriert Mischa Janiec, ein Schweizer Bodybuilder, in ein 22-minütiges Video ein Pre-Workout-Supplement der Firma Rocka Sports GmbH. Die Auszeichnungspflicht von Werbung scheint es in der Schweiz bzw. den USA aber noch nicht zu geben. Weder die Affiliate-Links im Kommentar noch die dort verankerten Rabattangebote sind als Werbung oder Partnerlinks gekennzeichnet. Auch die Rocka-Produkte sind nicht als Werbung gekennzeichnet.

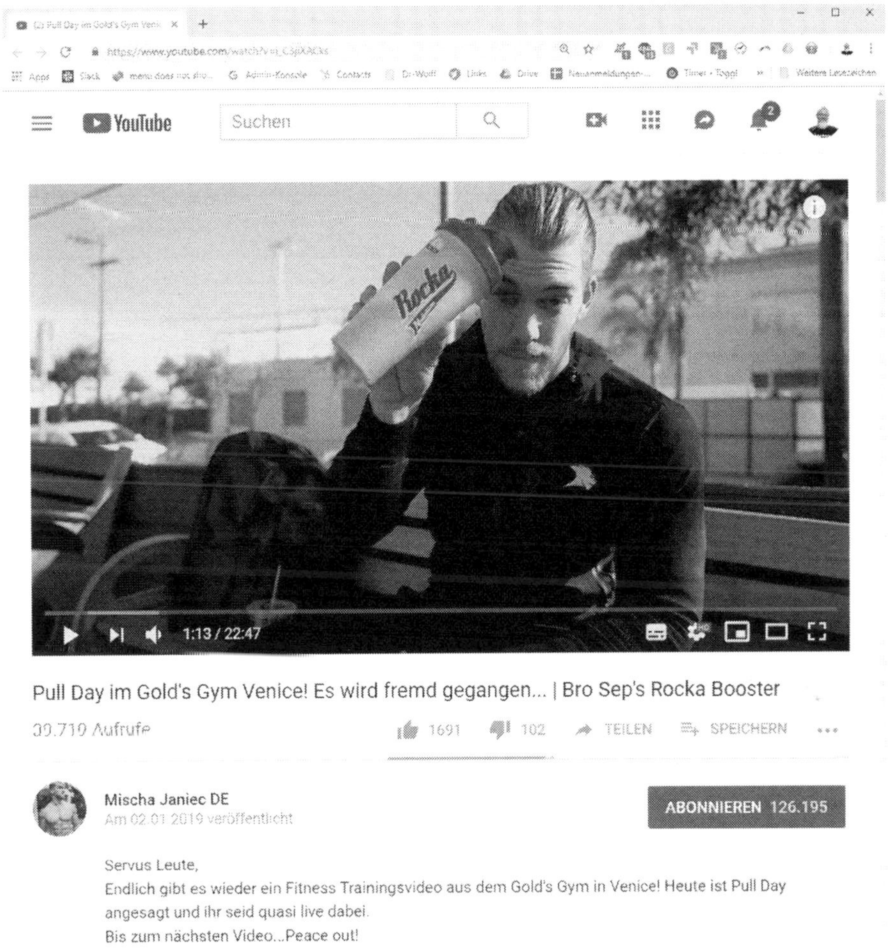

Abbildung 8.2: Mischa Janiec mit Rocka Product-Placement in 22-Minuten-Video. Quelle: YouTube, Abruf 15.02.2019.

Mischa Janiec und Rocka-Product-Placement

https://www.youtube.com/watch?v=i_C3jiXACks

8.3.2 Produktinszenierungen als Post

Bei einer Produktinszenierung als Post wird der Content eigens für bzw. um das Produkt erstellt. Eine Produktinszenierung geht also weiter als ein klassisches Product Placement. Das Produkt steht im Vordergrund. Im Umfeld wird der Post mit entsprechenden Hashtags, Mentions oder direkt mit Links zum Onlineshop des Anbieters versehen. Produktinszenierungen als Post sind auf Instagram und Facebook sehr gebräuchlich. Abbildung 8.3 zeigt beispielsweise eine Werbung für Blume2000 von Farina Opoku, die sich als Mode-Bloggerin und Influencerin einen Namen gemacht hat. Sie präsentiert auf ihrem Instagram-Account NovaLanaLove die neuesten Modetrends, die schönsten Reiseziele und angesagte Events. Inzwischen verfolgen knapp 1 Million Follower das Leben von Farina auf Instagram.

Abbildung 8.3: Werbung von NovaLanaLove für Blume2000.de. Quelle: Instagram, Abruf 15.02.2019.

Abbildung 8.4 zeigt einen Post von Jessika Weisse alias Kleidermädchen auf Facebook. Jessika Weisse ist eine Bloggerin, die über Lifestyle, Beauty, Travel und Interior schreibt. Parallel zum Blog baut sie sich offenbar auch andere Kanäle auf. Im Post bewirbt Kleidermädchen die Produkte der mycs GmbH. Mycs stellt konfigurierbare Möbel her. Alle angebotenen Designs können von Kunden über Konfiguratoren individualisiert werden.

Abbildung 8.4: Werbung von Kleidermädchen für die mycs GmbH. Quelle: Facebook, Abruf 15.02.2019.

8.3.3 Unboxing-Videos

Beim Unboxing erhält der Influencer ein Produkt und zelebriert »live« das Auspacken des Produktes. Dabei wird dieses besprochen. Das Format funktioniert natürlich besonders gut auf YouTube oder anderen Videokanälen. Unboxing-Videos gibt es für fast jede Branche, ob Technik, Fitness, Mode, Sport u. v. a.m. Hier sind einige Beispiele:

Technik

https://www.youtube.com/watch?v=UJM1dK6ofRQ

Fitness

https://www.youtube.com/watch?v=C-u27pBn9bI

Mode

https://www.youtube.com/watch?v=cashLfMz79E

8.3.4 Haul

Der sogenannte Haul ist im Grunde genommen ein modernes Verkaufsformat. Es ähnelt etwas dem Unboxing. Beim Haul präsentieren die Protagonisten ihre Einkäufe und erläutern dabei die Vor- und Nachteile der erworbenen Produkte. Je nach Größe des Influencers bzw. »Marktmacht« kann es auch eine Option sein, den Influencern Gutscheine für den Kauf unterschiedlicher Produkte anzubieten und im Gegenzug die Besprechung dieser Produkte zu fordern/wünschen. Die Übergänge zwischen einem Haul und einem Produkttest sind manchmal fließend.

8.3.5 Produkttest als Video, Post oder Blogbeitrag

Bei einem Produkttest oder einer Rezension testet der Influencer das Produkt und bespricht es ggf. ausführlicher. Häufig steht am Ende solcher Beiträge auch eine Kaufempfehlung. Unternehmen stellen hierfür meist nur das Produkt mit einigen Hintergrundinformationen zur Verfügung. In den frühen Tagen des Social-Influencer-Marketings haben viele Unternehmen Produkte unaufgefordert an Influencer verschickt und auf eine Besprechung gehofft. Besonders bei Influencern mit einer hohen Reichweite reicht es heute aber nicht mehr aus, einfach nur ein Produkt an den Influencer zu versenden. Etablierte Influencer mit einer nennenswerten Reichweite kennen heute ihren Wert und verlangen ein Honorar. Bei Influencern mit einer geringeren Reichweite kann diese Methode aber noch zum Erfolg führen.

Gängig sind Produkttests oder Rezensionen in den Social-Media-Kanälen Blog und YouTube. Ein wesentlicher Vorteil von Produkttests oder Rezensionen, die durch Influencer durchgeführt werden, ist, dass die Influencer diese Tests in der Sprache ihrer Follower kommunizieren. Besonders auf YouTube haben die Produktbesprechungen und Rezensionen in den letzten Jahren stark zugenommen. Zur Verdeutlichung hier einige Beispiele:

Reiten – Equi Soft Gurt

https://www.youtube.com/watch?v=wLJxrMCGrkI

Beauty

https://www.youtube.com/watch?v=1fxiqv2bNeg

Kaffeevollautomat – Besprechung im Blog

http://www.die-testmonster.de/melitta-ci-touch-vollautomat/

Bio-Speiseöl – Besprechung im Blog

https://www.jucheer-testet.de/2019/02/biokontor-naturlich-das-beste.html

---

8.3.6 Tutorials und How-tos

Bei Tutorials oder Erklärvideos (zu neudeutsch How-to-Videos) werden die Anwendungsmöglichkeiten des Produktes gezeigt und durch den Influencer dokumentiert. Der so entstehende »Problemlöse-Content« liefert nicht nur Reichweite, sondern einen Mehrwert für den Nutzer. Ggf. kann eine Zweitverwertung über Content-Marketing und SEO erfolgen.

How-to-Videos sind gerade in jüngerer Zeit sehr populär geworden. YouTube ist voll davon. Aber auch auf anderen Social-Media-Kanälen findet man mittlerweile Erklärvideos. Sie sind bei Unternehmen und Nutzern gleichermaßen beliebt. Nicht umsonst sagt man: »Ein Bild sagt mehr als 1.000 Worte«. Ein Bewegtbild würde dann sicher mehr als 10.000 Worte sagen. Besonders bei jungen Menschen, die nicht gerne viel Text lesen oder die einfach mit visuellen Anleitungen besser zurechtkommen, stehen Erklärvideos hoch im Kurs. Die Handhabung vieler Produkte lässt sich eben viel leichter erlernen, wenn man sie im Einsatz sieht. Auch viele Sachzusammenhänge lassen sich audiovisuell besser vermitteln als rein über das geschriebene Wort. Das ist übrigens ein Grund dafür, warum ich in meinen Büchern so gerne mit ergänzenden Screencasts und Video-Links arbeite, die ich auch per QR-Code bereitstelle. So können die Leser meines Buches auf der Couch lesen und per Handy bequem die Videos und Screencasts per QR-Code aufrufen. Das Thema »Erklärvideos« ist mittlerweile so populär geworden, dass etliche Unternehmen sich auf die Erstellung derartiger Videos spezialisiert haben.

In der Praxis schaffen es viele How-to-Videos jedoch nicht, in gewünschtem Maße in den Fokus der Konsumenten zu gelangen. Das erhoffte Umsatzplus bleibt aus. Oft liegt das nicht an der Machart des Videos, sondern einfach daran, dass die Zielgruppe das Video nie zu sehen bekommt. Influencer-Marketing ist eine Möglichkeit, ein gut gemachtes Erklärvideo innerhalb der Zielgruppe zu pushen. Grundsätzlich können Erklärvideos in fast allen Branchen eingesetzt werden. Hier zwei Beispiele für typische Anwendungen:

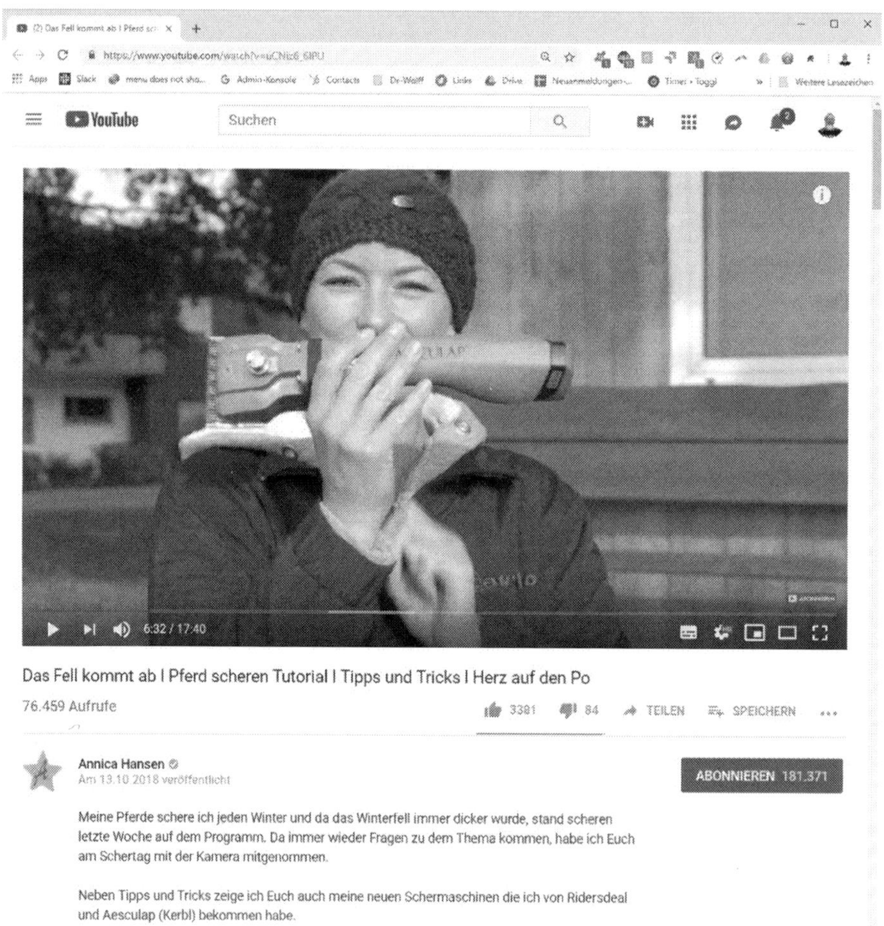

Abbildung 8.5: Pferd-scheren-Tutorial von Annica Hansen. Quelle :YouTube.

Reiten – Pferd-scheren-Tutorial von Annica Hansen

https://www.youtube.com/watch?v=uCNiz6_6IPU

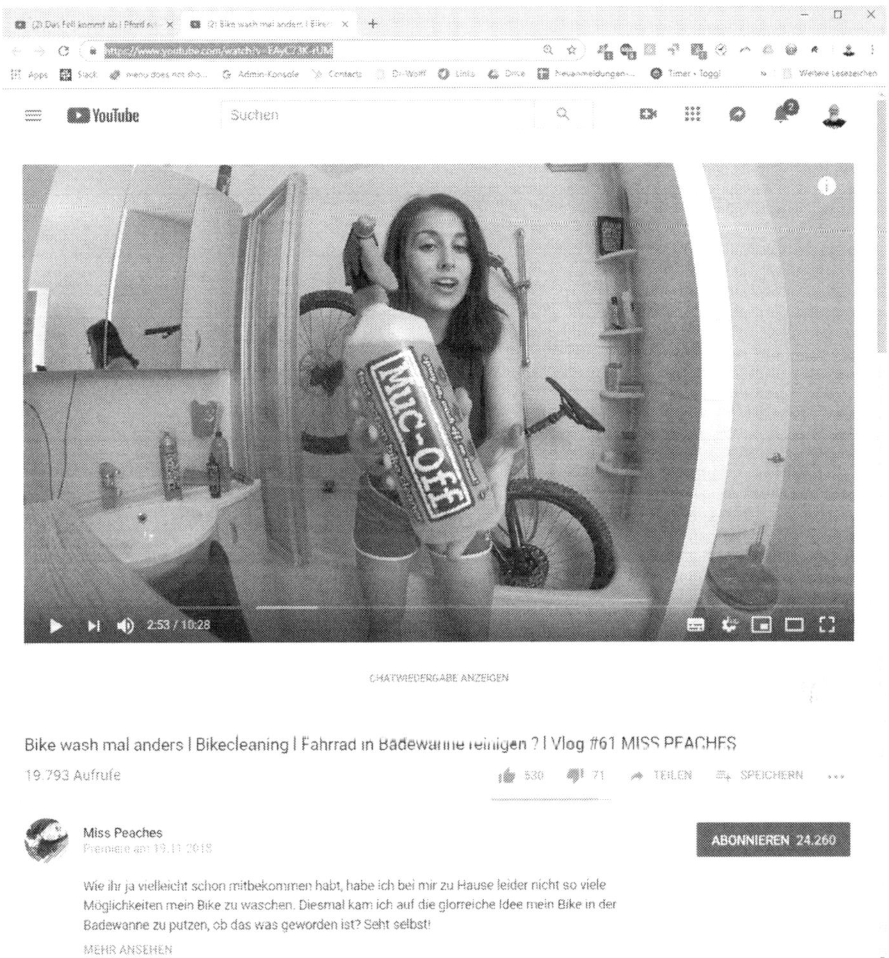

Abbildung 8.6: Fahrradreinigung von Miss Peaches. Quelle: YouTube.

Fahrradreinigen von Miss Peaches (Werbung ab 2:53)

https://www.youtube.com/watch?v=EAyC73K-rUM

8.3.7 Gewinnspiele

Bei einer Gewinnspiel-Aktion wird das Produkt über ein Gewinnspiel zusätzlich attraktiv gemacht, z. B. durch eine Produktvorstellung, die mit einem Gewinnspiel endet, bei dem X Produkte verlost werden, oder durch eine Kopplung mit anderen attraktiven Preisen. Beispielsweise zeigt Abbildung 8.7 einen Post auf Instagram von Clea-Lacy Juhn. Sie wurde durch die TV-Sendung »Der Bachelor« des Fernsehsenders RTL bekannt. Nach der Staffel kündigte sie ihren Job als Bürokauffrau und machte ihre Profile in den sozialen Netzwerken zu ihrem »Arbeitsplatz«. Vordergründig geht es in dem Post um die Wiedersehensfreude mit ihrem damaligen Ehemann Sebastian Pannek nach einer räumlichen Trennung. Im Hintergrund ist das Logo der Marke duplo auf einem ICE zu sehen. Gleichzeitig wird im zweiten Teil des Posts Bezug genommen auf eine laufende Gewinnspiel-Aktion von duplo und ICE. Unabhängig davon, dass manche Kritiker wahrscheinlich bei dieser Inszenierung den Markenfit zwischen einer Schokoladenmarke und einem Model, welches sonst primär über Mode- und Fitnessthemen schreibt, als unglücklich bezeichnen würden, ist dies ein typisches Beispiel für die Bewerbung eines Gewinnspiels in Form einer Inszenierung auf Instagram. Zu gewinnen gab es: 1x BahnCard 100 (2. Klasse), 10x iPad (Silber, 128GB), 10x Beats Solo 3 Wireless Kopfhörer und 1.000x duplo DB-Mitfahrerfreifahrt (einfache Fahrt innerhalb Deutschlands für 1 Person, 2. Klasse).

Abbildung 8.7: Bewerbung einer Gewinnspiel-Aktion von duplo im Jahr 2018. Quelle: Instagram, Abruf 12.02.2019.

Naturlich lassen sich Gewinnspiel-Aktionen in alle möglichen Formate integrieren. Vgl. hierzu das Beispiel mit AXE und Flying Uwe am Ende des Abschnitts 8.2.3 auf Seite 98. Dort wurden am Ende auch Karten zur »AXE Fresh Forest & Graffiti Party« beworben.

8.3.8 Rabattcodes oder Aktionscodes

Influencern wird ein Rabatt- oder Aktionscode bereitgestellt, die sie in ihren Posts verwenden dürfen/sollen. Auf diese Weise lässt sich sogar eine unmittelbare Erfolgsmessung durchführen, ähnlich wie beim Gewinnspiel, bei dem die Anzahl der Teilnehmer sicher auch eine interessante Kennzahl zur Beurteilung des Erfolgs ist. Rabattcodes findet man auf allen gängigen Social-Media-Plattformen. Auch die Unternehmen selbst arbeiten bisweilen mit Rabattcodes, allerdings ohne die Vorteile, welche die Bewerbung durch den Influencer mit sich bringt. Grundsätzlich können Rabattcodes von allen Influencer-Typen distribuiert werden. Die folgenden beiden Abbildungen zeigen eine Rabattcode-Bewerbung auf Instagram durch die Micro-Influencerin Vivien Lou und eine Bewerbung durch die Celebrity-Influencerin Barbara Meier auf Facebook.

Abbildung 8.8: Bewerbung eines Rabattcodes auf Instagram durch die Micro-Influencerin Vivien Lou. Quelle: Instagram, Aufruf 20.02.2019.

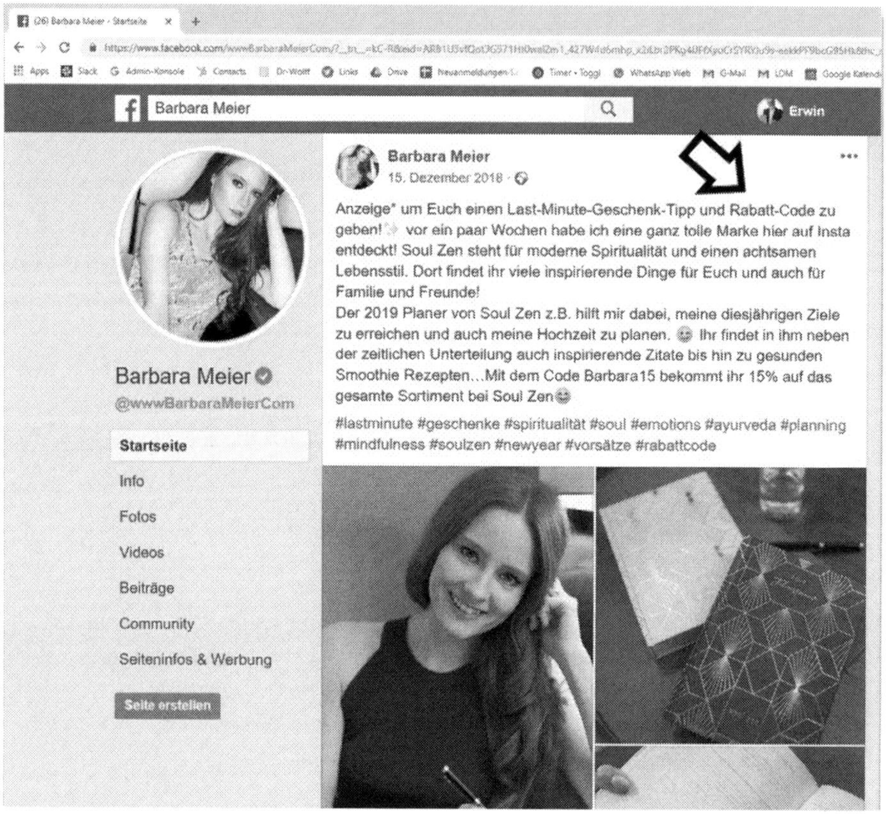

Abbildung 8.9: Bewerbung eines Rabattcodes auf Facebook durch die Celebrity-Influencerin Barbara Meier. Quelle: Facebook, Aufruf 20.02.2019.

8.3.9 Events

Das Basisprinzip bei der Durchführung von Events in Zusammenarbeit mit Influencern ist im Grunde immer das gleiche. Der Influencer nimmt auf Einladung des Unternehmens am Event teil und dokumentiert dieses über einen oder mehrere seiner Social-Media-Kanäle – natürlich gegen ein Honorar. Beim Event selbst kann es sich um sehr unterschiedliche Ausrichtungen handeln: vom Hausbesuch, über einen Messebesuch bis hin zu kompletten Urlaubsreisen. Hausbesuche können auch mit der Vorstellung von Neuerungen oder Produkteinführungen einhergehen, wie im Beispiel in Abschnitt 8.2.6 »Markterweiterung/Diversifikation« bereits dargelegt (Seite 100).

Auch Urlaubs-Events sind durchaus beliebt. Besonders in den Branchen Kosmetik, Mode und Reise. Beispielsweise lud das Unternehmen Tarte Cosmetics, ein US-amerikanischer Hersteller von Kosmetika, auf eigene Kosten Influencer nach Hawaii und Florida Keys ein. Alles, was die Influencer tun mussten, war, ihre Erfahrungen während des Aufenthalts in den Ferienressorts mit ihren Followern zu teilen und dabei den Hashtag #TrippinWithTarte zu verwenden. Ein anderes Beispiel ist das Engagement von NovaLanaLove (Farina Opoku und Ann Katrin Schmitz) für die Lufthansa. Bei diesem Projekt flogen Farina Opoku und andere Influencerinnen für die Lufthansa nach Panama, um die Destination Panama zu bewerben. Im Video https://www.youtube.com/watch?v=X8MxENm4D8U berichtet Farina Opoku ab Minute 7:34 über dieses Engagement. Mit von der Partie war auch Celebrity-Influencerin Caro Daur.

Abbildung 8.10: Post von Caro Daur auf Instagram anlässlich der von Lufthansa initiierten Reise nach Panama. Quelle: Instagram, Abruf 20.02.2019.

8.3.10 Wettbewerbe

Bei diesem Format können Sie Ihrer Kreativität wirklich freien Lauf lassen. Auch können Influencer auf sehr unterschiedliche Weise eingebunden werden. Je nachdem, über welchen Kanal der Wettbewerb gespielt werden soll, gibt es wiederum unterschiedliche Optionen der Ausgestaltung.

Beliebt ist das Format, bei dem der Werbetreibende bzw. die Marke verschiedene Influencer auffordert, an einem Wettbewerb teilzunehmen. Meistens ist das mit lukrativen Preisen garniert, wie beispielsweise einem gut dotierten Vertrag für eine exklusive Markenkooperation oder eine tolle Reise als Botschafter im Auftrag der Marke. Das sind aber nur einige Beispiele. Wie eingangs erwähnt, sind hier der Kreativität keine Grenzen gesetzt.

Auch das Format, bei dem Influencer ihre Follower zu einem Contest aufrufen und anspornen, ist gängig. Meistens steht der Contest dann in unmittelbarem Zusammenhang mit dem zu bewerbenden Produkt.

Beispielsweise hat das Microsoft-Tochterunternehmen Skype einen Wettbewerb mit dem Titel »Your City, Your Passion« organisiert. Influencer in verschiedenen

Städten weltweit wurden gebeten, Beiträge zu ihren Leidenschaften zu teilen. Als Preis wurden Treffen mit Top-Experten aus unterschiedlichen Branchen ausgelobt, wie etwa Yvan Rodic, einem international anerkannten Top-Fotografen oder Darren Morenstein, Produzent der YouTube Show »Epic Meal Time«.

Ein weiteres Beispiel ist der Städtevergleichswettbewerb des Skateboardherstellers Boosted Borads. Primär um die Bekanntheit zu steigern, wurde eine Sommertour gestartet. Jede Woche wurden zwei Städte gegeneinander ins Rennen geschickt. Sieger wurde die Stadt, die die aktivste Community hatte. Boosted-Fahrer in jeder Stadt konnten täglich Punkte sammeln, indem sie auf ihren Boards fuhren und dies mit der Community teilten. Am Ende einer Woche wurde die Stadt mit den meisten Punkten zum Sieger gekürt und unter den Teilnehmern aus der Siegerstadt wurden drei Boosted-Boards (immerhin rund 800 $ Marktwert) verlost. Um dem Wettbewerb die gewünschte Reichweite zu verschaffen, wurden Influencer eingesetzt.

8.4 Influencer-Marketing als Baustein der eigenen Social-Media-Strategie

Influencer agieren bei Kooperationen mit Unternehmen/Marken im Regelfall auf ihrer eigenen Plattform. Häufig werden auch mehrere Kanäle in eine Kooperation einbezogen. Dreht beispielsweise ein Influencer ein Video über eine Marke oder ein neues Produkt, so kann es durchaus vorkommen, dass er diesen auf seinem Blog, in seinem YouTube-Kanal und auf Facebook oder Instagram veröffentlicht. Das macht natürlich absolut Sinn, denn dort sind ja auch die Follower des Influencers. Schlussendlich bestehen Social Influencer also immer aus ihrer eigentlichen Persönlichkeit und einem oder mehreren Social-Media-Kanälen. Das ist auch der Grund, weshalb ich den Begriff »Social Influencer« wesentlich präziser finde als nur »Influencer«. Denn Influencer gab es schon vor hundert Jahren; Social-Media-Kanäle sind deutlich jünger.

Viele Unternehmen, die sich mit dem Thema Social-Influencer-Marketing auseinandersetzen, sind selbst bereits auf unterschiedlichen sozialen Kanälen aktiv. Es liegt also nahe, die eigenen sozialen Kanäle in die Influencer-Marketing-Strategie einzubinden, um so einen doppelten Nutzen zu erreichen. In den meisten Fällen ist der angestrebte Zweitnutzen, zusätzliche Abonnenten oder Follower für den eigenen Social-Media-Kanal zu gewinnen. In manchen Fällen ist es sogar sehr empfehlenswert, die eigenen Social-Media-Kanäle zusätzlich einzubinden. Dazu gibt es mehrere Ansätze, die ich in der Folge kurz ausführe.

Repostings

Bei vielen Social-Media-Kanälen gibt es die Möglichkeit sogenannter Repostings. Gemeint ist damit, dass der Post des Influencers auf seiner Plattform auf der Unternehmensplattform wiederholt wird. Im Grunde wird also der Content, den der Influencer generiert, ein zweites Mal auf einer oder mehreren Unternehmensplattform(en) veröffentlicht. Dies kann manuell geschehen und bei manchen Social-Media-Kanälen über die sogenannte »Teilen-Funktion«. Natürlich sollte ein derartiges Vorgehen mit dem Influencer abgesprochen sein. Im Idealfall ist es im Vertrag, welcher mit dem Influencer abgeschlossen wird, schriftlich fixiert. Empfehlenswert ist bei Repostings eine Quellenangabe, z. B. in Form eines Links zum Influencer.

Verlinkung oder Markierung

Auf den meisten Social-Media-Kanälen können andere Accounts verlinkt oder markiert werden. Häufig geschieht dies über die Verwendung des @-Zeichens. Über derartige Verlinkungen gelangen Follower des Influencers zum Marken-Account des Unternehmens. Die Möglichkeiten einer derartigen Verlinkung sind je Kanal unterschiedlich. Auf YouTube können Links unterhalb des Videos im Beschreibungstext verankert werden. Alternativ können auch sogenannte Infokarten kreiert werden, die dann verlinkt werden mit externen Seiten oder einem anderen YouTube-Kanal. Bei Instagram können anklickbare Verlinkungen ebenfalls im Beschreibungstext des Inhalts verankert werden, oder aber auf Bildern und sogar in sogenannten Storys. Bei Facebook ist dies ähnlich. In Abbildung 8.10 (Seite 113) ist ein solcher Link zur Seite der Lufthansa und zu einer Magazinseite zu sehen (Instagram). In Abbildung 8.4 (Seite 105) ist ein Link zu mycs.com im Beschreibungstext zu sehen (Facebook).

Weitere Formen der Integration

Bisweilen hört man auch von einem sogenannten Takeover. Bei einem Takeover übernimmt der Influencer z. B. das Bespielen einer Instagram-Story einer Marke für einen bestimmten Zeitraum. Dies wird natürlich entsprechend im Vorfeld angekündigt und beworben. Andere Kooperationsformen, wie beispielsweise den Influencer als Moderator für bestimmte Firmenevents einzusetzen, sind ebenfalls denkbar. Die Bespielung der jeweiligen Inhalte würde dann auch über die Firmenkanäle erfolgen und auf den Influencer-Kanälen lediglich beworben werden.

9 Konzeptteil 3: Budgetierung und Kosten

Inhalt

Sehr häufig erlebe ich es, dass im Zusammenhang mit der Planung von Marketing-Aktivitäten die erste Frage lautet: Was kostet das? Natürlich sind die Kosten von Bedeutung. Meiner Meinung nach ist es aber oft nicht zielführend, zuerst nach den Kosten zu fragen. Wesentlich intelligenter finde ich die Frage nach dem möglichen Return-on-Investment (ROI) bzw. im Falle von Marketing, nach dem Return-on-Marketing-Investment (ROMI). Natürlich muss man zur Ermittlung eines ROMI auch die Kosten und noch einiges mehr kennen und wissen. Im Kapitel 14 »Auswertung und Controlling« bin ich auf dieses Thema ausführlicher eingegangen. Grundsätzlich ist es empfehlenswert bei der Planung aller Online-Marketing-Maßnahmen, also auch beim Influencer-Marketing, sich im Vorfeld Gedanken zum Controlling und den wichtigsten Kennzahlen zur Erfolgsmessung zu machen.

Je nach Detailkonzeption einer Influencer-Marketing-Kampagne oder -Kooperation fallen drei unterschiedliche Kostenblöcke an, die es zu budgetieren gilt. Zum einen sind dies Kosten bzw. Honorare der Influencer. Ferner können Kosten auf Seiten der Agentur entstehen, welche die Influencer-Marketing-Kampagne betreut. Die Konzeption und Betreuung kann natürlich auch in Eigenregie durch eine eventuell vorhandene Social-Media-Abteilung geschehen. Gegebenenfalls wären dann für eine ROI-Betrachtung interne Verrechnungssätze anzusetzen. Schlussendlich können auch noch Media-Kosten für das Boosting von Post anfallen oder Zusatzkosten für die Erstellung von Content. In den folgenden Abschnitten finden Sie Details zu diesen Themen.

9.1 Typische Agenturkosten

Unabhängig davon, ob Sie eine externe Agentur oder eine interne Agentur/Abteilung mit der Konzeption für Ihr Influencer-Marketing beauftragen, sind unterschiedliche Aufgaben zu erledigen. Diese verursachen Kosten, die budgetiert werden müssen oder in eine ROMI-Betrachtung Eingang finden sollten.

Typische Agenturleistungen in diesem Zusammenhang sind die Entwicklung von kreativen Ideen, die Suche und Auswahl geeigneter Influencer, die Planung und Abstimmung zwischen den Parteien, die Organisation und die Durchführung der Kampagne sowie die Auswertung in Form eines Reportings. Bei der Vergabe dieser Arbeiten an eine externe Agentur sind aufwandsabhängige Tageshonorare üblich. Diese liegen in der Regel zwischen 800 Euro und 1.250 Euro je Tag und involvierten Mitarbeiter. Zusätzlich zu dem aufwandsabhängigen Honorar verdienen Agenturen auch noch prozentual an den Honoraren, die der Werbetreibende an die Influencer zahlt. Üblich sind hier Agenturaufschläge von rund 20 Prozent.

Die Arbeit mit einer externen Agentur kann für einen Werbetreibenden durchaus von Vorteil sein. Mittlerweile gibt es viele Agenturen, die auf das Thema Influencer-Marketing spezialisiert sind. Sie verfügen über entsprechende Erfahrungen in Bezug auf die Kommunikation und die Verhandlung mit Influencern. Häufig haben sie auch Kontakte zum Management etablierter Influencer oder sie haben Datenbanken mit wertvollen Informationen zu einzelnen Influencern. Das kann sich positiv bei der Suche nach geeigneten Influencern auswirken und auch bei der Preisverhandlung mit den Influencern. Die oben genannten Honorare relativieren sich daher meistens deutlich.

9.2 Influencer-Honorar

Am Ende des Tages sind die Honorare von Influencern Verhandlungssache. Das betrifft sowohl mögliche Tagessätze als auch pauschale Vergütungen oder Vergütungen nach dem TKP. In der Folge stelle ich die gängigen Vergütungsmodelle vor.

9.2.1 Kooperation ohne Vergütung

Gerade in den frühen Tagen des Influencer-Marketings gab es viele Kooperationen ohne zusätzliche finanzielle Vergütung. Unternehmen schickten ihre Produkte an Influencer, teilweise unaufgefordert, und hofften, dass die Influencer darüber berichteten. Gerade bei Micro-Influencern, die noch relativ wenige Follower haben, kann dieses Vorgehen auch heute noch zum Erfolg führen. Denn Micro-Influencer haben ihrerseits auch ein Interesse an der Zusammenarbeit mit etablierten Marken. Sie profitieren von der Berichterstattung über spannende Produkte durch Erwähnungen und Verlinkungen auf Markenkanälen, was sich wiederum positiv auf ihre eigenen Follower-Zahlen auswirken kann. Vor allem auf Instagram sind derartige Kooperationen nicht unüblich.

Natürlich gibt es auch den umgekehrten Fall, nämlich dass Unternehmen von Influencern kontaktiert werden, die gerne Produkte testen möchten. Manche Unternehmen erhalten mittlerweile sogar dutzende Anfragen pro Woche. Besonders in der Reise- und Hotel-Branche sind Anfragen von Influencern sehr häufig. Je nach Attraktivität des Hotels gehen dort auch schon mal 20 Anfragen pro Tag ein. Viele Hotels sind angesichts derart vieler Anfragen dazu übergegangen, grundsätzlich nicht mehr mit Influencern zusammenzuarbeite.[63] Grundsätzlich sollte das aber immer eine Einzelfallentscheidung sein. Je nach Konstellation kann es auch sinnvoll sein, eingehende Anfragen genau zu analysieren und die Spreu vom Weizen zu trennen, oder potenziell interessante Influencer in einer Datenbank für spätere Zusammenarbeiten zu archivieren.

Kosten entstehen natürlich auch bei Kooperationen ohne Vergütung für den Werbetreibenden. Denn in den meisten Fällen wird erwartet, dass die Produkte dauerhaft dem Influencer überlassen werden. Bei niedrigpreisigen Produkten sind die Kosten dann natürlich geringer als bei hochpreisigen Produkten.

9.2.2 Bezahlung nach Reichweite (TKP)

Der sogenannte Tausender-Kontakt-Preis (TKP) ist ein gängiges Vergütungsmodell in der Werbewelt. Er bezeichnet eine Kenngröße aus der Mediaplanung, die angibt, welcher Betrag aufgebracht werden muss, um 1.000 Menschen mit einer Werbebotschaft zu erreichen. So zumindest die Theorie. Da der TKP in vielen Marketing-Disziplinen eine Rolle spielt, ist er auch geeignet, um eine Vergleichbarkeit unterschiedlicher Marketing-Aktivitäten herzustellen. In der Praxis steckt der Teufel allerdings wie immer im Detail. Ein günstig eingekaufter TKP, bei dem die erreichten Menschen am Ende dennoch nichts kaufen, ist mit Sicherheit weniger wert als ein teuer eingekaufter TKP, der dazu führt, dass das Warenlager des Werbetreibenden leer wird. Sie merken, einfach nur einen TKP zu betrachten, um eine Aussage über eine Werbemaßnahmen im Sinne von gut oder schlecht zu treffen, ist zu kurz gesprungen. Aber ich will an dieser Stelle nicht in das Controlling abdriften. Dazu komme ich später.

Beim Influencer-Marketing wird der Tausender-Kontakt gerne als Grundlage für das Honorar des Influencers herangezogen, weil er vergleichsweise einfach er-

---

[63] Vgl. z. B. http://www.absatzwirtschaft.de/luxushotels-und-die-selbsternannten-influencer-biete-hohe-reichweite-suche-kostenloses-zimmer-134822/, Zugriff 20.02.2019.

mittelt werden kann. Der eigentliche Preis ist dann in vielen Fällen Verhandlungssache. Er hängt ab von der Reichweite des Influencers, also der Anzahl seiner Follower oder Abonnenten, die er theoretisch mit seinen Postings erreichen kann. Natürlich auch von der jeweiligen Plattform, auf der sich die Kooperation abspielen soll. Auf YouTube sollte man mit 80 Euro pro 1.000 Views rechnen. In einigen Branchen liegt dieser Wert deutlich höher. Im Beauty-Segment wird auch schon mal bis 180 Euro gezahlt für 1.000 Views. Bei YouTube findet man auch oft das Phänomen vor, dass kleinere YouTube-Kanäle teurer anbieten. Das liegt daran, dass die Produktionskosten gleich sind, sich das gesamte Engagement aber dennoch rechnen muss. Videos zu produzieren ist eben ein anderes Geschäft als für Instagram ein Foto zu schießen und zu posten. Daher fallen beispielsweise auf Instagram die TKP deutlich geringer aus. Hier ist mit TKP von 10 bis 15 Euro zu rechnen, wobei die Berechnung sich an der Anzahl der Follower orientiert. Die eigentliche Reichweite ist leider nicht öffentlich einsehbar. Wenn der Influencer einen Business-Account betreibt, kann er jedoch auf umfassende Statistiken zugreifen. Die kann der Werbetreibende im Rahmen der Preisverhandlung natürlich vom Influencer erfragen. An dieser Stelle wird ein großer Unterschied zwischen YouTube und Instagram deutlich. Ein View bei YouTube entspricht ziemlich genau einem Kontakt. Man kann also folgerichtig formulieren: 100.000 Views bei YouTube sind 100 Tausender-Kontakte. Der Post eines Influencers, der 100.000 Follower hat, wird aber nicht unbedingt von allen 100.000 Followern gesehen. Daher ist der Preis auch viel geringer. Natürlich auch, weil der Aufwand für die Erstellung eines Videos deutlich höher ist als für die Erstellung eines Fotos.

Die im vorherigen Absatz genannten TKP sind grobe Richtwerte. Letztlich sind die Preise Verhandlungssache. Ich habe auch schon YouTube-TKP für 40,- Euro und Instagram-TKP für 5,- Euro eingekauft.

Für die Verhandlung des TKP mit Influencern gibt es vom Grundsatz her zwei Modelle. Zum einen ist das die Festlegung im Vorhinein auf Basis von Durchschnittswerten. Bei YouTube nimmt man gerne den Durchschnittswert der letzten zehn oder zwölf Videos. Ferner kann auch nachträglich abgerechnet werden, auf Basis der tatsächlich erreichten Views. Letzteres birgt natürlich die Gefahr, dass der Influencer sein Video pushet, beispielsweise durch den Einsatz von Google Ads. Wenn dies nicht gewollt ist und man ausdrücklich gerne nur den organischen Traffic des Influencers erreichen möchte, sollte man als Werbetreibender das erste Modell wählen.

Bei anderen Plattformen kann es wiederum durchaus wünschenswert sein, den Post eines Influencers durch den Einsatz eines zusätzlichen Werbebudgets zu pushen (vgl. auch Abschnitt 9.3 »Media-Kosten für ein Boosting«). Beispielsweise ist von Facebook bekannt, dass ein organisches Posting nur an einen Bruchteil der Fans einer Fanpage ausgesteuert wird. Bei den meisten von mir betreuten Konten werden je organischem Post zwischen vier und sechs Prozent der Fans erreicht. Über eine kostenpflichtige Werbung bei Facebook kann dieser Prozentsatz deutlich erhöht werden. Der Betreiber der Fanpage, also der Influencer, kann diese vergleichsweise günstig einkaufen.

9.2.3 Wertung/Würdigung des TKP-Ansatzes als Bezahlung für Influencer mit Vergleich zu anderen Werbeformen

In der Theorie besteht der große Vorteil des TKP-Ansatzes darin, dass man Influencer-Kampagnen mit Werbemaßnahmen aus anderen Online-Marketing-Disziplinen, die ebenfalls mit dem TKP abgerechnet werden, vergleichen kann. Sieht man allerdings genauer hinter die Kulissen, muss man feststellen, dass dies nur sehr bedingt so ist. Aus diesem Grund ist es mir ein Anliegen, in diesem Abschnitt einmal einige Beispiele und Vergleiche anzuführen, um dem genauen Sachverhalt auf den Grund gehen.

Beispiel 1: Vergleich klassische Online-Werbung vs. Influencer-Advertising über Instagram oder Facebook

Vom Grundsatz her könnte man ja auf die Idee kommen, beispielsweise den TKP von Bannerschaltung, also schnöder Online-Werbung, mit dem TKP von Influencer-Advertising zu vergleichen. Um gängige TKPs für Online-Werbung zu ermitteln, muss man ja nur bei den etablierten Vermarktern nach den Mediadaten suchen. Meistens werden diese auf deren Webseite veröffentlicht. Beispiel: SevenOne Media – https://www.sevenonemedia.de/digital/mediadaten oder Ströer Digital https://www.stroeer.de/digitale-werbung/planen-buchen/mediadaten-preise.html.

Man findet dort TKP für einfache Banner wie Skyscraper oder Medium Rectangle von 35 bis 40 Euro. Aufwendigere Werbeformate, wie beispielsweise ein Billboard oder eine Double Sidebar, kosten um die 100 Euro. Diese Preise sind zunächst einmal deutlich höher als der übliche TKP beim Influencer-Marketing, welcher zwischen 10 und 15 Euro liegt – zumindest bei vordergründige Betrachtung. Wie mehrfach in diesem Buch angesprochen, liefern jedoch viele Social-Media-Plattformen organische Postings nicht an alle Follower oder Fans aus. Bei Facebook werden organische Postings oft nur an einen Bruchteil der Fans ausgeliefert. Bei Instagram schwanken die Zahlen stark. Sie liegen je nach Influencer-Profil im Durchschnitt zwischen 15 und 62 Prozent. Typischerweise erreichen sehr kleine Accounts hohe Reichweiten bei Instagram. Ab einer Followerzahl von 10.000 werden im Durchschnitt aber nur noch Reichweiten unter 25 Prozent erreicht, so eine Studie von fanpage karma aus dem November 2018.[64] An der Stelle relativiert sich der günstige Influencer-TKP deutlich. Das liegt daran, weil im Influencer-Marketing zunächst einmal die Anzahl der Follower als Grundlage für die TKP-Berechnung dient. Der reale TKP hängt aber nicht von der Anzahl der Follower ab, sondern von der Anzahl der Follower multipliziert mit der durchschnittlichen Reichweite, die ein Post organisch erzielt. Die folgende Tabelle verdeutlicht diese Aussage.

	TKP
TKP auf Basis von Followern (offizielle Berechnungsgrundlage)	**15,00 €**
Realer TKP bei Auslieferung an 5 Prozent der Follower	**€ 300,00 €**
Realer TKP bei Auslieferung an 10 Prozent der Follower	**€ 150,00 €**
Realer TKP bei Auslieferung an 20 Prozent der Follower	**€ 75,00 €**
Realer TKP bei Auslieferung an 30 Prozent der Follower	**€ 50,00 €**
Realer TKP bei Auslieferung an 40 Prozent der Follower	**37,50 €**

Tabelle 9.1: TKP-Preise von Influencer-Advertising bei unterschiedlichem Auslieferungsanteil.

Ein Blick auf die Tabelle macht sehr schnell deutlich, dass die vordergründig ermittelten TKP gar nicht mehr so günstig sind, wenn die real erzielte Reichweite gering ist. Bei organischen Postings wird das fast immer so sein, denn die Social-Media-Netzwerke haben ein aktives Interesse daran, Werbung zu verkaufen. Das ist ihr primäres Geschäftsmodell. Würden alle organischen Posts an alle Follower eines Accounts ausgespielt, würden die Netzwerke deutlich weniger Werbung verkaufen.

An dieser Stelle wird deutlich, warum der Vergleich des TKP alleine viel zu kurz gesprungen ist. Man muss hinter die Kulissen sehen, um wirklich valide Vergleiche treffen zu können. In der Realität wäre auch an dieser Stelle ein Vergleich noch nicht möglich. Häufig ist es nämlich so, dass die offiziell veröffentlichten Preise für Online-Werbung rabattiert werden. Der tatsächliche TKP für Online-Werbung ist in vielen Fällen also geringer. Das Pendel würde bei einem Vergleich demnach ein Stück weit Richtung Online-Werbung ausschlagen. Dagegen

64 Vgl. https://blog.fanpagekarma.com/2018/11/14/reichweite-auf-instagram/, Abruf 25.02.2019

könnte man halten, dass Online-Werbung unmittelbar von der AdBlocker-Problematik betroffen ist, was bei Influencer-Marketing nicht der Fall ist. Überhaupt würde sich bei Online-Werbung im Vergleich zu Influencer-Advertising die Frage stellen, wann eine Ad Impression im Sinne von Reichweite (und damit im Sinne von TKP) überhaupt gezählt wird. Ein ausgeliefertes Werbebanner, welches im **nicht sichtbaren** Bereich des Bildschirms ausgeliefert wird, geht vielleicht in die Berechnung mit ein. Im Sinne von tatsächlicher Reichweite ist es aber völlig irrelevant. Noch einmal mehr wird deutlich, dass die Betrachtung des bloßen TKP zum Vergleich im Grunde genommen ungeeignet ist.

Beispiel 2: Vergleich klassische TV-Werbung vs. Video-Werbung über YouTube

Auch beim Vergleich von klassischen TV-TKP zu TKP, die man für eine Influencer-Werbung über YouTube einkaufen könnte, fallen vordergründig große Unterschiede auf. Laut AGF lag der durchschnittliche TKP für einen 30-sekündigen TV-Spot im Jahr 2018 bei 19,90 Euro[65]. Demgegenüber stehen rund 80,- Euro für eine durchschnittliche Werbung mit Influencern auf YouTube. Man käme bei der Betrachtung nur dieser Zahlen daher nie auf die Idee, klassische TV-Werbung durch YouTube-Werbung zu ersetzen.

Sehen wir nun auch hier einmal hinter die Kulissen und vergleichen genau. Bei der klassischen TV-Werbung ist der TKP wie folgt definiert: »Der TKP gibt an, wie viel investiert werden muss, um bei der jeweiligen Platzierung eines Spots in einem Werbeblock 1.000 Fernsehzuschauer einer Zielgruppe zu erreichen«. Damit ist im Klartext gemeint, wie viele Zuschauer das Format hat, in dem die Werbung als Unterbrecherwerbung ausgestrahlt wird. Damit ist nicht gemeint, wie viele Zuschauer sich die Werbung tatsächlich auch ansehen. Lassen Sie doch nun bitte einmal Ihr persönliches Verhalten während des Fernsehens vor Ihrem geistigen Auge Revue passieren. Was tun Sie, wenn Ihre Lieblingssendung oder ein guter Spielfilm im Fernsehen von einem Werbespot unterbrochen wird? Sehen Sie sich den Werbespot in aller Ruhe an, und warten, dass die Sendung weitergeht? Oder beginnen Sie, auf dem Handy Inhalte zu konsumieren oder Mails oder Chats zu beantworten? Oder gehören Sie zu der Fraktion, die zur Fernbedienung greift und umschaltet? Oder spulen Sie gar vor, weil sie die Sendung 15 Minuten zeitversetzt ansehen? Fakt ist: Immer mehr Deutsche, besonders jüngere Menschen, sind Unterbrecherwerbung leid und schenken ihr kaum noch Aufmerksamkeit. Der tatsächliche TKP bei TV-Werbung dürfte also deutlich höher sein als der offiziell ausgewiesene.

---

[65] Vgl. https://www.agf.de/daten/tvdaten/tkp/, Abruf 20.03.2019.

Beim TKP einer Influencer-Werbung auf YouTube ist das anders. Als Berechnungsgrundlage zählen hier die tatsächlichen Views. Salopp ausgedrückt könnte man auch formulieren, dass man bei einer Influencer-Werbung auf YouTube tatsächlich das erhält, was man bezahlt. Beim TV ist die Grauzone sehr groß und wird tendenziell immer größer.

Beispiel 3: Vergleich Printwerbung vs. Influencer-Advertising über Instagram

Bei einer Printwerbung bemisst sich der TKP in der Regel auf Basis der verbreiteten Auflage und dem Preis für die eigentliche Anzeige. Bei vielen Titeln ist die verbreitete Auflage nach IVW[66] geprüft. Der Preis für die Anzeige schwankt natürlich, je nachdem wie groß die Anzeige ist und ob sie schwarz-weiß oder in Farbe abgedruckt wird. Die folgende Tabelle veranschaulicht einige Szenarien mit gängigen Preisen aus einem Fachmagazin.

Magazin mit verbreiteter Auflage von 50.000 Stück	Preis für die Anzeige in s/w	TKP	Preis für die Anzeige in Farbe	TKP
1/1 Seite	8.550 €	171,- €	10.200 €	204,- €
A 5 hoch	4.130 €	82,60 €	5.780 €	115,60 €
2/5 Seite	4.980 €	99,60 €	€ 6.630 €	132,60 €

Tabelle 9.2: Beispiel für TKPs für Printwerbung im Fachmagazin.

Zum Vergleich folgen nun typische Preise für ein Publikumsmagazin. Schwarzweiss-Anzeigen gibt es dort oft nicht.

Magazin mit verbreiteter Auflage von 400.000 Stück	Preis für die Anzeige in s/w	TKP	Preis für die Anzeige in Farbe	TKP
1/1 Seite			55.700 €	139,25 €
2/3 hoch			44.500 €	111,25 €
1/3 quer			30.600 €	76,50 €

Tabelle 9.3: Beispiel für typische TKPs in Publikumsmagazin.

66 Vgl. https://www.ivw.eu/, Abruf 25.03.2019.

Vergleicht man nun gängige TKP aus der Printwelt mit dem, was aktuell Influencer-Advertising auf Instagram kostet, so stellt man schnell fest, dass Influencer-Advertising vergleichsweise günstig ist. Auch wenn man berücksichtigt, dass bei größeren Influencern weniger als 25 Prozent der Follower einen organischen Post ausgespielt bekommen, ist Influencer-Advertising aktuell deutlich günstiger als Printwerbung (vgl. Tabelle 9.1: TKP-Preise von Influencer-Advertising bei unterschiedlichem Auslieferungsanteil).

9.2.4 Das Affiliate-Modell

Affiliate-Marketing beruht auf einem seit Jahrhunderten praktizierten Vertriebsmodell, welches in die digitale Welt transformiert worden ist: Eine Person oder ein Unternehmen (Affiliate oder Publisher genannt) empfiehlt die Produkte oder Leistungen eines Partners (Merchant oder Advertiser). Kauft ein Dritter bei diesem Partner ein, so erhält der Empfehler eine Provision. Der Empfehler kann natürlich auch ein Social Influencer sein.

Zunächst hört sich das relativ einfach an. Doch wie so häufig steckt der Teufel im Detail. Besonders in der digitalen Welt. Um diese Grundidee in die digitale Welt zu transformieren, ist ein Trackingsystem notwendig, welches schlussendlich festhält, wann eine provisionsfähige Transaktion stattgefunden hat, von wem sie ausging und wie hoch die Höhe der zu zahlenden Provision ist. Ferner sind zwischen den Parteien vertragliche Regelungen zu treffen. Es wird also auch ein Vertragswerk benötigt.

In der digitalen Welt unterscheidet man zwei klassische Formen des Affiliate-Marketings:

- In der ursprünglichen Form sind nur zwei Parteien involviert: Der vertreibende Partner, auch Merchant oder Advertiser genannt, und der vermittelnde Partner, auch Affiliate oder Publisher genannt.
- Im Verlauf der weiteren Entwicklungsgeschichte des digitalen Affiliate-Marketings kamen sogenannte Affiliate-Netzwerke hinzu, die eine Vermittlerrolle zwischen den Merchants und den Affiliates einnahmen. In Deutschland bekannte Affiliate-Marketing-Netzwerke sind beispielsweise Awin (ehemals Zanox) und Affili.net, die 2017 zum größten deutschen Netzwerk fusionierten.

Im Social-Influencer-Marketing kommt noch eine dritte Alternative hinzu, nämlich der Einsatz von Rabattcodes. Ein Influencer erhält einen eindeutigen Rabattcode und setzt diesen in seinen Veröffentlichungen ein. Im Gegenzug erhält der Influencer eine Provision für alle Umsätze, die mit dem Rabattcode getätigt wurden. Sie finden hierzu Beispiele im Abschnitt 8.3.8 »Rabattcodes oder Aktionscodes« (Seite 111).

In der Praxis funktioniert Affiliate-Marketing meistens so, dass der Affiliate auf seiner Webseite Werbemittel des Merchants platziert, in die ein bestimmter Trackingcode eingebunden ist. Klickt ein Dritter auf das Werbemittel und gelangt so auf die Webseite des Merchants, wird im Falle des Ausführens der gewünschten Transaktion eine Provision gezahlt. Als Werbemittel kann quasi alles fungieren, in das sich ein Trackingcode einbauen lässt – also auch der Post eines Influencers. Für die Leser, denen diese Ausführungen zu abstrakt sind, habe ich einen anschaulichen Screencast mit Beispielen aus dem klassischen Affiliate-Marketing erstellt:

Servicelink

https://www.lammenett.de/7111

Der Vorteil für den Merchant beim Affiliate-Marketing ist, dass er nur im Erfolgsfall eine Provision zahlen muss. Daher wird das Affiliate-Marketing auch dem Performance-Marketing zugerechnet.

Aus dem Blickwinkel des Influencer-Marketings ist das Affiliate-Modell im Regelfall dann eine Option, wenn das Unternehmen bzw. der Werbetreibende ohnehin ein Affiliate-Programm betreibt. Denn die Einrichtung eines solchen Programms verursacht auch Kosten. In der Praxis würde man diese nicht auf sich nehmen, nur um Influencer auf Provisionsbasis zu bezahlen.

Initial hat der Merchant für Folgendes Anschubkosten zu tragen:

- die Konzeption des Affiliate-Marketing-Programms
- falls ein Netzwerk genutzt wird, die Setup-Kosten im Netzwerk, das können mehrere 1.000 Euro sein
- die Erstellung der Werbemittel und im Falle der Durchführung des Programms in Eigenregie
- die Anwaltskosten, die Kosten für die Tracking-Technologie und die Vermarktungskosten, also die Kosten, die zur Anwerbung von Affiliates entstehen.

Der Vorteil für den Affiliate ist, dass er mit relativ wenig Aufwand Geld verdienen kann. Er muss lediglich die Werbemittel des Merchant auf seiner Webseite installieren. Die Idee des Affiliate-Marketings hat zu interessanten Stilblüten geführt. Findige Webseitenbetreiber haben zu verschiedensten Themen Webseiten entwickelt und diese mit Werbemitteln und Links aus Affiliate-Marketing-Programmen bestückt. Die Betreiber versuchen im Grunde, Besucher-Traffic zu aggregieren und durch Affiliate-Marketing zu Geld zu machen. Auch basieren heute viele Vergleichs- und Preisportale auf dem Prinzip des Affiliate-Marketings. **Auf diesen Zug sind auch manche Marktteilnehmer aufgesprun-**

gen, die man heute als Influencer klassifizieren würde. Ursprünglich waren es eher die Blogger, die mit Affiliate-Marketing ein Zubrot verdienen wollten. Später nutzten auch Betreiber aus anderen Kanälen Affiliate-Marketing. Beispielsweise ist auf der Abbildung 6.8 auf Seite 82 ein YouTube-Video von einem Micro-Influencer zu sehen. Unmittelbar unter dem Video ist dieser kurze Affiliate-Link zu finden: http://amzn.to/2oKDLkd. Der Link ist als Amazon-Link bezeichnet und führt zu einer langen URL, die den Affiliate-Tracking-Code enthält. Es ist dabei nicht erkennbar, ob der Influencer vom jeweiligen Unternehmen oder Distributor zusätzlich vergütet wird oder ob er das Video aus Eigenmotivation erstellt hat und über den Affiliate-Link nun versucht, Geld zu verdienen.

Auch der laufende Betrieb eines Affiliate-Programms verursacht Aufwendungen und Kosten. Kein Programm läuft in der Regel von alleine, sondern will betreut werden. Es entstehen also Personalaufwände oder aber ein Unternehmen lässt das Affiliate-Programm durch eine Agentur betreuen. Typische Betreuungsaufwände und laufende Kosten sind:

- Ggf. Grundgebühr für die Netzwerknutzung
- Die Beantwortung von Fragen der Affiliates
- Die Prüfung der Provisionen und ggf. die Stornierung von einzelnen nicht gerechtfertigten Provisionen
- Der gelegentliche Austausch von Werbemitteln
- Die Initiierung von Aktionen (z. B. Feiertage, Sales, Rabattaktionen)
- Die Vermarktung des Affiliate-Programms im Sinne von Anwerbungen neuer Affiliates. Dieser Aspekt ist besonders relevant, wenn das Affiliate-Marketing-Programm in Eigenregie ausgeführt wird. Bei der Inanspruchnahme der Leistungen eines Affiliate-Marketing-Netzwerkes soll die Anwerbung von Affiliates ja durch die Vermittlungsleistung des Netzwerkes herbeigeführt oder zumindest erleichtert werden. Die wesentlichen Unterschiede dieser beiden Durchführungsformen werden in der folgenden Tabelle gegenübergestellt.

Fazit: Das Affiliate-Modell ist für Unternehmen, die ohnehin ein Affiliate-Programm betreiben, eine Option für die Vergütung von Influencern. Eigens um Influencer zu vergüten würde man wegen der Kosten und Aufwände wohl kein Affiliate-Programm ins Leben rufen. Unabhängig davon können Rabattcodes auch ohne die Entwicklung eines typischen Affiliate-Programms genutzt werden, da bei dieser Methode keine Tracking-Technologie im klassischen Sinne vonnöten ist. Es muss dann natürlich eine andere technische Möglichkeit geschaffen werden, um alle Umsätze/Leads, die über den Rabattcode eines Influencers getätigt worden sind, exakt zu erfassen. Nur dann kann die Provision für den Influencer korrekt ermittelt werden. Das jeweilige Verfahren sollte für den Influencer transparent sein, um das Vertrauen in die Kooperation zu stärken.

Affiliate-Marketing über Netzwerk (Awin, Tradedoubler etc.)	Affiliate-Marketing in Eigenregie
Häufig Setup Fee erforderlich, nicht selten ist das ein mittlerer vierstelliger Eurobetrag.	Keine Setup Fee.
Tracking-Technologie vorhanden.	Tracking-Technologie muss in Eigenregie implementiert werden, entweder durch Entwicklung oder Zukauf einer Drittsoftware.
Verträge bereits juristisch geprüft und fertig einsetzbar.	Vertragliche Basis muss selbst erstellt werden.
Zusätzliche Provision für das Netzwerk wird erforderlich (ca. 30 Prozent der Provision, die die Affiliates erhalten).	Keine zusätzliche Provision.
Kein Backlink für die eigene Seite, daher nicht relevant für Suchmaschinenoptimierung.	Jeder Affiliate liefert auch einen Backlink zur eigenen Seite, was sich positiv bei der Suchmaschinenoptimierung auswirkt.
Zugang zu großer Zahl von potenziellen Partnern über das Netzwerk. Mitarbeiter des Netzwerkes helfen bei der Akquisition von Partnern innerhalb des Netzwerkes (gilt nicht für alle Netzwerke).	Partner müssen in Eigenregie akquiriert werden. Dieser Prozess ist oft sehr arbeitsintensiv.

Tabelle 9.4: Die wesentlichen Unterschiede der beiden Formen des Affiliate-Marketings. Quelle: Lammenett, Praxiswissen Online-Marketing, Springer Gabler, 2019.

9.2.5 Bezahlung nach Aufwand bzw. Tagessatz

Bei einigen Formen der Kooperation mit Influencern bietet sich eine aufwandsbezogene Vergütung an. In der Praxis werden dann häufig Tagessätze verhandelt. Naheliegend ist die Vergütung auf Basis eines Tagessatzes bei Events (vgl. Abschnitt 8.3.9 »Events«). Auch wenn ein Influencer auf einem Branded Channel auftritt, ist die Vergütung mittels Tagessatz nicht unüblich.

Beispielsweise tritt JP Kraemer häufiger auf dem Branded Channel von Mercedes Benz auf (https://www.youtube.com/user/mercedesbenz). Vermutlich wird er das nicht ohne Honorar tun. JP Kraemer wurde durch die seit 2009 ausgestrahlte Doku-Soap »Die PS-Profis – Mehr Power aus dem Pott« einem breiteren Publikum bekannt. Er betreibt mit »JP Performance« den erfolgreichsten deutschsprachigen YouTube-Kanal im Automobilsektor mit rund 1,7 Millionen Abonnenten im März 2019.

Die Höhe eines Tagessatzes ist reine Verhandlungssache. Sie hängt ab vom Status des Influencers, von der Reichweite, die er theoretisch generieren kann, und in manchen Fällen auch von der Beziehung, die der Influencer zum Unternehmen hat. Der Tagessatz bekannter Influencer liegt sicherlich im vierstelligen Bereich, in einigen Fällen sogar im fünfstelligen Bereich. Weniger bekannte Influencer sind sicherlich für Beträge im dreistelligen Bereich zu verpflichten. In den meisten Fällen kommen noch Spesen und Auslagen hinzu.

9.2.6 Pauschalvergütung

Pauschale Vergütungen sind in der Praxis eher selten. Sie kann zur Anwendung kommen, wenn Micro-Influencer eingesetzt werden, die noch wenige Follower haben und demzufolge das TKP-Modell kaum greifen würde. Das kann relevant sein, wenn es primär darum geht, die Kreativität der Influencer anzuzapfen, um frischen Content zu generieren. Auch wenn Unternehmen sehr eng und dauerhaft mit Influencern zusammenarbeiten, können pauschale Komponenten eine Rolle spielen.

9.3 Media-Kosten für ein Boosting

Bei manchen Kampagnen kann es zweckmäßig sein, die Reichweite der Influencer-Posts durch Sponsoring (also bezahlte Anzeigen bei Facebook, Instagram oder Google) zu erhöhen. Das ist nicht unüblich. Ob das jeweils sinnvoll ist, liegt aber am Einzelfall und am Konzept. Bei Facebook bzw. Instagram kaufen im Regelfall die Influencer das Boosting ihrer Posts und berechnen dann die Kosten an den Werbetreibenden weiter. Das könnte sich aber bald ändern. Im März 2019 kündigte Instagram hat ein neues Werbeformat für Branded Content an. Marken sollen gekaufte Influencer-Beiträge bald wie jede andere Anzeige bewerben können und so die Reichweite erhöhen.

Je nach eingesetztem Social-Media-Kanal kann ein zusätzliches Boosting durchaus sinnvoll sein, auch wenn man es nur an die Fanbase eines Influencers aussteuert. Beispielsweise ist von Facebook bekannt, dass ein organisches Posting nur an einen Bruchteil der Fans einer Fanpage ausgesteuert wird. Oft werden mit organischen Postings nur vier und sechs Prozent der Fans erreicht. Über eine kostenpflichtige Werbung bei Facebook kann dieser Prozentsatz deutlich erhöht werden. Die Werbekosten bei Facebook sind dabei im Vergleich zu anderen Online-Werbekosten noch sehr moderat. Auch YouTube-Videos lassen sich über Google Ads boosten. Hier ist mit Kosten von drei bis fünf Cent pro View zu rechnen.

9.4 Zusatzkosten für Content-Erstellung

In der Praxis kommt es durchaus vor, dass Unternehmen die Influencer bei der Content-Erstellung unterstützen. Primär geht es Unternehmen dabei um die Qualität des Content. Allerdings sollte der Bogen an dieser Stelle nicht überspannt werden. Wenn Follower oder Abonnenten eines Influencers plötzlich eine ganz andere visuelle Qualität präsentiert bekommen als sie es von ihrem »Hero« gewohnt sind, wirkt das nicht gerade authentisch.

Bei hochwertigen Video- oder Fotoproduktionen können Kosten für einen Konzepter entstehen, der nach einer ausführlichen Recherche z. B. ein Storyboard erstellt und dieses mit den Beteiligten abstimmt. Je nach Ausstattung des Influencers können vielleicht auch zusätzliche Kosten für Equipment entstehen, beispielsweise für das Ausleihen einer besseren Kamera, für Profi-Mikrofone, Scheinwerfer, Stative oder Ähnliches. Verleihfirmen für Film- oder Fotoequipment gibt es in allen großen Städten. Die Webseite https://www.productionparadise.com ist ein Verzeichnis, in dem derartige Anbieter aufgeführt sind. Sie finden dort auch Experten wie Kameraleute, Tonassistenten, Beleuchter, Fotografen oder im Extremfall sogar einen Regisseur.

Je nachdem welche Vorstellungen das Unternehmen für den Dreh oder das Shooting hat, wird auch der Einsatz eines sogenannten Location-Scouts notwendig. Auch die Location-Suche verursacht natürlich zusätzliche Kosten. An den Dreh- oder Shootingtagen kommen dann Spesen wie Reise-, Fahrzeug- oder Cateringkosten hinzu.

9.5 Beispielrechnungen

Anhand von zwei Beispielrechnungen möchte ich Ihnen ein erstes Gefühl dafür geben, wie die Kalkulation einer Influencer-Marketing-Kampagne aussehen kann. Natürlich muss ich an dieser Stelle mit unterschiedlichen Annahmen arbeiten.

Bei der ersten Kampagne geht es um Influencer-Marketing mit drei YouTubern mithilfe einer spezialisierten Agentur. Auf ein zusätzliches Boosting durch Google Ads wird verzichtet.

Kampagne 1: Konzeption und Abwicklung durch Agentur	**Euro**
4 Tagessätze à 900 Euro	3600,-
Honorare der Influencer	
I 1: 50 Euro TKP bei 450.000 Views	22.500,-
I 2: 75 Euro TKP bei 200.000 Views	15.000,-
I 3: 80 Euro TKP bei 300.000 Views	24.000,-
Agenturaufschlag 20%	12.300,-
Auswertung und Reporting	
1 Tagessatz à 900 Euro	900,-
Summe	**78.300,-**
Overall TKP	**82,42**
ROMI (Return on Marketing Investment)	**1,21**

Tabelle 9.5: Beispielrechnung für Kampagne mit YouTube-Influencern mithilfe einer Agentur.

Viel spannender als die Frage nach den Kosten ist für mich immer die Frage nach dem möglichen Return-on-Marketing-Investment (ROMI). Nehmen wir einmal an, die oben skizzierte Kampagne resultiert darin, dass 0,1 Prozent der Betrachter des Videos tatsächlich etwas kaufen. Nehmen wir ferner an, dass der Gewinn an dem Gut, welches im Video beworben wird, 100 Euro ist. Bei 950.000 Views würden 0,1 Prozent Conversion-Rate 950 Käufe bedeuten. Wenn jeder Kauf 100 Euro Gewinn erwirtschaftet, wären dies 95.000 Euro. Demgegenüber stünden hier die Kosten von 78.300 Euro. In diese Betrachtung ist der Kundenwert noch nicht eingeflossen. Im Normalfall kauft ein Kunde ja im Laufe seines »Kundenlebenszyklus« mehrere Produkte bei einem Anbieter. Daher hat ein gewonnener Neukunde einen höheren Wert als der, der sich beim Erstkauf ergibt. Der reale ROMI dürfte in einem solchen Szenario also deutlich höher liegen. Ferner ist in dieser ROMI-Betrachtung der Wert des Brandings nicht berücksichtigt. 950.000 Views haben einen Einfluss auf die Markenbekanntheit und damit auch auf den Markenwert.

Bei der zweiten Kampagne geht es um eine Werbeaktion auf Facebook und Instagram, die in Eigenregie, also ohne Agenturleistung durchgeführt wird. Mit den

Influencern wird vereinbart, dass sie für einen geringen TKP von 5 Euro aktiv werden, dafür aber zusätzlich eine Umsatzprovision über einen Rabattcode von 20 Euro je Kauf erhalten. Es werden 10 Influencer eingesetzt. Wegen der Problematik, dass Facebook und Instagram Posts nicht an alle Follower eines Influencers aussteuern, wird jeder Influencer zusätzlich verpflichtet, eine kostenpflichtige Werbung im Wert von 500 Euro zu schalten, die nur auf die Zielgruppe der eigenen Follower bzw. Fans ausgerichtet ist.

Kampagne 2: Konzeption und Abwicklung interne Abteilung	**Euro**
4 Tagessätze à 300 Euro anteilige Lohnkosten, Mietkosten, Equipment, etc.	1200,-
Honorare der Influencer	
I 1-10: 5 Euro TKP bei 1.500.000 Followern	19.500,-
Umsatzprovision	9000,-
Kosten für das Boosting der Posts	5.000,-
Auswertung und Reporting	
2 Tagessätze à 300 Euro anteilige Lohnkosten, Mietkosten, Equipment, etc.	600,-
Summe	**35.300,-**
Overall TKP	**€ 39,22**
ROMI (Return on Marketing Investment)	**€ 1,27**
ROMI mit Berücksichtigung des Kundenwerts	**€ 2,33**

Tabelle 9.6: Beispielrechung für Facebook/Instagram ohne Agenturleistungen.

Gehen wir einmal davon aus, dass es bei der zweiten Kampagne um das gleiche Gut geht wie bei Kampagne eins. Die Conversion-Rate wird sicher nicht so hoch sein wie die eines guten Videos. Also gehen wir von der Hälfte aus, 0,05 Prozent. Rechnen wir ferner damit, dass von den 1,5 Millionen Followern bzw. Fans organisch[67] rund 300.000 erreicht werden und wegen des zusätzlichen Boostings noch einmal 600.000 hinzukommen. In Summe werden also 900.000 Personen tatsächlich erreicht. Bei der genannten Conversion-Rate von 0,05 Prozent würden dann 450 Käufe zu Buche stehen. Bei einem Gewinn von 100 Euro pro Kauf wären das 45.000 Euro. Demgegenüber stehen 35.300 Euro Kosten. Auf der Kostenseite kommen die Umsatzprovisionen, die im Vorfeld natürlich nicht bekannt sind, hinzu. Bei 450 Käufen sind das nochmal 9.000 Euro. Auf der Gegenseite steht wiederum der Kundenwert, den es zu berücksichtigen gilt, und das Branding, welches bewertet werden könnte. Diese Zahlen sind im Normalfall aber immer sehr individuell. Grundsätzlich kann der Kundenwert die Beurteilung des Erfolgs einer Kampagne aber substanziell verändern. Stellen Sie sich im vorliegenden Beispiel einfach einmal vor, jeder vierte Kunde kauft zu einem späteren Zeitpunkt noch zwei weitere Produkte und jeder Dritte noch ein weiteres Produkt. Das wären noch einmal 37.500 Euro Gewinn für das Unternehmen – ohne nennenswerte Werbekosten. Die Rentabilität der Kampagne würde sich also durch die Berücksichtigung des Kundenwertes deutlich verbessern.

---

[67] Bei Instagram kann man mit Stand Februar 2019 mit rund 20 Prozent rechnen, bei Facebook sind es i. d. R. 4 bis 8 Prozent.

10 Let´s do it: Recherche, Auswahl, Erstkontakt

Inhalt

In den vorangegangenen Kapiteln »Konzeptteil 1« und »Konzeptteil 2« bin ich auf die grundsätzlichen Vorüberlegungen und die möglichen Arten der Zusammenarbeit mit Influencern eingegangen. Sich hierüber im Klaren zu werden ist natürlich eine Grundbedingung, um im Anschluss operativ tätig werden zu können. Genauso muss man sich vor der Suche nach dem bzw. den »richtigen Influencern« darüber im Klaren werden, was bzw. wen man denn eigentlich genau sucht. Im Sinne einer strukturierten Herangehensweise gebe ich in diesem Kapitel einen Überblick zu unterschiedlichen Typisierungsansätzen, wichtigen Attributen und zu unterschiedlichen Methoden für die Suche und Bewertung von Influencern. Auch das Thema »Fake-Influencer« möchte ich nicht aussparen. Ferner finden Sie in diesem Kapitel wertvolle Hinweise für den Erstkontakt mit Ihrem Wunsch-Influencer.

10.1 Einordnung der Social Influencer in Segmente bzw. Kategorien

Das Feld der möglichen Social Influencer ist gigantisch. Möchte man in das Thema »Social-Influencer-Marketing« einsteigen, so macht es Sinn, die Influencer nach verschiedenen Kriterien zu segmentieren. Denn nicht jeder Social Influencer wird für jeden Zweck der richtige Partner sein. Spätestens wenn man sich auf die Suche nach geeigneten Influencern für eine Influencer-Marketing-

Kampagne begibt, muss klar sein, wonach man eigentlich sucht. Denn für eine erfolgreiche Influencer-Marketing-Kampagne bedarf es einer genau definierten, starken Strategie, in der möglichst genau und logisch festgelegt wird, welche unterschiedlichen Arten von Influencern einbezogen werden sollen.

Die Unterschiede zwischen den Typen von Influencern verschwimmen bisweilen. Eine einheitliche Typisierung gibt es in Deutschland noch nicht. Mal findet man Unterteilungen wie:

- Blogger & Creator, Stars im klassischen Sinne, Meinungsführer und Experten sowie Micro-Influencer.

In anderen Abhandlungen wird typisiert nach:

- Lifestyler, Entertainer, Aktivist, Experte oder Künstler. Die Social-Media Agentur tobesocial hat sogar sechs Influencer-Typen identifiziert und dazu eine nette Infografik entwickelt: Den Aktuellen, den Lifestyler, den Entertainer, den Aktivisten, den Experten und den Künstler.[68]

Wesentlich interessanter für die gezielte Suche im Rahmen der Entwicklung einer Strategie finde ich die Segmentierung möglicher Influencer nach vier Kernkriterien:

- Interesse/Thema, z. B. Lifestyle, Beauty, Fashion, Gaming, Politik, Technologie, Musik, Film etc.
- Demografie der Follower: Geschlecht, Altersgruppen, Orte etc.
- Social-Media-Kanal, z. B. Blog, YouTube, Facebook, Snapchat, Instagram etc.
- Reichweite.

Interesse/Thema

Die inhaltliche Ausrichtung, zu der ein Influencer regelmäßig veröffentlicht, ist ein wichtiges Selektionskriterium. Diese muss natürlich zum Produkt oder der Dienstleistung des jeweiligen Werbetreibenden passen. In vielen Fällen ist es so, dass Influencer gerade in einem bestimmten Themenumfeld zur »Autorität« geworden sind. Das Thema ist dabei aber nicht zwingend und immer in Stein gemeißelt. So gibt es beispielsweise sehr bekannte Beauty-Influencer, die, als sic

[68] Vgl. http://tobesocial.de/sites/default/files/blogimages/infografik-influencer-marketing-top-meinunsgfuehrer-social-media-agentur-youtube-facebook-instagram-empfehlungsmarketing_0.jpg, Aufruf 11.04.2019

schwanger wurden, zur sogenannten Mami-Bloggerin wurden. Der Themenschwerpunkt hat sich also geändert bzw. weiterentwickelt. Oft sieht man auch Influencer, die mehrere Themen in ihren sozialen Kanälen behandeln, beispielsweise Beauty, Fashion und Reisen. Hier lohnt genaues Hinsehen.

Demografie der Follower

Die demografische Zusammensetzung der Follower eines Influencers ist ebenfalls ein wichtiges Selektionskriterium. In bestimmten Branchen wird ein Influencer alleine schon wegen seiner Themenschwerpunkte mehrheitlich männliche oder weibliche Follower haben. Für einen Hersteller von Herrenmode wird es wenig Sinn machen, eine Kooperation mit einem Influencer einzugehen, dessen Follower mehrheitlich Damen sind. Auch das Thema »Altersgruppen« kann, je nach Produkt, sehr bedeutend werden. Der Hersteller eines Haarshampoos für die Zielgruppe der 20-Jährigen wird andere Influencer präferieren als der Hersteller eines Shampoos für die Zielgruppe 40plus.

Social-Media-Kanal

Die meisten Influencer betreiben heute mehrere Social-Media-Kanäle. Allerdings haben die wenigstens zeitgleich mit allen Kanälen angefangen. Es gibt also Influencer, deren Stammkanal besonders stark entwickelt ist. Sie haben zu ihrem Stammkanal einen anderen Bezug als zu Folgekanälen, die sie vielleicht nur aus kommerziellen Gründen eingeführt haben. Ferner gibt es Konzeptideen, die sich viel besser mit einem Video realisieren lassen als mit einem oder mehreren Fotos. In solchen Fällen wäre man dann automatisch eher bei YouTube als bei Instagram oder Facebook aktiv. Im Zusammenhang mit der Wahl des bevorzugten Social-Media-Kanals sind auch die zuvor angesprochenen demografischen Aspekte von Bedeutung. Beispielsweise ist Facebook heute bei jungen Leuten nicht mehr gefragt. Seit Eltern und sogar Großeltern Facebook für ihre Katzen- und Hundebilder entdeckt haben, sind Kinder und Jugendliche bei Facebook auf dem Rückzug. Im Februar 2019 war sogar von einer aktuellen Studie der Berliner Hochschule für Technik und Wirtschaft (HTW) zu lesen, die Facebook ein vernichtendes Urteil ausstellt.[69] .

Reichweite

Bezogen auf die Reichweite, also die Anzahl der Follower oder Abonnenten, gibt es in Deutschland noch keine allgemein anerkannte Kategorisierung. Je nach Veröffentlichung schwanken die Grenzen auch deutlich. Gerne wird unterschie-

---

[69] Vgl. https://www.bild.de/digital/internet/internet/neue-studie-facebook-ist-out-darum-lieben-teenies-nur-instagram-60135298.bild.html, Zugriff 18.02.2019.

den zwischen Social-Media-Stars mit mehr als 1 Million Followern (Mega-Influencer), Influencern mit 20.000 bis 1 Million Followern (Macro-Influencern) und den sogenannten Micro-Influencern, die weniger als 20.000 Follower haben. Ich habe aber auch schon Abhandlungen gelesen, in denen Influencer mit 5.000 bis 50.000 Followern als Micro-Influencer bezeichnet wurden oder in denen die Grenze nach oben bei Micro-Influencern bis 100.000 Follower ging.

In der englischsprachigen Literatur findet man in Bezug auf die Reichweite häufig folgende Untergliederung:

- Micro-Influencer
- Mid-Level- oder Power-Influencer
- Top-Tier-Influencer
- Celebrity-Influencer.

Als Micro-Influencer werden dort Personen bezeichnet, die zwischen 1.000 und 25.000 Follower haben. Mid-Level-Influencer haben zwischen 25.000 und 100.000 Follower. Top-Tier-Influencer haben mehr als 100.000 Follower und verfügen über eine hohe Bekanntheit. Ein Celebrity-Influencer ist ein aus anderen Medien bekannter Star. Celebrity-Influencer haben mehrere hunderttausend Follower.

Für die Konzeption einer Influencer-Marketing-Kampagne ist die Untergliederung nach Reichweite nicht ganz unerheblich, da sich die Preise, welche Influencer für ihre Mitwirkung fordern, oft an der Reichweite orientieren. Klar ist auch: Es gibt wesentlich mehr Micro-Influencer als Top-Tier-Influencer. Es ist also viel aufwendiger, aus dem gigantischen Pool von Micro-Influencern die wirklich passenden Partner zu identifizieren. Je nach Zielsetzung und Konzeption kann es aber im Sinne der Vermeidung von Streuverlusten durchaus sinnvoll sein, sein Budget auf eine größere Anzahl von kleineren, exakt passenden Influencern zu verteilen (vgl. Kapitel »Konzeptteil 2: Arten der Zusammenarbeit«).

In der folgenden Tabelle werden die vier Influencer-Arten gegenübergestellt.

	Micro-Influencer	Mid-Level-Influencer	Top-Tier-Influencer	Celebrity-Influencer
Typische Reichweite	1.000 - 25.000	25.001 - 100.000	100.001+	500.000+
Kosten	Gering, manchmal auch gegen Produktgeschenk	Moderat, in manchen Nischen auch gegen Produktgeschenk	Hochpreisig	Sehr hochpreisig
Content	Geringer Produktionswert	Guter User-generated Content von semi-professioneller Qualität	Guter User-generated Content von semi-professioneller bis professioneller Qualität	Guter User-generated Content von professioneller Qualität
Suchaufwand	Hoch wegen großer Anzahl – Software-unterstützte Suche dringend empfohlen	Hoch bis mittel – Software-unterstützte Suche empfohlen	Gering – häufig auch durch Agenturen vertreten, Software-unterstützte Suche hilfreich	Gering – häufig auch durch Agenturen vertreten
Relevanzfeld	Sehr vertrauenswürdig innerhalb eines kleinen aber feinen Bekanntenkreises	Digitale Persönlichkeit, genießt Vertrauen bei seinen Followern und hat oft eine hohe Engagement-Rate	Digitale Persönlichkeit, genießt Vertrauen bei seinen Followern und hat oft eine hohe Engagement-Rate	Echter Celebrity mit allen Vor- und Nachteilen in Bezug auf werbende Kommunikation

Tabelle 10.1: Influencer-Arten in der Übersicht.

Insgesamt lassen sich Influencer nach unterschiedlichen Kriterien differenzieren. Die folgende Abbildung stellt eine Zusammenfassung unterschiedlicher Typisierungsansätze dar.

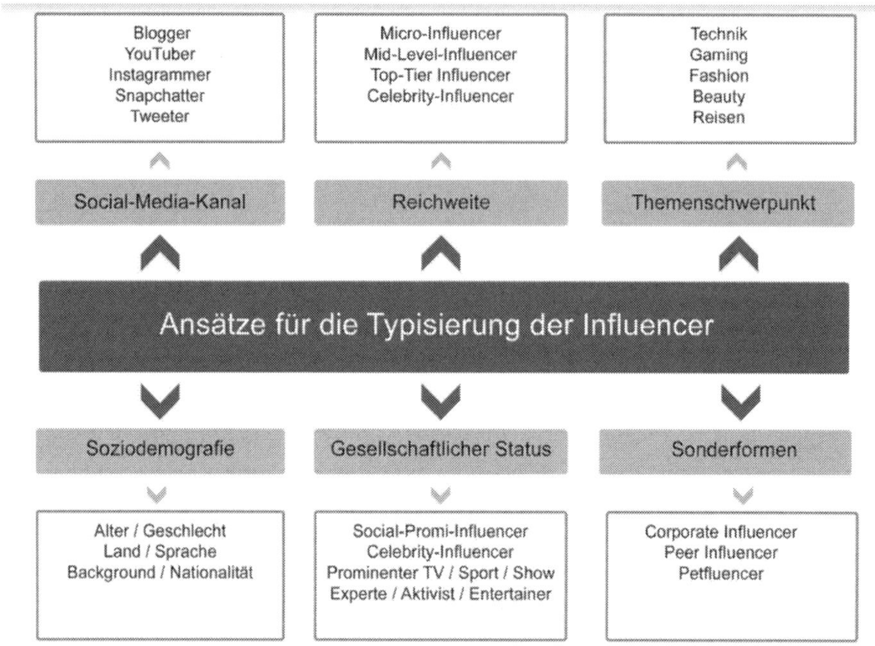

Abbildung 10.1: Typisierung von Influencern. In enger Anlehnung an Frank Deges: Quick Guide Influencer Marketing: Wie Sie durch Multiplikatoren mehr Reichweite und Umsatz erzielen, (2018).

10.2 Quantitative und qualitative Attribute des »Wunsch-Influencers«

Wie genau sieht der »Wunsch-Influencer« für die jeweils individuelle Zielsetzung der Kampagne oder der dauerhaften Zusammenarbeit aus? Welches Profil hat er? Die Beantwortung dieser Fragen kann elementar für den Erfolg von Social-Influencer-Marketing sein. Denn nur wenn der Influencer und das zu bewerbende Produkt zueinander passen, werden die gemeinsamen Aktionen eine authentische, glaubhafte und emotionale Wirkung entfalten.

Zunächst ist von Bedeutung, wie man mit dem Influencer zusammenarbeiten möchte. Geht es nur um eine Kampagne, die einen Anfang und ein Ende hat? Oder geht es um eine dauerhafte Zusammenarbeit? Manche Berater empfehlen mittlerweile den Aufbau einer langfristigen Beziehung zu ausgewählten Influencern. Vor allem in Nischenmärkten kann das sehr interessant sein, da hier auch Influencer mit 10.000 Followern einen nennenswerten Impact erreichen können, wenn sie sich mit der Marke und dem Produkt identifizieren.

Natürlich haben das Thema und die zu transportierenden Inhalte auch einen Einfluss auf die Attribute des »Wunsch-Influencers«. Bestimmte Inhalte/Themen lassen sich viel besser mit Bewegtbild transportieren als andere. In manchen Fällen mag ein gut geschriebener Blog-Beitrag das Mittel der Wahl sein.

Das Profil des »Wunsch-Influencers« setzt sich in jedem Fall aus qualitativen und quantitativen Kriterien zusammen. Folgende Fragen sollten Sie sich in diesem Zusammenhang mindestens stellen:

- Auf welchem Kanal soll er primär aktiv sein?
- Wie viele Follower sollte er haben?
- Wie ist die Entwicklung der Follower-Zahlen? Gibt es dort unnatürliche Sprünge, die auf unlautere Maßnahmen hindeuten?
- Bei Videos – wie häufig wird sein Video im Durchschnitt aufgerufen?
- Wie oft postet der Influencer in der Regel?
- Welche durchschnittliche Engagement-Rate sollte belegbar vorliegen?
- Sind die Werte des Influencers plausibel? Kann Manipulation ausgeschlossen werden? Passt beispielsweise das Verhältnis von Followern und Likes bzw. Kommentaren? Kann ausgeschlossen werden, dass ein Like-Bot im Spiel ist?
- Können die Leistungsdaten des Influencer-Kanals mit unabhängigen Tools wie https://socialblade.com oder https://www.influencerdb.net verifiziert werden?

In Bezug auf die quantitativen Kriterien ist natürlich die angestrebte Gesamtreichweite der Kampagne und in bestimmten Fällen auch die Engagement-Rate zu bedenken. Als Engagement-Rate bezeichnet man das Verhältnis der Interaktionen (Likes, Shares, Kommentare) zur Reichweite einer Kampagne. Zumindest auf Instagram ist laut einer Erhebung von influence.co aus dem Jahr 2017 die Engagement-Rate bei Influencern mit weniger Followern deutlich höher als bei Influencern mit sehr vielen Followern. Wenn zum Erreichen des Gesamtziels einer Kampagne aber eine hohe Gesamtreichweite benötigt wird, ist es wahrscheinlich dennoch wenig kosteneffizient, mit extrem vielen kleinen Influencern zu arbeiten, obwohl diese die bessere Engagement-Rate liefern. Hier muss man genau abwägen.

Abbildung 10.2: Engagement-Rate nach Anzahl der Follower auf Instagram, gem. Erhebung von influence.co aus dem Jahr 2017.

Elementar wichtig sind auch qualitative Aspekte. Die Identifikation der jeweils »richtigen« Influencer hängt stark mit den individuellen Präsenzen der Influencer auf den verschiedenen Social-Media-Kanälen zusammen. Manche Influencer sind auf nur einem Kanal aktiv. Andere gleich auf mehreren.

Diesbezüglich sollten Sie sich mindestens folgende Fragen stellen:

- Passt das Gesamtbild des Influencer-Kanals zum Image des zu bewerbenden Produktes? Passt es zum Image des Unternehmens?
- Passt der Influencer selbst vom Erscheinungsbild her zum Unternehmen? Möchte der Werbetreibende sein Unternehmen von ihm als »Erscheinung« präsentiert wissen?
- Wie häufig postet der Influencer Werbung, die dann z. B. mit Hashtags wie #Ad oder #Sponsored gekennzeichnet ist? Wenn ein Influencer sehr viel Werbung postet, geht dies zulasten der Authentizität.
- Sind die üblichen Posts des Influencers vom Erscheinungsbild her verträglich mit den Werten des Unternehmens?

- Woher stammen die Kommentare und Likes des Influencers? Wenn der Influencer in deutscher Sprache postet, aber viele Comments und Likes aus Ghana, Indien oder China stammen, dann könnte das ein Indiz dafür sein, dass der Influencer unlautere Methoden nutzt.
- Sind die Follower des Influencers deckungsgleich mit der definierten Zielgruppe (vgl. Kapitel 7.2 »Genaue Definition der Zielgruppe«)?
- Wie steht es um die Verteilung des Engagements beim jeweiligen Influencer? Die Frage besteht darin, ob es immer die gleichen Follower sind, die mit den Posts des Influencers interagieren. Ebenfalls interessant ist, ob der Influencer nur bei bestimmten Posts hohe Engagement-Raten hat und so seine durchschnittliche Engagement-Rate noch oben bringt, oder ob sich das Engagement gleichmäßiger verteilt.
- Ist der Influencer auch für den Mitbewerb aktiv? Wenn ja, wie stehen Sie dazu? Wollen Sie den Influencer ggf. exklusiv für Ihr Unternehmen haben? Ist er dazu bereit? Wenn ja, zu welchen Konditionen?

Nach der Beantwortung dieser Fragen entsteht ein Profil Ihres »Wunsch-Influencers«.

Unter Umständen kann es sinnvoll sein, die Eckdaten Ihres »Wunsch-Influencers« in einem Worksheet zusammenzufassen. Dieses dient in erster Linie der eigenen Strukturierung. Je nach Einzelfall sieht ein solches Worksheet natürlich immer anders aus. Um die Idee zu verdeutlichen, finden Sie ein Beispiel auf der folgenden Seite.

Kriterium	Anforderung – z. B.
Kanal	Facebook oder YouTube
Follower	20.000 - 90.000
Häufigkeit der Posts	1-2 Mal pro Woche
Durchschnittliche Response- oder Engagement-Rate	3-5 Prozent
Zahlen plausibel	Plausibilitätsprüfung der Zahlen erfolgreich
Leistungsdaten des Kanals verifizierbar	Die Leistungsdaten des Influencer-Kanals sind mit unabhängigen Tools verifizierbar.
Gesamtbild des Kanals	Aufgeräumt mit mindestens semiprofessionellen Bildern. Keine Jux- oder Blödelbilder bzw. -videos. Inhaltlich nah am Thema Mode und/oder Sport bzw. Sportmode, jedoch keine Kampfsportthemen.
Erscheinungsbild des Influencers (Eigenpräsentation)	Der Influencer soll vom Erscheinungsbild her mit der Zielgruppendefinition übereinstimmen: Gepflegt, modisch, sportlich. Gesucht werden Influencer, die möglichst selbst aus der Zielgruppe kommen und nicht unbedingt gesellschaftlich darüberstehen.
Follower des Influencers	Konform mit Zielgruppendefinition.
Aktivitäten für Mitbewerber	Der Influencer führt aktuell keine Aktivitäten für Mitbewerber durch und ist bereit, dies auch vertraglich zuzusichern für die Laufzeit der Kampagne und die folgenden 12 Monate.

Tabelle 10.2: Beispielhafte Darstellung der Eckdaten eines »Wunsch-Influencers« in einem Worksheet.

10.3 Passende Influencer suchen und finden

10.3.1.1 *Suchmaschinen (Blogger)*

In den frühen Tagen des Social-Influencer-Marketings waren es die Suchmaschinen, die den Unternehmen/Marken oder den Agenturen dienten, um passende Influencer zu finden. Um über eine Suchmaschine geeignete Blogs zu finden, muss man sich mit den Filteroptionen der Suchmaschine gut auskennen. Im folgenden Exkurs werden einige wenige Beispiele für solche Filteroptionen der Suchmaschine Google erläutert.

> Exkurs – Beispiele für Filteroptionen der Suchmaschine Google
> Ausschlüsse: Mit dem Zeichen »-« kann man ein Keyword ausschließen. Möchte man z. B. Posts zu einem bestimmten Hashtag finden, allerdings Twitter ausschließen, so kann man Folgendes in das Suchfeld eingeben: »Hashtag xyz -Twitter«. Im Ergebnis werden alle Artikel und Seiten angezeigt, die die Schlüsselwörter »Hashtag« und »xyz« beinhalten, nicht jedoch das Keyword »Twitter«.
> Seiten, auf die mit einem bestimmtem Linktext verwiesen wird: Mit dem Operator »Allinanchor« können Seiten gesucht werden, bei denen die darauf verweisenden Links die individuellen Keywords im Linktext enthalten. Davon ausgeschlossen sind Schlüsselwörter im Text auf der Seite. Die Suche nach »allinanchor:blog online marketing« gibt nur Seiten aus, auf die über Links verwiesen wird, welche die Keywords »blog«, »online« und »marketing« enthalten.
> Seiten, die in der URL ein bestimmtes Keyword haben: Mit dem Operator »InURL« können Seiten gesucht werden, die in der URL ein bestimmtes Keyword enthalten. Die Suche nach »inurl:blog online-marketing« gibt nur Seiten zum Thema »Online-Marketing« aus, welche in der URL das Keyword »blog« enthalten. So kann man beispielsweise nach Blogs mit bestimmten Themenschwerpunkten suchen.

10.3.1.2 *YouTube-Suche*

In Kanälen wie YouTube kann man auch die YouTube-eigene Suche einsetzen, um geeignete Influencer zu finden – allerdings mit einem gewissen Mut zur Lücke. Denn wenn die Videos nicht erstklassig verschlagwortet sind, führt die kanaleigene Suche nicht immer zum gewünschten Erfolg. Anschließend mussten die Profile der infrage kommenden Influencer im jeweiligen Kanal manuell gescannt und geprüft werden. Dieser Prozess ist allerdings umständlich und zeitintensiv.

10.3.1.3 *Hashtags (Instagram und Facebook)*

Die Suche auf Basis von Hashtags ist der Klassiker auf Instagram und Facebook. Um zusätzliche Aufmerksamkeit für ihre Postings zu generieren, verwenden Menschen auf Instagram und Facebook gerne Hashtags wie beispielsweise #fitness, #fashion, #training oder #cycling. Gibt man diese Hashtags in Instagram oder Facebook ein, so erscheinen Postings, die den jeweiligen Hashtag enthalten. Auf diese Weise findet man Personen, also auch Influencer, die zum jeweiligen Hashtag etwas zu sagen haben. Unternehmen bzw. Marken müssen sich also lediglich darüber bewusst werden, mit welchen Hashtags sie ihre Produkte oder Leistungen assoziieren möchten. Anschließend können Sie mithilfe der Hashtags auf die Suche nach geeigneten Influencern gehen. Instagram unterscheidet dabei zwischen den beliebtesten Beiträgen, die zu einem Hashtag angezeigt werden, und den neuesten Beiträgen. Bei Facebook gibt es gleich ein ganzes Arsenal von Filteroptionen. Die folgende Abbildung zeigt die Filteroptionen bei Facebook.

Ein Nachteil dieser Form der Suche ist, dass besonders generische Hashtags wie beispielsweise #fashion weltweit bespielt werden. Die Anzahl der Treffer dürfte also entsprechend hoch sein. Auf diese Weise geeignete Influencer zu finden, die dann auch noch aus einem Wunschland des Marketeers stammen, ist ein zeitintensiver Prozess. Bei weniger generischen Hashtags ist diese Methode aber durchaus einen Versuch wert.

10.3.1.4 *Entdecken-Tab und Shoutouts (Instagram)*

Wenn Sie mit einem Account bereits einer gewissen Erstauswahl an Personen/Konten folgen, dann kann der Entdecken-Tab auch zu spannenden Influencern führen. Klickt man darauf, so schlägt Instagram hier neue Profile vor, die auf den bisherigen Aktivitäten wie Follows, Likes und Kommentaren basieren.

Auch Shoutouts können indirekt zu spannenden Influencern führen. Der Shoutout funktioniert einfach, indem man den Namen eines Instagram-Kontos mit einem @ in einer Beschreibung eines Instagram-Bildes verwendet. Häufig findet man Shoutouts im Fitness- und Sportbereich. Etwa nach dem Motto: Mit @x, @y, @z im Trainingslager in Spanien. Oft sind die Personen, die gemeinsam auf einem Bild zu sehen sind und per Shoutout erwähnt werden, im gleichen Umfeld aktiv wie der Veröffentlicher des Bildes. Wenn also ein Influencer X ein Bild vom Trainingslager postet und dort auch andere Sportler erwähnt, dann haben diese vermutlich ein vergleichbares Leistungsniveau und mit etwas Glück auch eine ähnliche Fanbase.

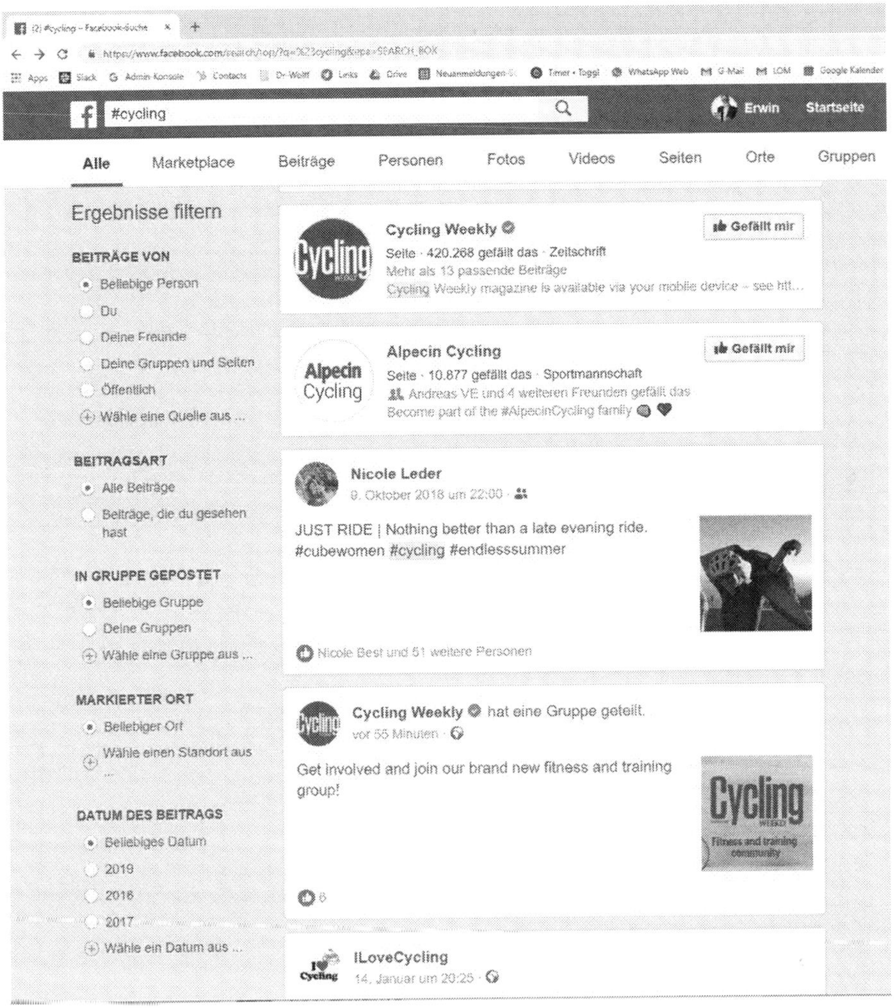

Abbildung 10.3: Filteroptionen der Suche bei Facebook. Quelle: Facebook.

10.3.1.5 *Mitbewerber*

Eine weitere Möglichkeit, geeignete Influencer zu finden, ist ein Mitbewerber-Screening. Zusätzlich können gerade Marken, die auf Kanälen wie Instagram oder Facebook noch wenig Erfahrung haben, durch die Analyse von Mitbewerberaktivitäten viel lernen – nicht nur in Bezug auf die Art und Weise, wie der Mitbewerber mit den Themen Social-Media und Influencer-Marketing im Allgemeinen umgeht. Konkret kann auch die Betrachtung der Aufmachungen und der eingesetzten Influencer wichtige Erkenntnisse bringen.

Um herauszufinden, mit welchen Influencern der Mitbewerber bereits zusammenarbeitet, gibt es zwei Möglichkeiten. Bei erfolgreichen Kooperationen verwenden Marken häufig Fotobeiträgen des Influencers für ihren eigenen Marken-Account. Diese sogenannten »Regrams« sind direkt auf der Startseite des Instagram-Profils der Marke eingebunden und für jedermann ersichtlich. Zum zweiten erwähnen Influencer in ihren Postings häufig den Marken-Account (was in vielen Fällen Teil der Kooperation ist). In der Fachsprache nennt sich das »Mentions«. In der Instagram-App können diese »Mentions« im Markenprofil über einen separaten Tab eingesehen werden.

In den meisten Fällen möchte eine Marke aber nicht mit den gleichen Influencern zusammenarbeiten wie sein Mitbewerber. Bei Instagram kommt hier jetzt die Suchoption »Ähnliche Profile« ins Spiel.

10.3.1.6 *Ähnliche Profile (Instagram)*

Ausgehend von einem passenden Influencer können über die Option »Ähnliche Profile« vergleichbare Influencer identifiziert werden. Diese Suchoption ist eine der gebräuchlichsten und vielversprechendsten Möglichkeiten, um zunächst einmal grob passende Influencer zu identifizieren. Um die Option zu nutzen, muss man in der Instagram-App auf den kleinen Pfeil klicken, der neben dem Button »Abonniert« steht. Das bedingt natürlich, dass der Influencer, den man als Ausgangsbasis nutzen möchte, auch abonniert ist. Instagram baut dann Vorschläge anhand der Follower des abonnierten Influencers auf. Im Klartext: Instagram sucht andere Influencer, die von den gleichen Leuten abonniert sind wie der Ursprungs-Influencer. In der Regel sind die Vorschläge von Instagram recht gut, denn sie bewegen sich in ähnlichen Interessengebieten, haben oft ähnliche Reichweiten und erfreuen sich im Follower-Netzwerk einer ähnlichen Beliebtheit. Letztes ist natürlich auch ein qualitatives Kriterium für die Auswahl von Influencern.

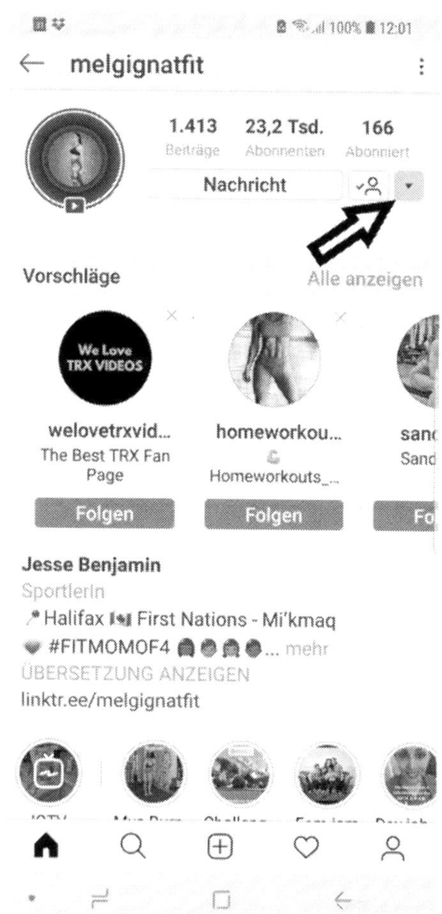

Abbildung 10.4: Ähnliche Profile bei Instagram. Quelle: Instagram.

10.3.1.7 *Influencer-Software und Datenbanken*

Auch heute noch gibt es viele Kampagnen, zu denen die Influencer quasi handverlesen werden. Das setzt in vielen Fällen auch eine gewisse Bekanntheit der Influencer voraus. Allerdings ist die Zahl der Influencer und auch die Anzahl der Kanäle, die heute von Influencern zur »Eigenvermarktung« eingesetzt werden, in den letzten fünf Jahren explodiert. Heute gibt es hunderttausende Influencer, was die Suche nach dem oder den »richtigen« Influencer/n nicht einfacher macht. Vor allem nicht, wenn einige dieser Influencer für ein geringes Entgelt ihre Zahlen durch Bots oder andere Aktivitäten »aufhübschen« (vgl. Abschnitt 0).

Genau hier kommt Influencer-Marketing-Software ins Spiel. Eines der wichtigsten Aufgabenfelder dieser Software-Gattung ist die Unterstützung bei der Suche nach geeigneten Influencern. Im Kapitel 12 »Exkurs: Software zur Unterstützung von Social-Influencer-Marketing« habe ich einige Vertreter dieser Software-Gattung aufgelistet.

Je nach Software sind die Suchoptionen und -möglichkeiten unterschiedlich. Manche Systeme bieten nur Basisfilter, andere ermöglichen eine differenzierte Suche nach unterschiedlichen Aspekten wie: Kanal, Geschlecht des Influencers, Land, Alter des Influencers, Altersstruktur der Follower, Geschlecht der Follower, Kernthema (Vertical) und dergleichen mehr. Anstatt nun die Suchmechanismen umständlich in Schriftform zu erläutern, möchte ich zwei Videos zum Thema anbieten. Frei nach dem Motto: »Ein Bewegtbild sagt mehr als tausend Worte.« Das erste Video stammt von GroupHigh. Dieses US-amerikanische Unternehmen ist mit der Blog-Suche groß geworden und hat heute rund 15 Millionen Blogs im Index. Später wurden andere Kanäle ergänzt.

Servicelink

https://youtu.be/SjvpOi23v4s

Das zweite Video stammt von Reachbird. Reachbird ist in Liechtenstein ansässig und verfügt über einige Besonderheiten in Bezug auf Kennzahlen. Das Unternehmen verfügt nämlich über besonders viele Daten zu Influencern aus der DACH-Region.

Servicelink

https://vimeo.com/214704704

Natürlich geht es bei der Suche nicht nur um Zahlen. Je nach Konstellation kann ein Influencer mit vielen Followern für eine Kampagne weniger geeignet sein als ein nicht so bekannter Influencer, der allerdings tollen Content produziert und treue Follower hat. Diesbezüglich möchte ich nochmals darauf hinweisen, dass es durchaus von Vorteil ist, sich vor der Suche über das Soll-Profil seiner Influencer Gedanken zu machen (vgl. Abschnitt 10.2: Quantitative und qualitative Attribute des »Wunsch-Influencers«).

10.4 Bewertung der gefundenen Influencer

Im Abschnitt 10.2 Quantitative und qualitative Attribute des »Wunsch-Influencers« bin ich ja bereits grob auf viele Aspekte eingegangen, die zur Bewertung und zum Vergleich gefundener Influencer herangezogen werden können. Im Normalfall ist es bei der Suche nach geeigneten Influencern ja so, dass zunächst eine Longlist erstellt wird und dann ins Detail gegangen wird. So entsteht dann eine Shortlist. Mit den Kandidaten auf der Shortlist wird dann zunächst gesprochen. Es kann aber vorkommen, dass bei der Verhandlung mit den Influencern keine Einigkeit erzielt wird. Dann rücken Influencer von der Longlist auf die Shortlist nach. Deshalb macht es Sinn, bei der Bewertung von möglicherweise passenden Influencern genauer hinzusehen. Vor der Zusammenarbeit mit einem Influencer sollten tunlichst nicht nur die quantitativen Kriterien betrachtet werden, sondern vor allem auch die qualitativen.

10.4.1 Follower/Abonnenten und tatsächliche Reichweite

Über Reichweite habe ich in unterschiedlichen Abschnitten bereits geschrieben. Für die Bewertung von Influencern im Rahmen einer Kooperation ist der Aspekt der Reichweite zunächst ein wesentlicher Betrachtungspunkt. Spätestens aber auf der Shortlist sollte man sich für die reale Reichweite interessieren. Diese ist nicht gleichzusetzen mit der Zahl der Follower/Abonnenten eines Influencers. Bitte beachten Sie dazu meine Ausführungen im Abschnitt 9.5.

Darüber hinaus hat auch die Reichweite Qualitätsfaktoren. Je nach Konzeptidee ist mir im Zweifel die mittlere Reichweite eines Influencers mit einer hohen Interaktionsrate lieber als eine hohe Reichweite mit geringer Interaktionsrate. Sie merken, bei der Bewertung von Influencern, die für eine Kooperation in Betracht kommen, kommt es auch auf die Konzeptidee im Detail an. In den meisten Fällen kommt es bei der Bewertung also nicht nur auf die reale Reichweite an, sondern auf die Kombination mehrerer Aspekte in Abhängigkeit zur Konzeptidee.

10.4.2 Interaktionsrate

Unter der Interaktionsrate versteht man das Verhältnis von Interaktionen zur Reichweite. Interaktionen sind in den meisten Fällen sogenannte Likes, Shares oder Comments. Je nach Plattform werden diese Zahlen unterschiedlich ausgelegt. Auf YouTube wird die Reichweite zumeist mit der Anzahl der tatsächlichen Views gleichgesetzt. Auf Instagram ist die tatsächliche Reichweite eines Beitrages nicht öffentlich einsehbar. Man muss also den Influencer bitten, hierüber Auskunft zu geben. Im Normalfall macht es Sinn, sich eine bestimmte Anzahl Posts aus der jüngeren Zeit anzusehen und einen Durchschnittswert zu bilden. Die Anzahl der Follower würde ich zur Berechnung der Interaktionsrate auf der Detailebene nicht heranziehen. Das kann man für die Longlist machen; nicht jedoch für die Bewertung im Sinne der Shortlist. Denn die tatsächliche Reichweite kann von der Anzahl der Follower stark abweichen.

$$Interaktionsrate = \frac{\text{Interaktionen}}{\text{(Netto)Reichweite}}$$

Es gibt viele Veröffentlichungen zum Thema »Interaktionsrate«. Häufig ist es so, dass kleinere Influencer höhere Interaktionsraten erreichen. Bei YouTube sind Interaktionsraten von 6 bis 8 Prozent als sehr gut zu bezeichnen. Laut einer Benchmark-Studie[70] aus dem Jahr 2017 liegen die Interaktionsraten bei Instagram zwischen 0,88 und 10,72 Prozent. Sie hängen sehr stark ab von der Größe des Accounts. Kleine Accounts haben eine viel höhere Interaktionsrate. Das war auch der Grund dafür, warum in jüngerer Zeit sogenannte Micro-Influencer einen Hype erlebt haben (vgl. auch Abbildung 10.2 auf Seite 142).

Problematisch wird es, wenn ein Influencer im Rahmen einer Kooperation mehrere Plattformen bespielt. Das ist nicht selten. Häufig ist es so, dass Influencer nicht nur auf einem Social-Media-Kanal aktiv sind. Da bietet es sich natürlich an, im Rahmen einer Kooperation gleich alle Kanäle des Influencers zu bespielen. In einem solchen Fall kann es schwierig werden, die Nettoreichweite zu ermitteln. Denn mit Sicherheit wird es so sein, dass ein bestimmter Anteil der Follower auch mehreren Social-Media-Kanälen des Influencers folgt

10.4.3 Like-Dislike-Ratio und »Reactions«

Anders als bei Instagram und Facebook bietet YouTube die Option, mit einem Klick auf den Daumen-runter-Button auch eine negative Bewertung abzugeben.

70 Vgl. https://www.quintly.com/blog/social-media-benchmark-study, Abruf 22.02.2019.

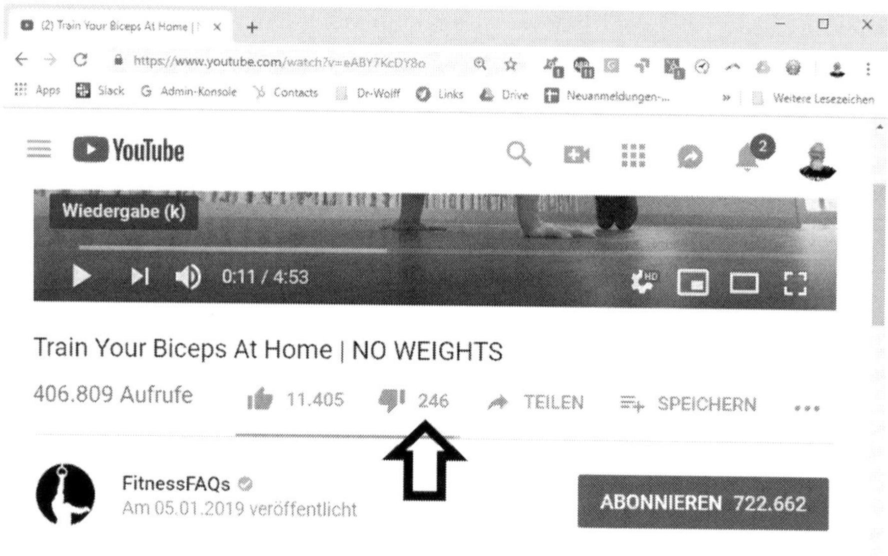

Abbildung 10.5: Sogenannte »Reactions« bei YouTube. Quelle: YouTube.

Zur Bewertung eines Influencers bzw. des kreativen Potenzials eines Influencers kann das Verhältnis zwischen positiven und negativen Bewertungen an dieser Stelle von Bedeutung sein. Im Zweifel sind die Inhalte eines Influencers, der deutlich mehr positive als negative Bewertungen hat, für einen Werbetreibenden interessanter als Inhalte eines Influencers, bei dem dieses Verhältnis deutlich schlechter ausfällt. Aber Achtung: Manche YouTuber legen es geradezu auf negative Bewertungen an und fordern die Zuschauer sogar auf, ein Video negativ zu bewerten. Sie machen sich einen Spaß daraus, in der Liste der YouTube-Videos mit den meisten Negativ-Bewertungen an vorderster Front mitzuspielen.

Bei Facebook und Instagram gib es die Möglichkeit einer Negativ-Bewertung nicht; abgesehen natürlich von der Option, negative Kommentare zu hinterlassen. Bei Instagram kann man Beiträge nur mit einem Herz liken. Facebook hatte früher auch nur das Daumen-hoch-Symbol und hat später weitere sogenannte »Reactions« ergänzt. Im Rahmen der Detailbewertung eines potenziellen Influencers macht es natürlich Sinn, einen Blick auf die Reactions aus der jüngeren Zeit zu werfen. Die »Reactions« ermöglichen m. E. eine Aussage über die Akzeptanz der vom Influencer generierten Inhalte.

Abbildung 10.6: Mögliche sogenannte »Reactions« auf Facebook. Quelle: Facebook.

10.4.4 Kommentare

Wer zwecks Bewertung von Influencern genauer hinsehen möchte, der sollte auch einen Blick auf die Kommentare zu den Posts der letzten Wochen oder gar des letzten Monats werfen. Natürlich ist das zeitintensiv. Gegebenenfalls eröffnen sich aber interessante Einblicke in die tatsächliche Wahrnehmung der Follower bzw. Abonnenten zu den vom Influencer veröffentlichten Inhalten. Die Kernfrage bei einer solchen Betrachtung ist ja immer, ob die jeweils beworbene Marke seitens der Follower/Abonnenten überhaupt wahrgenommen worden ist. Und natürlich hat die Wahrnehmung auch etwas mit der Art und Weise zu tun, wie der Influencer üblicherweise kommuniziert. Kommentare, die den Markennamen beinhalten, belegen, dass die Marke auch wahrgenommen worden ist. Gegebenenfalls ist auch die Betrachtung des sogenannten Tonalitäts-Scores relevant. Hierbei wird das Verhältnis von positiven, negativen und neutralen Kommentaren untersucht. So kann eine Aussage über die Akzeptanz der vom Influencer generierten Inhalte getroffen werden. Vergleicht man nun den Tonalitäts-Score verschiedener Influencer miteinander, so wird man sicherlich weitere Unterschiede feststellen können, die ggf. das Pendel für oder gegen die Aufnahme auf die Shortlist ausschlagen lassen. In der Praxis wird der Tonalitäts-Score selten manuell erstellt. Meistens werden dazu Analysewerkzeuge eingesetzt, wie man sie aus dem Social-Media-Monitoring kennt oder aber Textanalyse-Tools, wie sie in der SEO-Welt eingesetzt werden. Dazu muss man die Kommentare lediglich in ein Dokument kopieren und dann das Dokument analysieren lassen. Ein gutes Hilfsmittel sind auch die Tools, mit deren Hilfe man sogenannte Word-Clouds erstellen kann. Mit Word-Clouds können Sie schnell feststellen, welche Worte häufig in einem Textdokument vorkommen (z. B. ein Textdokument, welches 100 Kommentare enthält). Ein sehr gutes, kostenfreies Tool ist beispielsweise https://www.wortwolken.com/.

Die Bewertung von Kommentaren wird gerne auch im Nachgang zu Kampagnen durchgeführt, um im Rahmen einer Auswertung Erkenntnisse über die Effizienz der jeweiligen Werbemaßnahme zu erhalten. Grundsätzlich spricht aber nichts dagegen, auch bei der Evaluation potenziell geeigneten Influencern diese Betrachtung durchzuführen. Gerade wenn man Influencer für eine langfristige Kooperation sucht, lohnt sich dieser Aufwand. Dabei gilt es zu beachten, dass es gerade in den sozialen Medien auch viele negative Kommentare gibt. In dem Kontext ist das Verhältnis der positiven zu den negativen Kommentaren sicher entscheidend und nicht nur die bloße Anzahl der Negativ-Kommentare. Ein solides Verhältnis trägt auch zur Glaubwürdigkeit bei. Und oft sind es gerade kritische Äußerungen, die dazu führen, dass Marktteilnehmer sich noch klarer positionieren.

10.4.5 Wachstumsrate

Die Wachstumsrate eines Accounts sagt viel aus über das Engagement eines Influencers, seine Disziplin und die Kontinuität, mit dem der jeweilige Account aufgebaut wurde. Influencer mit einer natürlichen und kontinuierlichen Wachstumsrate sind im Allgemeinen zu bevorzugen. Größere oder gar unerklärliche Wachstumssprünge können auf Manipulationen hindeuten. Diesem Thema habe ich einen gesonderten Abschnitt gewidmet. Bitte beachten Sie dazu Abschnitt 10.5 »Fake-Influencer identifizieren und aussortieren«.

10.4.6 Konstanz der KPIs

Im Allgemeinen sorgt eine konstante Veröffentlichung für eine hohe Präsenz bei der Zielgruppe. Das schafft eine höhere Bindung und Vertrauen – grundsätzlich also Attribute, die bei der Wahl eines Influencers positiv zu sehen sind. Die Frage ist also, wie geprüft werden kann, ob ein Influencer vergleichsweise konstant arbeitet.

Je nach Social-Media-Kanal sind diesbezüglich unterschiedliche Kennzahlen von Bedeutung. Grundsätzlich sollte aber immer ein längerer Zeitraum betrachtet werden, um Schwankungen saisonaler Art oder Event-bedingt ausschließen zu können. Starke Schwankungen bei wichtigen Kennzahlen machen Prognosen für ein Engagement mit dem jeweiligen Influencer schwierig – daher der Wunsch nach Konstanz.

Bei YouTube ist die Anzahl der Views pro Video sicherlich eine sehr wichtige und interessante Kennzahl um Konstanz abzulesen. Dabei sollte man natürlich auch die Videolänge und das Thema beachten. Ferner wäre zu prüfen, ob Videos über Google Ads zusätzlich gepostet wurden. Das würde zu einer Verzerrung führen.

Bei Facebook und Instagram ist sicherlich die Anzahl der Kommentare und gegebenenfalls die Anzahl der Likes eine wichtige Kennzahl, um die Konstanz eines Influencers innerhalb seiner Zielgruppe zu beurteilen. Auch hier gilt natürlich, dass nicht Äpfel mit Birnen verglichen werden sollten. Wenn Posts durch bezahlte Werbung geboostet wurden, sollten sie nicht in die Analyse einbezogen werden. Eine differenziertere Beurteilung bietet sicherlich dann die Analyse der Kommentare, wie im Abschnitt 10.4.4 beschrieben.

Anhand von realen Zahlen möchte ich die getätigten Aussagen präzisieren und verdeutlichen. In der folgenden Tabelle sehen Sie die Likes der letzten acht Posts von drei Influencern. Im Normalfall würde man sich mehr als nur die letzten acht Posts ansehen. Zur Verdeutlichung der Ausführungen aus den vorhergehenden Absätzen reichen jedoch zunächst diese acht.

	Influencer 1	**Influencer 2**	**Influencer 3**
Post 1	23,5 K	20,5 K	14,6 K
Post 2	24,9 K	40,0 K	13,8 K
Post 3	22,4 K	18,1 K	13,5 K
Post 4	28,4 K	17,2 K	16,3 K
Post 5	23,7 K	10,2 K	63,0 K
Post 6	24,0 K	50,5 K	60,9 K
Post 7	26,4 K	10,9 K	12,4 K
Post 8	27,0 K	28,4 K	11,0 K
Post n			

Tabelle 10.3: Konstanz der KPIs – Gegenüberstellung.

Es fällt auf, dass die Anzahl der Likes beim Influencer 1 sehr konstant sind. Bei Influencer 2 sind deutliche Schwankungen zu erkennen. Beim Influencer 3 gibt es zwei massive Ausreißer. In puncto Konstanz wäre Influencer 1 sicherlich die erste Wahl. Beim Influencer 3 wäre zu prüfen, ob die Ausreißer erklärbar sind, beispielsweise durch eine Hochzeit oder ein anderes Ereignis, welches emotional beladen ist und im Normalfall mehr Likes hervorbringt. Ist es erklärbar, wäre sicherlich auch Influencer 3 in puncto Konstanz eine gute Wahl. Aufgrund der Zahlenlage hätte ich bei Influencer 2 Bedenken und würde sicherlich eine tiefere Analyse anstreben.

10.4.7 Qualität der Postings

Natürlich kann es auch sinnvoll sein, die Qualität der Postings unterschiedlicher Influencer gegenüberzustellen. In diesem Kontext ist die Qualität gemeint, die sich nicht von objektiv messbaren Kriterien wie den bereits erörterten Kennzahlen ableiten lässt. Teilweise hat die Beurteilung sicherlich auch etwas mit individuellem Geschmack zu tun. Von Bedeutung ist ebenfalls, welches Ziel man mit einer Konzeption oder einer Kampagne genau verfolgt. Möchte man bspw. über Influencer auch Bildmaterial generieren lassen, welches auch in der Printwerbung genutzt werden soll, so wird das benötigte Qualitätsniveau ein anderes sein, als wenn lediglich auf eine lockere Art ein Gewinnspiel in den sozialen Medien promotet werden soll.

Grundsätzliche Ansatzpunkte für die Bewertung von Posts im Sinne von Qualität können die Bildsprache des Influencers, bei Videos sein allgemeines Auftreten, die Tonalität bei Textpassagen, der Schreibstil bei Blog-Beiträgen oder seine üblichen Gewohnheiten in Bezug auf die Einbeziehung anderer Multiplikatoren durch sogenannte Mentions oder Hashtags sein. Grundsätzlich gilt es jedoch zu bedenken, dass es eine Stärke des Influencer-Marketings ist, dass die Influencer in der Sprache ihrer Follower kommunizieren. Wäre das anders, hätten sie ihre Follower nicht. Das gilt natürlich auch für die Bildsprache und alle zuvor genannten Aspekte. Dies gilt es bei der Beurteilung der Postings zu berücksichtigen. Die Fotoqualität wird in vielen Fällen nicht der entsprechen, die eine Marke erhält, wenn sie einen Profifotografen beauftragt. Im Rahmen der Markenführung muss man sich daher im Klaren darüber werden, welche Freiräume man einem Influencer zugestehen möchte. Es macht sicherlich keinen Sinn, die grundsätzlichen Vorteile von Influencer-Marketing durch überhöhte Qualitätsansprüche auszuhebeln. Sicherlich beinhaltet eine erfolgreiche Markenführung auch, dass die Marke mit einer definierten Wort- und Bildsprache in den Medien präsentiert wird. Bisweilen werden auch Festlegungen für das Umfeld, in dem die Marke präsentiert wird, getroffen. Inwieweit es Sinn macht, derartige Festschreibungen in Influencer-Marketing-Konzepten oder -Kampagnen zu übernehmen, hängt vom Einzelfall ab.

10.4.8 Bestehende Kooperationen

Möglicherweise bestehende Kooperationen von potenziell infrage kommenden Influencern sind ebenfalls ein Bewertungskriterium, welches in Betracht gezogen werden sollte. Influencer sind auch nur Menschen. Natürlich gibt es auch

Influencer, die finanzielle Aspekte in den Vordergrund stellen und für fast jede Kooperation zu haben sind. Was aber, wenn bereits in der Vergangenheit Kooperationen mit Mitbewerbermarken gelaufen sind? Ab einem bestimmten Grad stellt sich natürlich die Frage der Glaubwürdigkeit eines Influencers und damit auch die Frage nach der Effizienz eines eventuellen Engagements. Es ist schlicht nicht glaubhaft, wenn ein Influencer im März die Marke Y als das Nonplusultra hervorhebt und vier Monate später die Marke Z. Im Rahmen einer Detailbewertung ist es daher einerseits sinnvoll, die Influencer nach bestehenden Kooperationsverträgen zu fragen und andererseits auch die Historie des Accounts für einen längeren Zeitraum zu prüfen. Natürlich kommt es auch hierbei wieder darauf an, was man genau vorhat mit dem Influencer und wie genau die Kooperation oder die Kampagne aussieht. Je nach Ausgestaltung ist ein früheres Engagement für ein Mitbewerberprodukt vielleicht gar nicht mehr so schädlich. Es gibt auch diesbezüglich kein absolutes Richtig oder Falsch. Die genannten Aspekte sollten aber im Rahmen der Detailbewertung von infrage kommenden Influencern durchdacht und in einer dem Einzelfall angemessenen Weise berücksichtigt werden.

10.4.9 Authentizität über alle Kanäle

Viele Influencer betreiben mehrere Kanäle. Manche tun dies vielleicht aus rein wirtschaftlichen Überlegungen, andere haben einfach Spaß an der Arbeit mit unterschiedlichen Medien bzw. Kanälen und wieder andere sind vielleicht einfach nur neugierig und wollen sich in neuen Umgebungen austesten. Fakt ist: Die meisten Influencer betreiben heute mindestens zwei, viele sogar mehr als zwei Kanäle mit einer jeweils nennenswerten Anzahl von Followern/Abonnenten. Bei einer Kooperation mit einem Influencer liegt es natürlich nahe, Inhalte über alle Kanäle des Influencers zu distribuieren. Dadurch wird die Nettoreichweite sicherlich steigen.

Bei Kooperationen mit Influencern, die Inhalte über mehrere Kanäle distribuieren, ist der Aspekt der Authentizität über diese Kanäle von Bedeutung. Authentizität ist ein wichtiger Aspekt in Bezug auf Glaubwürdigkeit. Influencer, die sich auf einem Kanal ganz anders geben als auf einem zweiten, sind nicht authentisch. Ist die Schnittmenge der Follower/Abonnenten, die dem Influencer über mehrere Kanäle folgen, sehr hoch, kann dieser Umstand natürlich zu Verwirrungen auf der Ebene der Konsumenten führen.

> Für die Preisverhandlungen mit Influencern ist zu beachten, dass bei einer Buchung nach dem TKP-Modell (vgl. hierzu Abschnitt 9.2.2) die Nettoreichweite und nicht die Bruttoreichweite durch simple Addition der Follower unterschiedlicher Kanäle als Basis für die Bepreisung genommen wird.

10.4.10 Details bei den demografischen Merkmalen (Altersverteilung, Geschlecht, Geografie)

Viele Influencer stellen heute potenziellen Interessenten auch Media Kits zur Verfügung, aus denen Details zu den demografischen Daten ihrer Follower hervorgehen. Es macht Sinn, diese im Rahmen des Vergleiches bzw. der Bewertung infrage kommender Influencer zu betrachten, insbesondere wenn sich eine Marke im Kern an eine sehr spitze Zielgruppe richtet. Ein Beispiel soll diese Aussage verdeutlichen: Soll für ein Haarshampoo Werbung gemacht werden, welches sich nicht an eine Altersgruppe richtet, so ist die Betrachtung unterschiedlicher Altersgruppen bei den Followern eines Influencers obsolet. Für ein Shampoo, welches sich quasi erklärtermaßen an eine ganz bestimmte Altersgruppe richtet wie bspw. Plantur 21 oder Plantur 39, würde man im Rahmen der Detailbewertung von Influencern sehr genau auf die Alterszusammensetzung der Follower der infrage kommenden Influencer schauen. Denn schlussendlich geht es ja genau darum, Personen zu erreichen, die im Zielkorridor sind. Die folgende Abbildung zeigt einen Ausschnitt aus einem Media Kit eines Influencers.

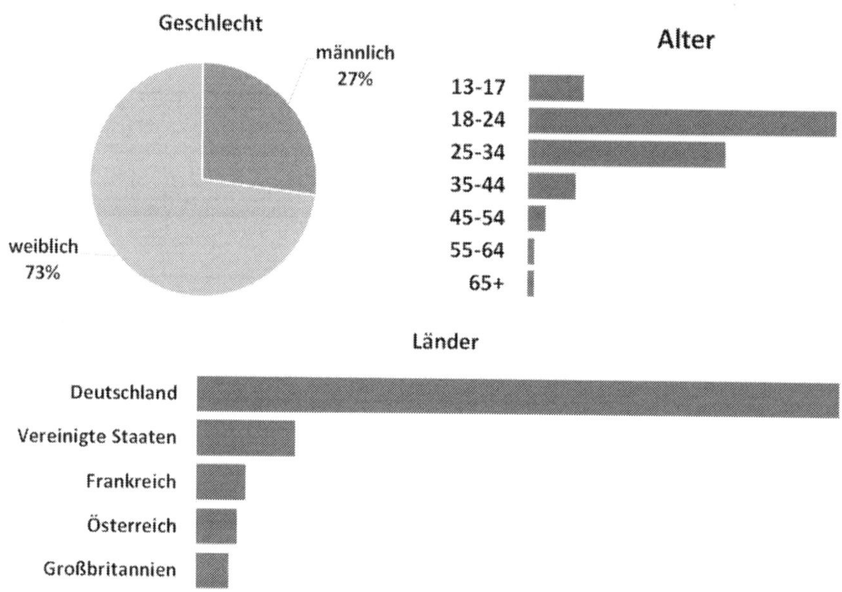

Abbildung 10.7: Auszug aus dem Media Kit einer 26-Jährigen Influencerin mit rund 700.000 Followern auf Instagram und rund 150.000 Abonnenten auf YouTube.

10.5 Fake-Influencer identifizieren und aussortieren

Seit Donald Trump ist das Wort »Fake« in aller Munde. Allerdings haben die berühmten »Fake-News«, die Donald Trump so gerne beschreibt, nichts mit Fake-Influencern zu tun. Die einzige Gemeinsamkeit ist, dass der Wahrheitsgehalt bei beiden wohl gering ist. Häufig findet man Fake-Influencer bzw. Fake-Accounts auf den Plattformen Instagram und Facebook. Als sogenannte Fake-Influencer werden Influencer bezeichnet, die in nennenswertem Stil ihr Profil durch dubiose Machenschaften »aufgehübscht« haben. Konkret kann das durch den Kauf von Followern oder Likes geschehen. Letztlich hat dies aber nichts mit Einfluss oder Glaubwürdigkeit zu tun, sondern nur mit Geldmacherei. Wie bereits im Abschnitt 9.2.2 »Bezahlung nach Reichweite (TKP)« ab Seite 119 dargelegt, bemisst sich das Honorar eines Influencers häufig an der Anzahl seiner Follower (Reichweite). Je mehr Follower, je größer das Honorar – so die einfache Formel. Das Fake-Influencer auch mit Fake-Accounts Geld verdienen können, beweist ein Test vom WDR aus dem letzten Jahr.[71] Andere Studien und Untersuchungen belegen, dass es viele Accounts gibt, die Fake-Follower haben.[72] Ein prominentes Beispiel aus der jüngeren Zeit sind die Accounts von Dario Widmer, der laut dem Schweizer Influencer-Ranking im März 2019 wohl der erfolgreichste Travel-Influencer der Schweiz ist. Widmer betreibt mindestens drei Instagram-Accounts mit insgesamt über 300.000 Followern. Er selbst bezeichnet sich als World Traveller, Fotograf und Filmemacher. Laut dem Online-Format »Bento«[73] hat er sich teilweise Follower über Fake-Gewinnspiele erschlichen. Alleine in der Nacht vom 24. auf den 25. Februar 2019 soll er laut dem Analysetool Likeometer.com deutlich über 11.000 neue Follower gewonnen haben. Derart sprunghafte Anstiege sind heute kaum mehr möglich und lassen starke Zweifel aufkommen.

10.5.1 Fake-Accounts manuell identifizieren

Aus den vorgenannten Gründen sollte vor dem Engagement mit einem Influencer sein Account geprüft werden. Ansonsten laufen Sie Gefahr, eine Reichweite zu erzielen, ohne einen Mehrwert zu generieren. Denn häufig kommen die

---

71 Vgl. https://www.srf.ch/news/schweiz/fake-followers-viel-schein-in-der-influencer-welt, Abruf 23.03.2019.

72 Z. B. https://meedia.de/2018/01/17/200-euro-einsatz-2-900-euro-werbezusagen-wdr-experiment-entlarvt-die-fake-influencer-welt-bei-instagram/, Abruf 23.03.2019.

73 Vgl. https://www.bento.de/gadgets/instagram-ueber-influencer-fake-gewinnspiele-und-followerzahlen-a-99e8f1ac-65cb-47f4-a1e2-057ccc3fdd2a, Abruf 18.03.2019.

gekauften Follower von Bots oder aus dem Ausland. Folgende Kriterien können Sie zur Prüfung heranziehen:

- Anzahl der Follower im Vergleich zur Anzahl der Interaktionen

Influencer, die auf gekaufte Follower setzen, haben häufig im Verhältnis zu Influencern, die dieses nicht tun, eine geringe Interaktionsrate. Bereits im Abschnitt 10.4.2 »Interaktionsrate» habe ich diese Kennzahl erörtert. Häufig wird auch von »Engagement-Rate« gesprochen. Ist sie auffällig gering, kann das daran liegen, dass sie auf einen Fake-Influencer gestoßen sind.

- Unsinnige Kommentare und das Verhältnis der Likes zu Kommentaren

Häufig zu sehen, wenn Bots oder andere unlautere Methoden im Einsatz sind, sind Kommentare, die keinen Sinn ergeben oder nicht in einem Bezug zum ursprünglichen Post stehen. Unsinnige Kommentare sind relativ einfach zu identifizieren. Man muss oft nicht lange suchen. Allerdings muss man gegebenenfalls weiter zurückblättern. Im Normalfall werden unlautere Methoden nicht permanent angewendet, sondern periodisch.

Auch das Verhältnis der Likes zu der Anzahl der Kommentare kann einen Aufschluss darüber geben, ob der Influencer sein Profil künstlich »aufgehübscht« hat oder nicht. Da das Verhältnis aber von Branche zu Branche schwankt, macht es wenig Sinn, an dieser Stelle pauschale Zahlen für plausible Werte zu benennen. Vielmehr sollten Sie unterschiedliche Influencer, die Sie vielleicht auf der Longlist haben, gegenüberstellen, um so ein Gefühl für reale Werte zu entwickeln.

- Unnatürliches Wachstum des Accounts

Normalerweise wächst ein Account vergleichsweise gleichmäßig. Sicherlich gibt es hier und da auch schon einmal Sprünge. Aber ein sehr sprunghaftes Wachstum innerhalb kurzer Perioden deutet häufig auf den Einsatz unlauterer Methoden hin. Sollten Sie bei der Überprüfung eines Influencer-Accounts auf ein oder mehrere sprunghafte Anstiege stoßen, so sollten Sie diese kritisch hinterfragen. Insbesondere, wenn kurz nach dem sprunghaften Anstieg nennenswerte Einbrüche erfolgen, ist die Chance groß, dass Sie einen Fake-Influencer entdeckt haben. Viele Plattformen, die Fake-Accounts entdecken, sperren diese recht zügig. Deshalb verlieren Influencer, die auf Fake-Likes, gekaufte Follower oder gar Fake-Follower setzen, regelmäßig eine größere Anzahl von Followern.

Die folgende Grafik zeigt Daten aus einem Social-Media-Account mit einem normalen, organischen Wachstum. Die gepunktete Kurve ist ein Beispiel für ein unnatürliches sprunghaftes Wachstum und die gestrichelte Kurve ein Beispiel für einen Einbruch nach einem sprunghaften Wachstum.

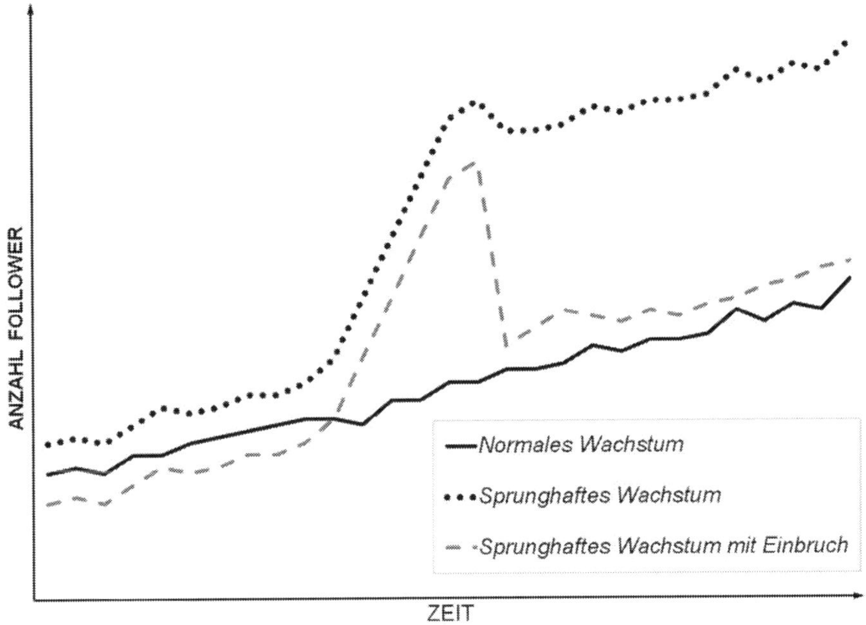

Abbildung 10.8: Fake-Influencer an unnatürlichem Wachstum oder Einbrüchen erkennen.

Für den Laien sind Fake-Influencer sicher nicht leicht zu identifizieren. Daher ist immer der Vergleich mit anderen Influencern empfehlenswert. Ohnehin ist es ja in der Praxis so, dass bei der Influencer-Suche ggf. von einer Longlist ausgegangen wird und über Kriterien, die ich in den vorangegangenen Abschnitten beschrieben habe, eine Shortlist erarbeitet wird. Im Rahmen der Erstellung dieser Shortlist findet ja ohnehin eine Gegenüberstellung statt. Spätestens dann haben Sie auch als Anfänger ein starkes Instrument. Denn die Chancen, dass Sie nur Fake-Influencer auf Ihrer Longlist haben, sind natürlich relativ gering.

Im Segment der Micro-Influencer sind Fake-Influencer noch schwerer zu erkennen. Im Abschnitt 10.6 »Ein Wort zur (möglichen) Motivation unterschiedlicher Influencer-Typen« gehe ich auf einige Besonderheiten bei Micro-Influencern ein. Eine Wachstumsstrategie bei Micro-Influencern können sogenannte Like-Gruppen sein. Über WhatsApp- oder Facebook-Gruppen organisieren sich dann Micro-Influencer und liken ihre Beiträge gegenseitig. Dadurch werden sie attraktiver. Die jeweilige Plattform registriert diese Signale und steuert die organischen Beiträge öfter aus als wenn sie kaum Likes erhalten würden. Für werbetreibende Unternehmen ist es extrem schwer, dieses Vorgehen zu identifizieren. Hier hilft einzig eine zeitaufwendige manuelle Kontrolle, bei der geprüft wird, ob immer die gleichen Accounts Beiträge des Micro-Influencers liken. Für die werbetreibenden Unternehmen sind Likes aus derartigen Like-Gruppen nicht besonders relevant. Sie erhöhen zwar die Reichweite, bieten aber kaum Mehrwert.

10.5.2 Software zur Identifikation von Fake-Accounts

Es ist nicht erstaunlich, dass es mittlerweile auch Software gibt, die darauf spezialisiert ist, Fake-Influencer zu identifizieren. Denn wo ein Markt ist, lassen Softwarelösungen oft nicht lange auf sich warten. Zwei der drei Lösungen, die ich hier aufliste, befassen sich mit Stand März 2019 ausschließlich mit der Identifikation von Fake-Influencern auf Instagram. Abbildung 10.9 zeigt den Ausschnitt einer Analyse, welche ich mit der Software HypeAuditor.com gemacht habe. Die Betonung liegt hier auf Ausschnitt. Wenn man sich registriert, erhält man viele weitere Daten und Details. Preislich sind diese Tools durchaus erschwinglich. Je nach Mengengerüst kostet die Prüfung eines Influencer-Accounts zwischen einem und zwei Euro.

Eine Besonderheit bietet die Software von Upfluence. Upfluence arbeitet mit einem Plug-In für Chrome. Ferner analysiert Upfluence nicht nur Instagram, sondern auch Facebook, YouTube, Twitter und falls vorhanden auch einen Blog. Ist das Plug-In installiert, so muss man lediglich auf die Schaltfläche des Plug-Ins klicken, wenn man sich auf einem Konto befindet, welches man analysieren möchte. Die Analyse startet dann sofort. Neben diesem Plug-In bietet Upfluence aber noch weitere Softwarelösungen an, die sowohl die Suche von Influencern als auch das Management von Kampagnen unterstützen. Insofern müsste ich diese Software auch im Kapitel 12 »Exkurs: Software zur Unterstützung von Social-Influencer-Marketing« erwähnen. Hier die Links zu den jeweiligen Webseiten:

https://www.fakecheck.co

https://hypeauditor.com

https://search.upfluence.com

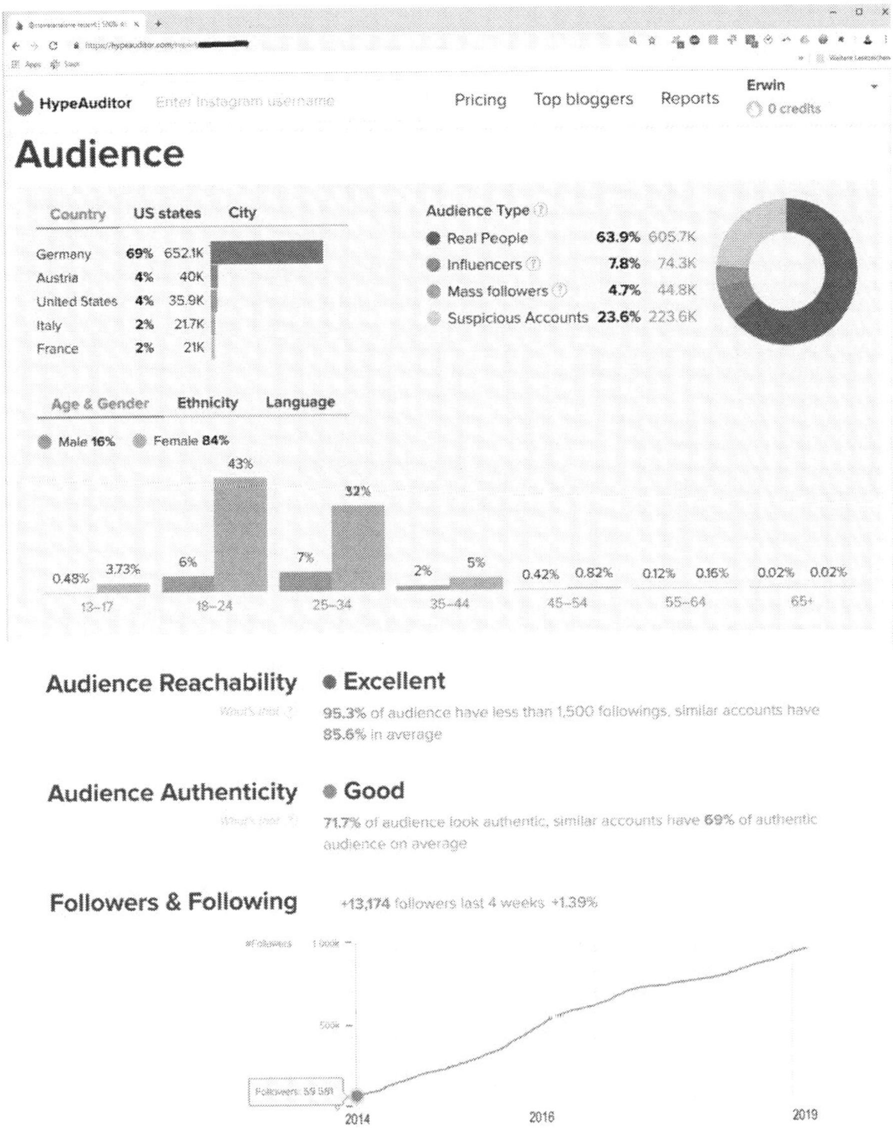

Abbildung 10.9: Auszug aus einem Report von HypeAuditor. Quelle: HypeAuditor.

10.6 Ein Wort zur (möglichen) Motivation unterschiedlicher Influencer-Typen

Zahlreiche Artikel mit verheißungsvollen Überschriften wie »So viel verdienen Influencer mit nur einem Post« oder »Wie Kylie Jenner mit Influencer Marketing in eigener Sache zur jüngsten Milliardärin der Welt wurde« haben in der jüngeren Zeit zu Begehrlichkeiten aufseiten der Influencer geführt. Mittlerweile haben viele Influencer auch verstanden, dass die Reichweite, also die Anzahl der Follower/Abonnenten, durchaus in einem kausalen Zusammenhang steht mit dem Honorar, welches sie für einen Post erzielen können. In der Hauptsache ist das auch der Grund für das Phänomen der Fake-Influencer bzw. Fake-Accounts.

Wenn man sich mit Influencer-Marketing beschäftigt, macht es sicherlich auch Sinn, etwas zur Motivation unterschiedlicher Influencer-Typen zu wissen. Aus den vorgenannten Gründen ist das Bestreben vieler sogenannter Micro-Influencer, zu wachsen. Sie interessieren sich besonders für spannende Kooperationen, die eine gewisse Aufmerksamkeit erreichen können. Denn so erhalten sie weitere Follower. Unternehmen mit einer starken Marke können aus diesem Bestreben bzw. dieser Motivation auch Vorteile ziehen. Im Zweifel hat ein Micro-Influencer ein großes Interesse an einer Kooperation mit einem Unternehmen, wenn dieses auch auf seinem Unternehmens-Account den Content eines Influencers repostet. Es entsteht dann quasi eine Win-win-Situation, die ggf. auch bei der Preisverhandlung mit Micro-Influencern in die Waagschale geworfen werden kann.

Micro-Influencer ist jedoch nicht gleich Micro-Influencer. Das kommerzielle Interesse von sogenannten Micro-Influencern kann durchaus sehr unterschiedlich sein. Bei Micro-Influencern mit einem sehr hohen kommerziellen Interesse sollte man besonders auf Fake-Influencer achten, weil diese natürlich stärker an einem Wachstum interessiert sind als Influencer, die mehr aus Enthusiasmus und aus Gründen der Selbstbestätigung in den sozialen Medien aktiv sind. Allerdings sind die Zeiten vorbei, in denen Micro-Influencer ein umfängliches Engagement an den Tag legen, nur weil Unternehmen ihnen Produkte zusenden. Viele Micro-Influencer sind sich heute ihres Wertes bewusst. Insbesondere, weil die sogenannte Engagement-Rate bei Micro-Influencern üblicherweise deutlich höher ist als bei Macro-Influencern oder Celebrities.

Macro-Influencer sind sich heute durchweg ihres Wertes bewusst. Ihre Kernmotivation ist oft, den Expertenstatus, den sie sich erarbeitet haben, zu bewahren. Denn damit verdienen sie ihren Lebensunterhalt. Häufig werden sie von Influencer-Marketing-Agenturen oder Agenten vertreten. Das heißt, dass Unternehmen sie im ersten Schritt gar nicht persönlich ansprechen können. Oft werden sie professionell vermarktet, was die Arbeit natürlich erleichtert. Sie verfügen über ein Media Kit und aktualisieren ihre Zahlen wie Reichweite oder Alters-Split bzw. die demografischen Daten Ihrer Follower regelmäßig.

Am äußeren Ende der Skala sind die Celebrity-Influencer, die sich häufig eher als Künstler sehen und entsprechende Freiheiten für sich in Anspruch nehmen. Ihnen geht es oft nur um die Stärkung ihrer Bekanntheit. Denn finanziell sind sie bereits ausgesprochen gut aufgestellt.

10.7 Kontaktanbahnung, Ansprache und Erstkontakt

Bei der Kontaktanbahnung mit dem Wunsch-Influencer kann es mehrere Szenarien bzw. Wege geben. Je nach Szenario variieren die Abläufe. In diesem Kapitel möchte ich Ihnen einen Überblick über die unterschiedlichen Akteure und die möglichen Szenarien geben. Abschließend werde ich Ihnen dann noch einige Tipps für die konkrete Erstansprache mit auf den Weg geben.

10.7.1 Künstleragenturen bzw. Künstlermanagement

Viele gefeierte Künstler aus Film, Funk und Fernsehen lassen sich von Künstleragenturen oder einem Manager in Geschäftsfragen vertreten. Für Agenturen dieser Art war die Hinzunahme von sogenannten Celebrity-Influencern oder Mega-Influencern daher lediglich eine Geschäftsfelderweiterung. Sie vertreten »bekannte Persönlichkeiten«, wozu eben mittlerweile auch Social Influencer gehören – gleichgültig, ob sie ihre Follower-Scharen durch die sozialen Medien erst erworben haben oder bereits vorher eine hohe Bekanntheit durch Sport, Film, Funk oder Fernsehen hatten. Eine solche Agentur ist bspw. BWM COMMUNICATIONS (www.bwm-com.com). Diese Agentur betreut internationale Stars wie Goldie Hawn, Elisabeth Hurley, Meg Ryan, Veronica Ferres und viele andere mehr. Sie betreut auch Social Influencer wie Domino Kati (700.000 Instagram-Follower), Naomi Jon (970.000 YouTube-Abonnenten), Julia Beautx (2 Millionen YouTube-Abonnenten) und andere mehr.

Im Normalfall werden Sie beim Versuch, einen Influencer über die auf seinen Plattformen angegebenen Kontaktdaten zu erreichen, immer bei der Künstleragentur oder einem entsprechenden Agenten landen. Der Vorteil ist, dass Sie hier direkt einen versierten und professionellen Ansprech- und Verhandlungspartner haben.

10.7.2 Influencer-Marketing-Agenturen

Neben den Agenturen, die ihre Wurzeln eher in der klassischen Künstlerbetreuung haben, sind durch das Influencer-Marketing eine Reihe neuer Agenturen entstanden, die sich meistens Influencer-Marketing-Agenturen nennen und Dienstleistungen rund um das Thema anbieten. Viele dieser Agenturen vertreten auch sogenannte eigene Influencer. Letztlich sind das nur Influencer, mit denen Exklusivverträge abgeschlossen wurden und die nun von der Agentur betreut werden. Wenn man so will, verdienen die Agenturen an dieser Stelle doppelt. Sie akquirieren über die von ihnen gemanagten Influencer-Leads und Kontakte, und verkaufen dann ggf. nicht nur die Leistungen des Influencers, sondern auch die Agenturleistungen wie die Mitwirkung bei der Konzeption, ggf. die Auswertung der Kampagne und anderes mehr.

Wenn Influencer professionell vertreten werden, was bei Influencern mit einer nennenswerten Follower-Anzahl die Regel ist, so empfiehlt sich tunlichst, den Influencer nicht selbst über eine persönliche Nachricht zu kontaktieren, sondern seine Agentur oder seinen Manager. Meistens sind entsprechende Kontaktdaten im Pflichtimpressum zu finden. Begehrte Influencer erhalten heute von vielen Akteuren Anfragen. Hinzu kommen Zuschriften von Fans, von Bots und ggf. von Bittstellern, die von der Popularität eines Influencers profitieren möchten, z. B. über einen Hashtag oder Mentions. Viele Influencer haben daher den Überblick über ihre persönlichen Nachrichten verloren und lesen diese teilweise nur noch sporadisch oder gar nicht.

10.7.3 Micro-Influencer

Ganz anders sehen die Rahmenbedingungen bei vielen Micro-Influencern aus. Meistens managen sich Micro-Influencer selbst oder werden von Freunden, Bekannten oder Verwandten unterstützt. Auch hier ist es empfehlenswert, die vom Influencer in seinem Profil angegebenen Kontaktdaten für Geschäftsanfragen zu nutzen. Denn auch bei größeren Micro-Influencern ist es bereits so, dass diese täglich so viele Direktnachrichten erhalten, dass sie bisweilen den Überblick verlieren.

Im Gegensatz zu den Vertretern der Celebrity-Influencer kann es bei Micro-Influencern durchaus vorkommen, dass Sie auf Personen stoßen, die in Geschäftsangelegenheiten relativ unerfahren sind. Auch unrealistische Vorstellungen oder Fantasie-Konditionen sollten Sie nicht abschrecken. In vielen Fällen lässt sich mit einer ruhigen und sachlichen Argumentation, die auch die Vorteile einer Kooperation für den Micro-Influencer hervorhebt, eine Einigung erzielen.

10.7.4 Influencer-Marktplätze bzw. Vermittlungsplattformen

Bereits in den Abschnitten über die Suche nach Influencern habe ich auf Software hingewiesen, mit deren Hilfe man strukturiert und anhand unterschiedlicher Auswahlfilter geeignete Influencer identifizieren kann. Sie finden im Kapitel 12 »Exkurs: Software zur Unterstützung von Social-Influencer-Marketing« fast zwei Dutzend solcher Softwarelösungen. Viele dieser Lösungen unterstützen nicht nur die Suche nach dem Wunsch-Influencer, sondern haben auch Funktionen und Module, die ein Projektmanagement unterstützen – von der Erstansprache bis zur Auswertung.

Die meisten Plattformen erfordern eine Anmeldung, um nach Influencern suchen zu können. Möchte man tatsächlich aktiv werden, müssen im Vorfeld häufig gewisse Beträge entrichtet werden, damit im Nachgang das verhandelte Entgelt garantiert an den Influencer ausbezahlt werden kann. Insofern fungieren manche Plattformen nicht nur als Vermittler, sondern auch als Treuhänder für die finanzielle Abwicklung.

10.7.5 Werbeagenturen

Ähnlich wie die Künstleragenturen, die ihr Geschäftsfeld um Social Influencer erweitert haben, gibt es auch Werbeagenturen, die ihren klassischen Dienstleistungspart um das Management von Influencern erweitert haben. Viele klassische Werbeagenturen tun sich jedoch mit dem Influencer-Marketing genauso schwer wie sie es mit dem Online-Marketing getan haben. Sie bauen Influencer irgendwie in ihre klassischen Kampagnen ein, anstatt wirklich in die Tiefe zu gehen und die Kampagne um einen Influencer herum zu konzipieren.

10.7.6 Der Influencer ergreift die Initiative

Häufig kommt es vor, dass Influencer die Initiative ergreifen und auf Unternehmen zugehen. Manche Unternehmen, besonders in der Reisebranche, erhalten sogar so viele Anfragen, dass sie sich mittlerweile dazu durchgerungen haben, grundsätzlich nicht mehr mit Influencern zusammenzuarbeiten.

Zunächst einmal spricht es jedoch für das Unternehmen bzw. seine Marke oder seine Produkte, wenn Influencer ein Interesse dafür zeigen. Sicherlich ist auch die Verhandlungsposition für das Unternehmen besser, wenn die Initiative für eine Kooperation vom Influencer ausgeht.

> Grundsätzlich empfiehlt sich immer die genaue Prüfung der Anfrage bzw. auch des Accounts des Influencers. Weder eine verfrühte Absage noch eine vorschnelle Zusage sind empfehlenswert. Beides birgt Risiken. Sehen Sie also genau hin und entscheiden Sie nach der Sichtung von möglichen Chancen und Mehrwerten.

10.7.7 Tipps für die Ansprache und den Erstkontakt

Viele Influencer erhalten heute regelmäßig Kooperationsanfragen, manche von ihnen mehrere Dutzend am Tag. Deshalb sollten Sie bei der ersten Kontaktanfrage einige Aspekte beachten. In der Praxis erlebe ich häufig, dass Unternehmen immer noch unpersönliche Serien-E-Mails an Influencer versenden und sich dann wundern, dass die Rücklaufquote extrem gering ist. Hier also einige Tipps für die Kontaktaufnahme mit Ihrem Wunsch-Influencer:

10.7.7.1 *Kontaktkanal*

Bei Blogs finden Sie meistens die Kontaktdaten auf einer eigenen Seite oder im Impressum. Wenn dort die E-Mail-Adresse des Managements angegeben ist, schreiben Sie an das Management und nicht den Blogger selbst an.

Bei Facebook finden Sie in der Regel die Kontaktdaten im Impressum. Auch hier werden Sie eine gesonderte E-Mail-Adresse des Managements finden, wenn der Influencer bereits von einer Agentur oder einem Manager vertreten wird. Bei Instagram ist die E-Mail-Adresse des Managements meistens oben im Kopfbereich des Accounts verankert. Bei YouTube ist in der Regel bei den Kanalinfos ein entsprechender Kontakt-Link oder ein Link zum Impressum angegeben. Dort finden Sie die richtige E-Mail-Adresse. Keinesfalls sollten Sie Influencer über die Kommentarfunktion kontaktieren. Auch sind persönliche Nachrichten an Influencer im Normalfall nicht die erste Wahl für eine Kontaktaufnahme.

10.7.7.2 *Individuelle Ansprache*

Wie bereits erwähnt landen Kontaktaufnahmen mit dem Charakter einer Serienanfrage meistens in der Ablage P. In Ihrem Anfragetext sollten Sie daher unbedingt Standardfloskeln vermeiden. Auch wenn Sie im Rahmen einer Kooperation mit Micro-Influencern sehr viele Partner suchen, lohnt sich die Mühe, die jeweiligen Accounts anzusehen und im Anschreiben auf die Arbeit des Influencers einzugehen. Schreiben Sie also ruhig, was Ihnen am Account des Influencers gut gefällt oder warum Sie der Meinung sind, dass Ihr Produkt bzw. Ihre Marke gut zum jeweiligen Influencer passen würde.

Noch ein Wort zur Tonalität bei dem Anschreiben. Grundsätzlich ist der Umgangston im Social-Media-Umfeld lockerer als im allgemeinen Geschäftsleben. Man ist per »Du«. Eine Ausnahme davon kann vielleicht das Management von Celebrity-Influencern sein.

10.7.7.3 *Eine kurze Vorstellung*

Fallen Sie nicht mit der Tür ins Haus. Eine kurze Vorstellung Ihres Unternehmens, Ihrer Marke oder Ihrer Produkte ist nicht nur ein Gebot der Höflichkeit, sondern hilft dem Influencer auch, sich schnell ein Bild darüber zu machen, mit wem er es zu tun hat. Halten Sie sich bei der Vorstellung aber kurz und knapp. Einige wenige, markante Sätze reichen aus. Sollte es zu einer Kooperation kommen, können zu einem späteren Zeitpunkt weitere Details ausgetauscht werden.

10.7.7.4 *The Reason why*

Gehen Sie im Anschreiben kurz darauf ein, warum Sie diesen Influencer ausgewählt haben. Weshalb sind Sie der Meinung, dass er besonders relevant ist für die Themen, die Sie transportieren möchten? Warum glauben Sie, dass seine Follower/Abonnenten Ihrer anvisierten Zielgruppe entsprechen und dass damit Ihre Informationen auch für den Influencer hochgradig interessant sind?

Schlussendlich lebt ein Influencer ja auch davon, dass er seinen Followern interessante, neue, aufregende oder wertstiftende Informationen bietet.

10.7.7.5 *Grobe Ideenskizze für die Zusammenarbeit*

Skizzieren Sie bereits in groben Zügen, wie die Kampagne oder die Kooperation aussehen soll. Welche Art der Zusammenarbeit stellen Sie sich vor? Soll diese eher dauerhaft sein oder suchen Sie jemanden für eine Kampagne mit einer bestimmten Laufzeit? Hier einige Formulierungsbeispiele:

- Aufgrund von X und Y können wir uns sehr gut vorstellen, Dich zu unserer Messe nach Berlin einzuladen.
- Aufgrund von Z können wir uns vorstellen, Dich auf eine Reise nach Mailand einzuladen, wo die neue Kollektion im Rahmen von Y vorgestellt werden soll.
- Wir würden Dir gerne fünf neue Produkte zusenden und dann mit Dir gemeinsam darüber sprechen, wie diese im Rahmen Deiner Kanäle präsentiert werden könnten.
- Wir suchen pfiffige Influencer, mit denen wir ein Werbevideo zu unserem neuen Produkt X realisieren möchten. Dabei hatten wir an Dich gedacht.
- Im Rahmen unserer neuen Kampagne XYZ für die Produktlinie A würden wir gerne mit Dir zusammenarbeiten. Details würden wir gerne in einem ersten Sondierungstelefonat besprechen.

So oder so ähnlich sollten Sie Ihre Idee zur Zusammenarbeit kommunizieren. Auf diese Weise kann der angefragte Influencer relativ zügig entscheiden, ob Ihre Anfrage für ihn infrage kommt.

10.7.7.6 *Mehrwerte*

Es kann durchaus sinnvoll sein und auch den Anreiz für eine Zusammenarbeit mit Ihrem Unternehmen steigern, wenn Sie bereits bei der ersten Kontaktaufnahme auf Mehrwerte für den Influencer hinweisen. Damit ist nicht die finanzielle Vergütung gemeint. Ausdrücklich möchte ich Ihnen nahelegen, nicht bereits bei der ersten Kontaktaufnahme die finanzielle Vergütung zu thematisieren. Mit Mehrwerten meine ich aber nicht allgemeine Floskeln wie »Unser Produkt ist das Beste im Markt und Ihre Follower werden begeistert sein«, sondern reale, nicht direkt monetäre Mehrwerte wie beispielsweise:

- Die Steigerung des Bekanntheitsgrades des Influencers, weil seine Inhalte auch über die Unternehmenskanäle kommuniziert bzw. distribuiert werden.

- Die indirekte Steigerung der Attraktivität des Influencer-Accounts, weil der Influencer eine Woche vor der offiziellen Veröffentlichung eines Produktes bereits exklusive Inhalte für seine Berichterstattung erhält.
- Gegebenenfalls ein Hinweis auf eine gewisse Exklusivität, da nur eine limitierte Anzahl von Influencern eingeladen wird, an einem bestimmten Event teilzunehmen oder ein neues Produkt zuerst zu präsentieren.

> Viele Influencer, besonders kleinere, haben ein hohes Interesse daran, sich bzw. ihre Accounts weiterzuentwickeln. Es kommt daher immer wieder vor, dass Influencer Mehrwerten einen hohen Stellenwert einräumen, bisweilen sogar höher als der Höhe einer finanziellen Vergütung.

10.7.7.7 *Interesse erfragen und Begeisterung wecken*

Abschließend sollten Sie freundlich nach dem Interesse des Influencers fragen und um eine Rückantwort bitten. Auch wenn die Rückantwort ggf. negativ ausfällt, so wissen Sie wenigstens, dass der Influencer oder sein Management Ihre Anfrage wahrgenommen hat. Je nach Einzelfall kann es auch nicht schaden, für etwas Begeisterung in Bezug auf Ihre Kooperationsidee und Ihre Marke zu werben. Wie bereits an anderer Stelle erwähnt, ist der Umgangston im Influencer-Marketing bzw. im Social-Media-Umfeld eher locker und salopp. Es kann daher durchaus zielführend sein, zum Abschluss kurz darzulegen, warum Ihr/e Produkt/Marke »cool« ist, weshalb die bisherigen Verwender es »super finden« oder warum man »unbedingt dabei sein muss«. Da im Social-Media-Umfeld das »Du« gang und gäbe ist, wird es Ihnen sicher leichter fallen, entsprechend begeisternde Formulierungen für Ihren Fall zu entwickeln.

11 Exkurs: Insights aus der Perspektive einer Influencer-Managerin

Ein Gastbeitrag von Ann-Katrin Schmitz, Management / Brand-Relations NovaLanaLove.

Ann-Katrin Schmitz hat Unternehmenskommunikation und Journalismus studiert. 2014 startete sie zusammen mit Kommilitonin Farina Opoku den Blog NovaLanaLove. Dieser zählt heute zu den erfolgreichsten Lifestyle-Blogs und Social-Media-Accounts in DACH. Auf Instagram hat NovaLanaLove im Mai 2019 rund eine Million Follower und konnte 2018 erfolgreich eine eigene Bekleidungsmarke unter dem Namen FARINA OPOKU etablieren.

Heute ist Ann-Katrin Schmitz erfolgreiche Managerin, Vermarkterin und Dozentin und berät Unternehmen, Marken und Medienhäuser zu Themen wie Influencer-Marketing, Social Media Marketing und E-Branding. Dabei hilft sie Unternehmen und Institutionen bei der Konzeption und Umsetzung von Influencer-Kampagnen, entwickelt individuelle Social-Media-Strategien und hilft Marken, sich erfolgreich und nachhaltig im Social Web zu präsentieren. Ihre Kunden profitieren stark vom Insider-Know-how, exzellenten Branchenkenntnissen und ihrer langjährigen praktischen Erfahrung aus zahlreichen Projekten von NovaLanaLove mit internationalen Unternehmen. Masterclasses, Workshops und Vorträge gehören genauso wie Einzelberatung und Mitarbeiterschulungen zu ihrem Angebotsspektrum.

2019 erscheint der Podcast »Baby got Business«, in dem Ann-Katrin Schmitz auf spannende Personen aus der Social-Media- und Online-Marketing-Landschaft trifft. Neben Karriere-Talks und unterhaltenden Geschichten soll es vor allem darum gehen, angehenden Medienmachern*innen Orientierung und Motivation zu geben.

11.1 Wichtige Aspekte beim Erstkontakt – Fehler vermeiden

Strebt ein Unternehmen tatsächlich eine Zusammenarbeit mit Influencern an, gilt es, im ersten Schritt einen Kontakt herzustellen. Viele Marken und Unternehmen scheitern bereits an dieser ersten Hürde. Die häufigsten Fehler sind eine schlechte Recherche, eine unpersönliche Ansprache oder die Auswahl des falschen Kommunikationskanals. Wie ein Unternehmen an einen potenziellen Kooperationspartner herantritt, wird maßgeblich das Zustandekommen einer Zusammenarbeit beeinflussen. Denn wie heißt es so schön: »Es gibt nur eine Chance für den ersten Eindruck!«

In der Folge möchte ich einige Insights und Tipps aus dem Blickwinkel von Influencern geben, denn für eine erfolgreiche Kommunikation ist ein Verständnis der anderen Seite von Vorteil. Ferner werde ich auf den Zusammenhang von Brand Fit, Ansprache und Erfolg- bez. Misserfolg eingehen und im Anschluss die Kommunikationswege sowie Formulierung und Inhalt des ersten Outreaches ansprechen.

Es ist wichtig zu wissen, dass viele Influencer sich schon längst nicht mehr selbst vermarkten. Das bedeutet, dass die erste Anfrage, beispielsweise per E-Mail, bei der jeweils zuständigen Influencer-Agentur oder dem Management landen kann. Bei Mega-Influencern ist es keine Seltenheit, dass sich sogar Assistenten um die Flut aus Instagram-Direktnachrichten, Facebook-Mitteilungen und -Kommentaren kümmern. Da beim Erstkontakt nicht einzuschätzen ist, bei wem die Anfrage tatsächlich landen wird, ist es wichtig, schon bei der Formulierung der Anrede auch mögliche Dritte zu berücksichtigen. Im besten Fall lässt sich die zuständige Agentur oder das Management durch eine gute Vorrecherche herausfinden und ein Ansprechpartner ermitteln. Das zeigt direkt im ersten schriftlichen Kontakt einen professionellen Umgang mit dem Thema »Influencer-Marketing« und dass sich bereits im Vorfeld auf Unternehmensseite intensiv mit dem Thema und seinen Akteueren beschäftigt wurde. Je nach Konstellation kann also schon die Formulierung der Anrede zu einem positiven Eindruck bei Influencer und Management beitragen.

Häufig werde ich in Beratungsprojekten gefragt: Über welchen Kanal erreiche ich meine Wunsch-Influencer am besten? Ich gebe Unternehmen oft den Tipp, bei der Ansprache eine Mehrkanalstrategie anzuwenden. Warum? Weil gute und bekannte Influencer geradezu mit Paketen und Nachrichten überhäuft werden. Am effektivsten ist deshalb eine Mischung aus drei persönlichen Ansprachewegen:

- eine professionell formulierte und gelayoutete klassische E-Mail,
- ein kleines Proben-Paket oder Gutschein für eine Dienstleistung auf dem Postweg
- und die Bekundung von Interesse auf der Ebene, auf der sich auch Influencer am liebsten bewegen: Social Media! Ganz konkret bedeutet das, einen netten Kommentar oder gleich mehrere über einen Zeitraum von mehreren Wochen oder wenigstens Tagen unter thematisch passenden Beiträgen des Influencers zu platzieren und parallel zur E-Mail und Postansprache eine freundliche Direktnachricht (z.B. via Instagram oder Facebook) mit dem Interesse an einer möglichen Zusammenarbeit abzusetzen. Hiermit haben sich die Chancen i. d. R. um zwei Drittel gegenüber einer simplen E-Mail erhöht, im Zweifel hat der Influencer

selbst in der Zwischenzeit Interesse oder wenigstens Aufmerksamkeit für die Marke durch die Kommentare in sozialen Netzwerken entwickelt. Außerdem zeigt es, dass sich ein Unternehmen bereits über einen gewissen Zeitraum mit einer Person auseinandergesetzt hat und ehrliches Interesse zeigt.

Trotz aller modernen Kommunikationskanäle kommen Unternehmen um eine professionell formulierte E-Mail nicht herum. Leider erreichen mich jedoch täglich unpersönliche »Massen-Mailings«, bei denen ich bereits an der Formulierung erkennen kann, dass hier eher auf Quantität statt Qualität gesetzt wird. Oft wird diese Vermutung durch übergroße Dateianhänge oder 08/15-Briefings bestätigt. Solche Anfragen landen in der Regel bereits bei der Erstansprache im Papierkorb.

Mein Tipp: In der ersten E-Mail sollte sich eher kurz gefasst und ein Spannungsbogen aufgebaut werden. Folgende Fragen sollten im Rahmen der Erstansprache unbedingt beantwortet werden:

- Um welches Produkt / welche Dienstleitung (z.B. dekorative Kosmetik, Skin Care, Kosmetikinstitut, Fashion Store, Reisebüro usw.) handelt es sich und in welchem Segment (z.B. Low Cost, High Street, Luxus usw.) ist diese/s ansässig?
- Welche kreative Idee / Mood steckt hinter der geplanten Kampagne / Aktivierung? Gerne kann der Hintergrund in einer separaten PDF-Datei erklärt werden.
- Warum wurde gerade dieser Influencer ausgewählt?
- In welchem Zeitraum soll die Zusammenarbeit / evlt. Pressereise stattfinden (wenn dieser bereits feststeht)?

Generell ist es hilfreich, sich bei der Formulierung der E-Mail vorzustellen, dass sowohl Influencer als auch das Management in der Regel wenig Zeit zur Verfügung steht und E-Mails im ersten Schritt lediglich nach den obigen Faktoren grob scannen bzw. querlesen werden. Deshalb sollten die wichtigsten Infos in Form von Bulletpoints zusammengefasst werden. Im Zweifel gilt: Lieber weniger Text als zu viel! Eine persönliche Ansprache durch das Einbauen von Fotos des jeweiligen Influencers in einem ersten Briefing oder einer Mood-Präsentation als PDF-Anhang drückt Wertschätzung und die Tatsache aus, dass sich das Unternehmen bereits konkrete Gedanken über eine Zusammenarbeit gemacht hat.

In der Praxis hat sich auch der Aufbau eines Spannungsbogens in einer E-Mail bewährt. Hier sollte durch eine geschickte Formulierung und das bewusste Zurückhalten von Informationen ein erstes Interesse geweckt werden (zum Beispiel: »Haben wir euer Interesse geweckt? Dann freuen wir uns nach einer kurzen Antwort mehr Infos / ein Lookbook / Kampagnen-Insights freigeben zu können!«).

Mit einem klassischen Non-Disclosure Agreement (je nach Kampagnenumfang oder Status eines neuen Produkts) können sich Unternehmen und insbesondere Start-ups zusätzlich vor der Weitergabe vertraulicher Informationen schon vor dem Release ihres Produktes absichern und die Spannung erhöhen. Welcher Influencer würde nicht schon gerne vor dem Launch einer neuen Kollektion oder der Eröffnung eines Stores als Erster davon berichten und die Neuheiten vor allen anderen vorstellen?

Sollte seitens des Influencers nach einem ersten E-Mail- oder Messaging-Verkehr ernsthaftes Interesse bestehen, empfiehlt es sich, je nach Umfang der Kampagne oder Grad der Komplexität eines Produkts / einer Dienstleistung einen schnellen Call zu vereinbaren. Beide Seiten bekommen so einen besseren Eindruck voneinander. In diesem Call kann auch ein erster Austausch zu den geplanten Aktivitäten stattfinden und das Unternehmen kann vom kreativen Input und dem Insider-Wissen des Influencers hinsichtlich seiner Community profitieren. Denn niemand wird qualitativ bessere Informationen über die angestrebte Zielgruppe liefern können. Es ist wichtig, sich schon zu einem möglichst frühen Zeitpunkt einer möglichen Kooperation auf die Wünsche und Arbeitsweisen des jeweiligen Influencers einzustellen, um so im Vorfeld Missverständnissen und falschen Erwartungshaltungen vorzubeugen. Influencer und Unternehmen müssen eine Sprache sprechen und sich unbedingt über die zu kommunizierenden Inhalte, geplanten Aktivierungen (Persönliche Attendance, Meet & Greet, Gewinnspiele, Codes etc.) und Timings im Klaren sein. Das schafft vorab Vertrauen, eine persönliche Basis und klare Verhältnisse.

11.2 Kreative Freiheit oder konkrete Vorgaben?

Um eine gute Zusammenarbeit mit Influencern zu gewährleisten, muss ich an dieser Stelle ein Schlagwort direkt vorwegnehmen: Vertrauen!

Was Unternehmen oftmals entlang einer Kooperation vergessen, ist die eigentliche Bedeutung des Begriffs »Kooperation«, der üblicherweise bei einer Zusammenarbeit von Unternehmen und Influencern mit klar werblichem Hintergrund verwendet wird. Eine Kooperation bedeutet, dass beide Seiten zu gleichen Teilen an einem Projekt beteiligt und berechtigt sind, Entscheidungen und Rahmenbedingungen mitgestalten können. Leider herrscht in der Realität selten ein ausgeglichenes Verhältnis, was der häufigste Grund für Ineffizienz einer Kampagne ist.

Natürlich ist es aus dem Blickwinkel der Unternehmen vollkommen verständlich, der ganzen Thematik rund ums Influencer-Marketing prinzipiell erst einmal mit einem gewissen Misstrauen zu begegnen. Die Gründe liegen auf der Hand: Social-Media-Marketing im Allgemeinen gilt in der Wahrnehmung vieler Unternehmen immer noch als relativ unberechenbar und Influencer-Marketing im Besonderen stellt für viele Marketeer immer noch ein Risiko für das so mühevoll aufgebaute Marken-Image im Netz dar. Der Influencer könnte ja ein Produkt oder eine Dienstleistung möglicherweise fernab der allgemeinen Social-Media-Guidelines beschreiben oder gar etwas vergessen! Vielleicht ist auch die kreative Umsetzung der Kampagnenidee zu mutig oder die Bildsprache zu gewagt. Oder es könnte ein Shitstorm ausbrechen! Mit diesen und vielen weiteren Vorurteilen sehe ich mich im »Daily Business« häufig konfrontiert.

Marken vergessen dabei aber oft, dass gerade diese »Unberechenbarkeit bzw. Authentizität« Influencer so beliebt gemacht hat. Sie ist der Grund, warum Personen im Netz eine so große Anhängerschaft um sich scharen können. Ein gutes Stück »Unberechenbarkeit« muss also bei jeder Influencer-Kampagne mit eingekauft werden. Natürlich müssen dennoch gewisse Rahmenbedingungen geschaffen und festgelegt werden, über die sich beide Seiten einig sein müssen. Sie bilden nicht nur den Grundstein einer erfolgreichen und vor allem im Anschluss messbaren Zusammenarbeit, sondern sind auch essentieller Bestandteil eines gelungenen Briefings. Im Folgenden habe ich aus der Praxis die wichtigsten Dos and Don'ts zusammengetragen:

+ Kernpunkte und Benefits eines Produktes und seine grundsätzliche Anwendung

+ Kampagnenzeitraum +/- 2 Tage

+ Verlinkungen, Trackinglinks, Kampagnen-Hashtags, Promo-Codes, Gewinnspielmechanismen etc.

+ Mood-Bilder und Inspirationen für die allgemeine Stimmung des Contents

- Unternehmensphilosophie und -historie

- Eins-zu-eins-Verwendung von Marketing Buzzwords (und Verbot von umgangsprachlichen Begriffen), z.B. »Haartrockner« statt »Fön« oder «Gesichtsreiniger mit Glow-Hyaloron-Effekt«

- Foto- und Bewegtbild-Abnahme Wochen oder mehrere Tage im Voraus -> Influencer reisen sehr viel und setzen ihren Content viel authentischer und ansprechender von ihren Reisen aus um.

- Vorgaben à la: »Es dürfen keine weißen Blumen verwendet werden«" oder Vorgabe eines bestimmten Bildbearbeitungsfilters wie z.B. schwarz/weiß.

Im Allgemeinen gilt also: Es gibt gewisse Grundregeln, an die sich ein Influencer auch entlang seiner kreativen und freien Arbeit für eine Marke halten muss. Dennoch sollten die Spielregeln nicht zu streng definiert werden, da dies schnell zu Frustration auf beiden Seiten führen kann. Muss ein Influencer seinen Content eine Woche vor dem Posting zur Abstimmung an die PR-Abteilung schicken, geht viel kreative Freiheit und »Echtzeit-Berichterstattung« verloren, die sehr wahrscheinlich besonders wertvoll für die authentische Darstellung eines Produktes gewesen wäre.

Für Unternehmen ist deshalb eine intensive Vorselektion der Influencer besonders wichtig, um deren Bildsprache und allgemeinen Umgang mit Kooperationen schon im frühen Stadium gut einschätzen zu können. So vermeidet man »böse Überraschungen« und kann sich sogar vom zusätzlichen kreativen Input für die weitere Kommunikation um das eigene Produkt inspirieren lassen. Auch dam Feedback der Community sollte dabei immer ein hoher Stellenwert zugesprochen werden. Denn das sind die Meinungen der Personen, die eine Kampagne am Ende erreichen soll.

Letztlich sind Unternehmen und Influencer immer auf der gleichen Seite: Beide setzen auf möglichst authentische Werbung, die möglichst nicht nach Werbung aussieht und sich ganz natürlich ins tägliche Storytelling einfügen lässt.

11.3 Herausforderungen für Unternehmen entlang einer Influencer-Kampagne

Die wohl größte Herausforderung für ein Unternehmen ist es, sich einen Überblick über die Influencer-Landschaft zu verschaffen. Mittlerweile gibt es nahezu für jede Nische, Sparte oder Plattform jemanden, der eine Community im Netz um sich geschart hat. Wie finde ich nun den passenden Influencer, der zu meiner Marke, meinen Werten und Visionen passt? Es lohnt sich an diesem Punkt sicherlich für jeden Werbetreibenden, selbst einmal in die jeweilige Plattform einzutauchen, auf der man Influencer-Marketing betreiben möchte. Entlang der eigenen Interessen entsteht schnell ein Gefühl für Tools, Tonalität und generelle Gegebenheiten innerhalb einer Social Community.

Im Anschluss geht es darum, die richtigen Influencer zu identifizieren. Hier gibt es je nach Unternehmensgröße, Ressourcen und Budget verschiedene Optionen: eine Agentur hinzuziehen, Software nutzen oder auf Manpower im eigenen Unternehmen zurückgreifen. Details zu diesen Themen finden Sie in den Abschnitten 10.3 »Passende Influencer suchen und finden«, 10.4 »Bewertung der gefundenen Influencer« und 12 »Exkurs: Software zur Unterstützung von Social-Influencer-Marketing«.

Egal welche Instanz sich letztendlich mit dem Auswahlprozess beschäftigt, diese Fragen sollten dabei immer im Blick behalten und am Ende beantwortet werden können:

- In welcher Markenwelt bewegt sich der Influencer?
- Arbeitet er bereits mit anderen Marken aus ähnlichen Segmenten oder gar der Konkurrenz zusammen?
- Wie ist das Verhältnis zwischen gesponserten und nicht gesponserten Beiträgen auf seinem Account?
- Stimmt das Verhältnis aus Followern, Likes und Kommentaren?
- Wie wurden vergangene Kooperationen umgesetzt? Passen Bildsprache / Videogestaltung und Tonalität zu meiner Brand?

Für alle weiteren demografischen Daten wie Alter, Top Locations, Story Views und ähnliche Insights, die sich nicht von außen erkennen lassen, ist es üblich, ein Media Kit beim Influencer direkt anzufragen. Neben wertvollen KPIs lassen sich hier schon anhand der Qualität der Gestaltung und Aufbereitung der eigenen Daten eines jeweiligen Influencers Rückschlüsse auf seinen Professionalisierungsgrad ableiten.

Sind die Wunsch-Influencer gefunden und ist eine gute Grundlage für eine Zusammenarbeit geschaffen wurden, geht es an die Arbeit. Die vielleicht größte Herausforderung entlang einer Influencer-Kampagne ist das Abstecken und Einhalten der Timings mit Blick auf die geplanten Marketing-Aktivitäten und Zeiträume. Die Bedeutung dieses Punktes mag abhängig von der Unternehmensgröße schwanken, dennoch müssen auch mittelstandische Unternehmen und kleine Brands an dieser Stelle aufpassen, sobald es um mehr geht als Gratisproben und Samplings. Denn in der Regel sind die geplanten Aktivitäten des Influencers nicht isoliert zu betrachten: Erfolgreiche Influencer-Kampagnen finden immer im Kontext einer oder mehrerer Aktivierungen seitens des Unternehmens statt. Dies können vordefinierte Kampagnenzeiträume für saisonale Produkte, wichtige Launch- und Release-Daten, Events oder auch geplante Sales- oder Give-Away-Aktionen sein. Eben alles, was ein mehr oder weniger genaues Timing erfordert. In der Praxis empfehle ich Unternehmen, solche Zeiträume schon im Vorfeld nicht zu knapp zu bemessen, gerade wenn eine Abnahme vorausgesetzt wird oder wenn zeitgleich mit mehreren Influencern, oft sogar auf internationaler Ebene, gearbeitet wird. So profan es klingen mag: Durch die Vielzahl an Events, Reisen und einemÜberangebot an Aktivitäten und Einladungen, die mittlerweile das tägliche Leben eines Influencers bestimmen, lassen sich Timings wie der klassische Rabattcode, der innerhalb von 24 Stunden angewendet werden muss, nur schwer in der Realität umsetzen.

Ist die Kampagne abgeschlossen und sind alle im Briefing vereinbarten Leistungen und Postings erfolgt, geht es daran, den Erfolg messbar zu machen. Hier greifen die meisten Unternehmen auf die üblichen KPIs zurück: Likes, Kommentare, Brutto- und Nettoreichweite eines Posts, Stories oder Videos. Im Verhältnis zu diesen Zahlen sollten dann Performance-KPIs betrachten werden wie Leads, Sales, CTRs, Anzahl der Neukunden etc. Oft werden neben diesen Kennzahlen allerdings schwer messbare, langfristige Ziele und Effekte nicht bedacht. Denn Influencer-Kampagnen leisten auch Beiträge zu langfristigen Zielen, die sich leider kurzfristig nicht messen lassen, beispielsweise das Erschließen neuer (in den meisten Fällen jüngerer) Zielgruppen, langfristige Branding-Effekte, der Aufbau eines bestimmten Marken-Images, allgemeine Awareness für ein Produkt / Kampagnenziel oder auch die emotionale Aufladung einer Brand. Deshalb sollte der Erfolg oder Misserfolg einer Influencer-Kampagne nicht nur kurzfristig anhand von KPIs festgemacht werden, sondern vielmehr langfristig und nachhaltig entlang des gesamten Markenimage-Aufbaus betrachtet werden.

Viele, oft mittelständische Unternehmen sind bisweilen enttäuscht, wenn sich nach einer einmaligen Zusammenarbeit mit einem Influencer nicht der erhoffte Sales-Boom oder eine Flut aus tausenden neuen Followern für die eigenen Social-Media-Kanäle einstellt. Gerade wenn es sich um neue Produkte oder Marken handelt, die erst in den Markt eintreten, sind Einmalaktionen oft nicht erfolgreich. Auch bei erklärungsbedürftigen Produkten, die aus dem visuell reizbaren Beauty- / Fashion oder Lifestyle-Raster herausfallen, liegt der Erfolg von Einmalaktionen oft hinter den Erwartungen der Unternehmen. In solchen Fällen rate ich Unternehmen daher von einmaligen »One Shots« ab. Generell gilt für alle Marken: Der Aufbau von Markenbotschaftern und eine langfristige Zusammenarbeit mit Influencern führen nachhaltig zum Erfolg. Es gilt, eine Beziehung auf Augenhöhe aufzubauen, in der auch das Unternehmen vom ehrlichen Feedback des Influencers und seiner Community zu seinen Produkten und Services profitieren kann. Influencer haben nämlich einen direkten Draht zur Community, den Marken selbst nur schwer aufbauen können. Auch aus Influencer-Perspektive lohnt sich die Loyalität zu einem Unternehmen: So gewinnen sie meist nicht nur einen langfristigen Geschäftspartner, sondern bleiben auch authentisch gegenüber ihren Followern. Hier bieten sich z.B. Jahres- oder Halbjahresverträge an, in denen die zu erbringenden Leistungen und groben Timings (in flexibler Abstimmung) festgehalten werden. Aus eigener Erfahrung kann ich sagen, dass Influencer, die eine enge und faire Beziehung zu ihren langfristigen Kooperationspartnern pflegen, bereit sind, auch über die vereinbarten Postings hinaus On-top-Leistungen zu erbringen. Vertrauen und Freiräume sind der Schlüssel zum Erfolg.

12 Exkurs: Software zur Unterstützung von Social-Influencer-Marketing

Ähnlich wie bei der Suchmaschinenoptimierung gibt es mittlerweile auch eine Reihe von Software-Tools, die das Social-Influencer-Marketing erleichtern und unterstützen sollen. Denn wenn man es ernsthaft betreibt, bedeutet das viel Arbeit. In Bezug auf Software-unterstützte Suchmaschinenoptimierung haben sich in Deutschland mittlerweile drei Player etabliert, die den Markt unter sich aufteilen. Der Markt für Software zur Unterstützung des Social-Influencer-Marketings ist noch weit entfernt davon, etabliert und verteilt zu sein. Hier haben sich viele, zum Teil neue Marktplätze und Plattformen aufgestellt. Dazu kommen noch die Angebote von Influencer-Marketing-Agenturen, die teilweise eigene Influencer-Netzwerke betreiben. Für den Werbetreibenden ist das eine sehr unübersichtliche Situation, weshalb ich in diesem Kapitel versuchen möchte, diesen Bereich zu strukturieren.

12.1 Grundsätzliche Modelle

Betrachtet man Aufgabenfelder des Social-Influencer-Marketings aus der Vogelperspektive, so ergeben sich drei große Tätigkeitsbereiche, die sinnvollerweise softwareseitig unterstützt werden können:

- Die **Suche** nach geeigneten Influencern inkl. der Analyse.
- Die **Abwicklung und Administration** sowie ggf. das Contracting.
- Das **Controlling** der Kampagne.

Betrachtet man den Prozess der Geschäftsanbahnung bzw. -abwicklung zwischen einem Influencer und einem Werbetreibenden, so gibt es derzeit zwei gängige Modelle, die durch Software unterstützt werden:

- Das Modell Marktplatz: Erstellung eines Briefings für eine Kampagne durch den Werbetreibenden. Anschließend wartet der Werbetreibende auf Bewerbungen von passenden Influencern. Siehe Abbildung 12.1: Darstellung des Prozessflusses im Modell Marktplatz.

- Modell IM-Suite[74]: Gezielte Suche nach passenden Influencern mit anschließender Ansprache.
    - Mit teilweiser Unterstützung der Tätigkeitsbereiche (z. B. nur Suche).
    - Mit vollständiger Abdeckung der Tätigkeitsbereiche (also Suche, Abwicklung und Controlling). Siehe Abbildung 12.2: Darstellung des Prozessflusses im Modell IM-Suite.

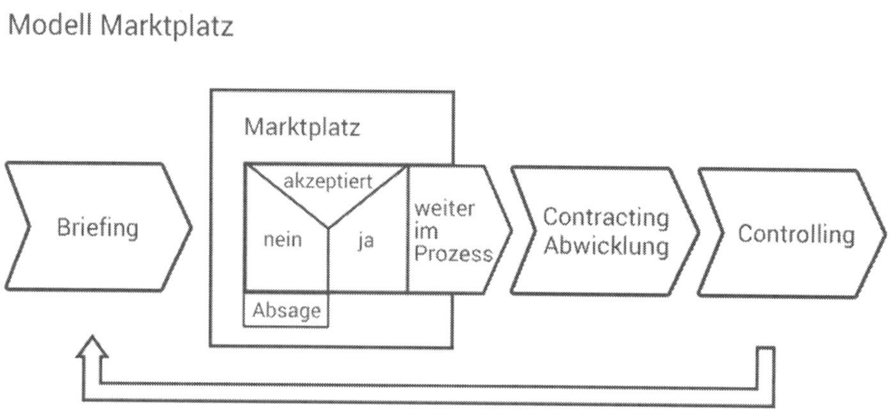

Abbildung 12.1: Darstellung des Prozessflusses im Modell Marktplatz.

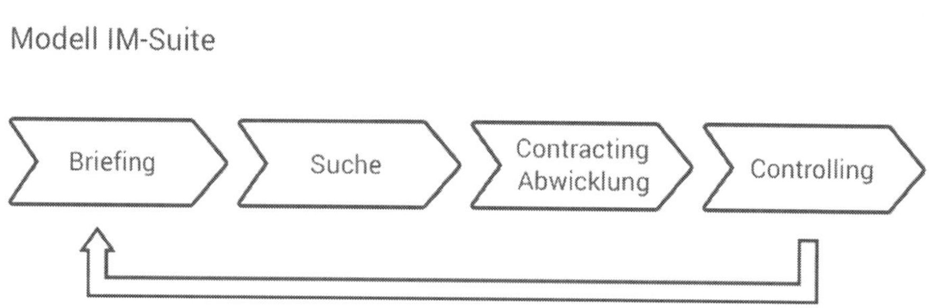

Abbildung 12.2: Darstellung des Prozessflusses im Modell IM-Suite.

[74] Dieser Begriff ist eine Wortschöpfung von mir, da es derzeit keinen mir bekannten Begriff für derartige Software gibt. Die Begriffe »Netzwerk« oder »Plattform« grenzen diese Software nicht von den Marktplätzen ab.

Beide Modelle haben ihre Vor- und Nachteile. Bei dem Modell Marktplatz ist man als Werbetreibender zunächst wenig gefordert. Man erstellt das Briefing und wartet auf Bewerbungen. Der Zeitaufwand für die Suche entfällt. Allerdings erhält man meiner Erfahrung nach auch viele unpassende Bewerbungen und verliert beim Bewerbermanagement wieder Zeit.

Das Modell IM-Suite mit voller Unterstützung aller Tätigkeitsbereiche vereinfacht die Suche nach Influencern und das Contracting deutlich. Je nach Konstellation kann viel Zeit eingespart werden für die Suche. Es kann sehr genau und granular gesucht werden. Auch die Teilautomatisierung der Abwicklung hilft, Zeit zu sparen und den Überblick zu behalten.

Natürlich stellt sich auch die Frage, bis zu welchem Grad eine Automatisierung im Social-Influencer-Marketing sinnvoll ist. Schließlich ist überall zu lesen, dass wirklich gutes Social-Influencer-Marketing authentisch und »echt« sein muss. Diesbezüglich ist die Fachwelt sich noch uneinig. Einerseits gibt es Agenturen, die nur eine manuelle Auswahl für sinnvoll erachten. Andererseits bedienen sich sehr viele Agenturen bei der Recherche nach neuen Influencern IM-Suites oder gar Marktplätzen. Es gibt sogar Influencer-Marketing-Agenturen, die ursprünglich für den Eigengebrauch eine IM-Suite entwickelt haben und diese Software nun an Dritte vermarkten[75].

Die folgende Grafik visualisiert den Zusammenhang.

75 Z. B. www.brandnew.io.

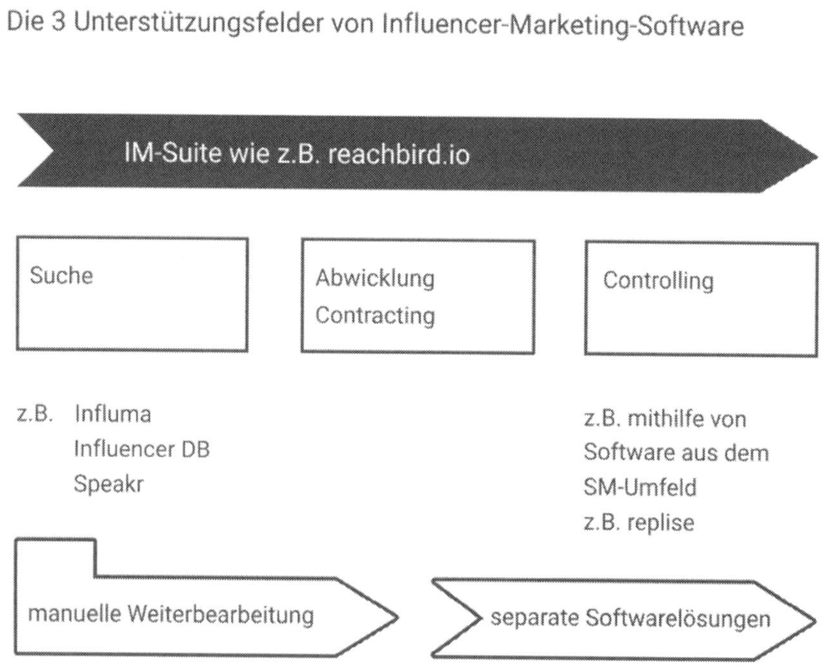

Abbildung 12.3: Die drei Unterstützungsfelder von Influencer-Marketing-Software.

12.2 Softwarelösungen im Detail

Wenn man sich mit Social-Influencer-Marketing beschäftigt, wird man früher oder später eine passende Softwarelösung zur Unterstützung und Optimierung seiner Aktivitäten benötigen. In der Folge werden einige Softwarelösungen aufgelistet und kurz besprochen. Die Liste hat keinen Anspruch auf Vollständigkeit. Alle Angaben sind ohne Gewähr. Der Markt ist sehr jung und stark in Bewegung. Es besteht daher die Möglichkeit, dass Anbieter vom Markt verschwinden oder gekauft und eingegliedert werden. Natürlich besteht immer die Möglichkeit, dass auch neue Software entsteht. Wenn Ihnen in der Auflistung eine Software fehlt oder Daten nicht mehr aktuell sind, schreiben Sie mir gerne eine E-Mail. Dank Print-on-Demand kann ich auch zwischenzeitlich Ergänzungen am Buch vornehmen.

Folgende Überlegungen lagen der Datenerhebung zugrunde:

- Das Gründungsjahr habe ich mit aufgeführt, weil dieses Rückschlüsse auf den Reifegrad der Software zulässt, zumindest näherungsweise.
- Das Ursprungsland der Software wurde aufgenommen, um Rückschlüsse auf den Marktfokus zu ermöglichen. Eine Software, deren Ursprung

in Polen oder Russland liegt, wird tendenziell mehr Influencer aus osteuropäischen Ländern in der Datenbank haben als eine Software, deren Ursprung in den USA liegt. Da viele Kampagnen einen lokalen Bezug haben – zumindest auf Länderebene – sind derartige Überlegungen sicherlich relevant.

- Der Typus der Software wurde klassifiziert in Marktplatz [M], Suite [SU] (Suche, Abwicklung, Controlling) sowie Suche und Recherche [SE]. Wenn die Software aus dem Umfeld einer Social-Influencer-Agentur stammt oder verstärkt auch typische Agenturleistungen angeboten werden, wurde das Attribut »agenturgetrieben« [A] hinzugefügt. Diese Information ist, je nach Konzeption der geplanten Aktivität, durchaus nützlich.
- Wenn es sich bei der Software um eine Suite oder einen Marktplatz handelt, wurden Kennzahlen wie »Anzahl akkreditierter Influencer«, »Land, aus dem die meisten Influencer stammen«, »Stärkster Kanal« und »Marktfokus« aufgeführt. Diese Daten sind für die Planung einer Kampagne sicherlich von Bedeutung. Möchte man z. B. eine Videokampagne starten, macht es am meisten Sinn, eine Plattform zu nutzen, die viele YouTube-Influencer hat.
- Die Anzahl der Mitarbeiter des Unternehmens wurde aufgeführt, um Rückschlüsse auf die Substanz und Nachhaltigkeit der Lösung zu ermöglichen.

12.2.1 Marktplätze und IM-Suites

Alle Angaben mit Stand September 2017.

12.2.1.1 *blogfoster.com*

Gründung: 2013

Ursprung: Deutschland

Zentrale: Berlin

Typ: SU, A

Anzahl akkreditierter Influencer: 42.000

Untergrenze Follower für die Annahme als Influencer: ca. 2.000 Follower auf Instagram, wird aber bei jedem Account individuell entschieden.

Die meisten Influencer aus: DACH, UK & F

Stärkster Kanal: Blogs, Instagram, YouTube, Facebook, Pinterest

Marktfokus: k. A.

MAs: > 40

Anmerkung: Das Unternehmen konzentriert sich auf die Automatisierung des Influencer Marketing und legt dabei den Fokus auf die Maximierung des ROI. Nachdem sich Blogfoster zunächst auf Blogs spezialisiert hat, stehen nun (Febr. 2019) auch weitere Kanäle, wie Instagram und YouTube zur Verfügung.

12.2.1.2 *blogmission.com*

Gründung: 2011

Ursprung: Deutschland

Zentrale: Köln

Typ: M, A
Anzahl akkreditierter Influencer: 12.000

Untergrenze Follower/Besucher für die Annahme als Influencer: k. A.

Die meisten Influencer aus: k. A.

Stärkster Kanal: Blogs

Marktfokus: k. A.

MAs: > 25

Anmerkung: blogmission wird betrieben durch die Seeding Alliance GmbH, die seit März 2017 zur Ströer Gruppe gehört.
Neue Formulierung: blogmission wird betrieben durch die Seeding Alliance GmbH, die seit März 2017 zur Ströer Gruppe gehört. Der Anbieter arbeitet ausschließlich mit unabhängigen Bloggern zusammen und sieht sich selbst als Marktplatz, der werbetreibende Unternehmen und geeignete Blogs zusammenbringt.

12.2.1.3 *buzzbird.de*

Gründung: 2016

Ursprung: Deutschland
Zentrale: Berlin

Typ: SU, A

Anzahl akkreditierter Influencer: 10.000

Untergrenze Follower für die Annahme als Influencer: Nein. Die Beschränkungen bei BuzzBird sind: Mindestalter 18 Jahre und unternehmerische Tätigkeit.

Die meisten Influencer aus: DACH

Stärkster Kanal: YouTube, Instagram, Facebook, Blogs (Reihenfolge gewichtet)

Marktfokus: Derzeit DACH. Expansion geplant.

MAs: > 15
Anmerkung: Das Leistungsversprechen von BuzzBird lautet: »Mit BuzzBird wird Social-Influencer-Marketing planbar, messbar und skalierbar«. Das Unternehmen bietet dem Kunden eine rundum Betreuung inklusive der strategischen und konzeptionellen Planung, sowie der Umsetzung der Kampagne. Außerdem verfügt BuzzBird nach eigenen Angaben über die Daten, die Technologien und die Kompetenzen, die in Kombination mit dem Geschäftsmodell, das auf SaaS basiert, das Influencer Marketing erfolgreich, effektiv und effizient machen. 2017 stieg Pro Siebben Sat 1 bei Buzzbird ein.

12.2.1.4 *hashtaglove.de*

Gründung: 2014

Ursprung: Deutschland

Zentrale: Hamburg

Typ: (nur mit Kuratierung, also kein Selfservice)

Anzahl akkreditierter Influencer: 5.000

Untergrenze Follower für die Annahme als Influencer: keine, aber Bereinigung der Datenbank, wenn keine Zuwächse sind. Mindestalter: 18 Jahre

Die meisten Influencer aus: DACH

Stärkster Kanal: Instagram, YouTube, Blogs, Facebook, Twitter, Pinterest

Marktfokus: k. A.

MAs: >12

Anmerkung: Der Marktplatz hebt sich etwas ab von anderen Marktplätzen wie Reachhero oder Tubevertise. Selfservice gibt es nicht. Alle Kampagnen werden begleitet und betreut seitens der Marktplatzbetreiber. Kunden können durch ein Live-Reporting jederzeit den Stand ihrer Kampagne einsehen. Das Spezialgebiet des Anbieters sind Marktplatz-Kampagnen mit mehr als 200 Influencern.

12.2.1.5 *incircles.de*

Gründung: 2016

Ursprung: Deutschland

Zentrale: Hamburg

Typ: SE, A

Anzahl akkreditierter Influencer: 4 Mio.
Untergrenze Follower für die Annahme als Influencer: individuell

Die meisten Influencer aus: Europaweit

Stärkster Kanal: k. A.

Marktfokus: k. A.

MAs: >30
Anmerkung: Incircles bietet ein Schritt für Schritt Vorgehen zur Erstellung der eigenen Marketingkampagne. Neben der Strategieentwicklung und der Auswahl des Influencers stehen vor allem die Steuerung sowie die Erfolgskontrolle der Kampagne im Mittelpunkt.

12.2.1.6 *indahash.com*
Gründung: 2016

Ursprung: Polen, Niederlassung in Hamburg wurde ebenfalls 2016 gegründet.

Zentrale: Warschau
Typ: M

Anzahl akkreditierter Influencer: 919.933, ca. 70 Prozent der Influencer nutzen unsere App wiederkehrend

Untergrenze Follower für die Annahme als Influencer: 700

Die meisten Influencer aus: Weltweit vertreten

Stärkster Kanal: Instagram, danach mit Abstand Snapchat und Facebook
Marktfokus: k. A.

MAs: > 7 (nur Deutschland)

Anmerkung: Das Unternehmen wurde in Polen gegründet und verfolgt ein etwas anderes Konzept als viele Mitbewerbern. Dreh und Angelpunkt der Aktivitäten ist eine App. Influencer agieren primär über die Indahash-App. Das Leistungsversprechen an die Influencer lautet: »The indaHash app lets you make money on your social media whether Instagram, Snapchat or Facebook. We connect famous brands (Coca Cola, Sephora, VW, Adidas, P&G etc) with influencers of all ranges. Brands pay users like you to post your original content promoting their brand.«

12.2.1.7 *linkilike.com*
Gründung: 2012

Ursprung: Österreich

Zentrale: Köln

Typ: M, A

Anzahl akkreditierter Influencer: 25.000

Untergrenze Follower für die Annahme als Influencer: ca. 250 Follower

Die meisten Influencer aus: DACH

Stärkster Kanal: Facebook, Blogs, Twitter, Trumblr, google+

Marktfokus: DACH

MAs: > 10

Anmerkung: Die Wurzeln von Linkilike liegen im Content-Marketing. Daher verbindet das Unternehmen wie kaum ein anderes die Themen »Content« und »Influencer«. Es hat sich zur Aufgabe gemacht, Influencer dabei zu unterstützen wertvollen Content im digitalen Raum zu verbreiten. Dabei werden Social-Influencer und werbende Unternehmen möglichst optimal aufeinander abgestimmt.

12.2.1.8 *reachhero.de*

Gründung: 2014

Ursprung: Deutschland

Zentrale: Berlin

Typ: M

Anzahl akkreditierter Influencer: 70.000

Untergrenze Follower für die Annahme als Influencer: 1.000

Die meisten Influencer aus: DACH

Stärkster Kanal: YouTube, Facebook, Instagram, Twitter

Marktfokus: DACH

MAs: > 20

Anmerkung: Philipp John, Christian Chyzyk und Aaron Troschke gründeten das Start-up 2014 und haben im Mai 2016 die Samwer-Brüder, Benjamin Bak (Lovoo) und Axel Springer als Investoren gewinnen können. Das Unternehmen bezeichnet sich selbst als »Deutschlands größter Online-Marktplatz für Micro- und Macro-Influencer-Kampagnen«. Im März 2019 wurde bekannt, dass Reachhero mehrheitlich von Blockescence übernommen wird. Blockescene ist ein in Malta ansässige Investment-Unternehmen.

12.2.1.9 *reachbird.io*

Gründung: 2015

Ursprung: Liechtenstein

Zentrale: München

Typ: SU

Anzahl akkreditierter Influencer: > 25.000

Untergrenze Follower für die Annahme als Influencer: 1.000

Die meisten Influencer aus: Deutschland

Stärkster Kanal: Instagram; danach YouTube, Blogs

Marktfokus: DACH-Region; danach Europa

MAs: > 12

Anmerkung: Das Unternehmen wurde 2015 als Start-up gegründet und ist teilweise VC-finanziert. Es ist sehr datengetrieben und verfügt über extrem viele Kennzahlen. Im Gegensatz zu vielen seiner Konkurrenten, wirbt dieses Unternehmen mit der Durchführung von Marktforschungsaktivitäten für werbende Unternehmen, damit diese die Kundenbedürfnisse optimal adressieren und Kundenfeedback nutzen können.

12.2.1.10 *speakr.com*

Gründung: 2010

Ursprung: USA

Zentrale: Hollywood

Typ: SU

Anzahl akkreditierter Influencer: 37.000

Untergrenze Follower für die Annahme als Influencer: k. A.

Die meisten Influencer aus: USA

Stärkster Kanal: k. A.

Marktfokus: USA, Europa

MAs: 32

Anmerkung: Speakr versteht sich als technologisch getriebene Einkaufsplattform für Media- und Content-Buying über Influencer. Laut dem Unternehmen werden pro Influencer 6.000 Datenpunkte erhoben. Das Unternehmen hat über 37.000 Influencer in seiner Datenbank und konzentriert sich im Schwerpunkt auf Leistungen für Top-500-Unternehmen.

12.2.1.11 *thecirqle.com*

Gründung: 2015

Ursprung: Niederlande

Zentrale: Amsterdam

Typ: M, SU

Anzahl akkreditierter Influencer: >10.000

Untergrenze Follower für die Annahme als Influencer: 5.000

Die meisten Influencer aus: k. A.

Stärkster Kanal: Instagram, Facebook, YouTube (in der Reihenfolge)

Marktfokus: US, UK, rest of Europe

MAs: >25

Anmerkung: The Cirqle ist Marktplatz und IM-Suite zugleich. Werbetreibende können gezielt nach passenden Influencern suchen, aber auch Kampagnen einstellen und auf Bewerbungen warten. Auch die Option, ein bestimmtes Influencer-Profil einzustellen und alle passenden Influencer zu einer Kampagne einzuladen besteht. Zielgruppe von The Cirqle sind sowohl Unternehmen als auch Agenturen. Teilweise wird die Technologie von The Cirqle von Agenturen auch als »White Label Lösung« eingesetzt. Lt. dem Unternehmen, geht die Kategorisierung und die qualitative Überprüfung der Influencer bei The Cirqule sehr weit.

12.2.1.12 *trusted-blogs.com*

Gründung: 2016

Ursprung: Deutschland

Zentrale: Bremen

Typ: M, A

Anzahl akkreditierter Influencer: 4.794 (Juni 2018)

Untergrenze Follower für die Annahme als Influencer: keine

Die meisten Influencer aus: D, AT

Stärkster Kanal: Blogs

Marktfokus: DACH

MAs: < 10

Anmerkung: Das Unternehmen glaubt nicht an die Anzahl der Follower/Besucher als KPI und hat daher auch keine Mindestanzahl festgelegt. Auf der Plattform können sich nur „echte Blogger" registrieren, was darauf hindeutet, dass trusted-blogs.com eher einen qualitativ hochwertigen Ansatz verfolgt. Das ist aber nur mein subjektiver Eindruck und wäre im Einzelfall zu prüfen.

12.2.1.13 *tubevertise.de*

Gründung: 2015

Ursprung: Deutschland

Zentrale: Düsseldorf

Typ: M

Anzahl akkreditierter Influencer: 5.500

Untergrenze Follower für die Annahme als Influencer: k. A.

Die meisten Influencer aus: Deutschland

Stärkster Kanal: YouTube, Instagram

Marktfokus: k. A.

MAs: > 12

Anmerkung: Das Unternehmen wurde als Start-up gegründet und ist mittlerweile Teil der Ströer Content Group GmbH. Die Plattform ist ein Marktplatz, auf dem Influencer und Werbetreibende zusammengeführt werden. Kampagnen werden erstellt und Influencer können sich bewerben für die Teilnahme. Es wird auch eine Suchfunktion angeboten, die aber deutlich weniger Optionen bietet als die von Mitbewerbersystemen.

12.2.1.14 *Weitere Tools*

www.collabary.com
Das Unternehmen versteht sich als Teil der Zalando Tech-Plattform und möchte lt. Infos auf der Webseite das bald größte Netzwerk für Influencer Marketing aufzubauen. Außerdem möchte der Anbieter den Prozess der Zusammenarbeit so einfach wie möglich gestalten.

famebit.com
Das Unternehmen wurde als Startup gegründet und 2016 von Google gekauft. Das Ziel dieser Übernahme war offenbar, YouTuber mit Werbetreibenden zusammen zu bringen und besser zu vernetzten. Die Software ist als Marktplatz ausgelegt.

grouphigh.com
Grouphigh ist mit der Blog-Suche groß geworden und hat heute rund 15 Mio. Blogs im Index. Später wurden andere Kanäle ergänzt. Die Suche ist immer noch die Kernfunktion der Software. Es wurden aber andere Funktionen wie Analyse- und Influencer-Relationship-Management ergänzt.

www.hashoff.com
Hashoff versteht sich als Pionier für Micro-Influencer-Marketing. Es richtet sein Angebot an Unternehmen und Marken aller Größen. Laut eigenen Aussagen sind auf der Hashoff-Plattform mehr als 150.000 Influencer akkreditiert. Das Unternehmen hat seinen Sitz in Denver, USA.

www.sponsokit.com

Der Fokus bei sponsokit scheint mit Stand Februar 2019 auf Videos zu liegen. Die Plattform ist als Marktplatz ausgerichtet. D.h. Werbetreibende erstellen eine Kampagne und warten dann auf Bewerbungen der Influencer.

www.traackr.com

Sehr mächtiges Tool mit vielen Optionen und Funktionen zur Influencer-Recherche, für das Social-Media-Monitoring und für das Influencer-Relationship-Management. Das Tool ist schon fast eine komplette Marketing-Plattform mit vielen Analyse- und Monitoring Funktionen. Der Management-Aspekt steht im Vordergrund. Teilweise geht das Tool fast in Richtung Advocacy-Marketing. Die Firma hat Büros in 3 US-amerikanischen Städten, in London und in Paris.

12.2.2 Tools für die Suche und die Analyse

12.2.2.1 *buzzsumo.com*

Gründung: 2013

Ursprung: England

Zentrale: Brighton

Typ: SE

Marktfokus: Globale Ausrichtung, allerdings mit Schwerpunkt auf Länder, in denen englisch gesprochen wird

MAs: <10

Anmerkung: Das Tool kommt eigentlich aus dem Bereich Content-Marketing. Es vereint Aufgaben der Content-Analyse und der Influencer-Suche in einem Dashboard. Es gehört international zu den bekanntesten Tools für die Recherche von Influencern. Es wertet Daten von Facebook, LinkedIn, Twitter, Pinterest und Google+ aus und generiert zum eingegebenen Schlagwort ein Ranking der einflussreichsten Personen.

12.2.2.2 *influencerDB.net*

Gründung: 2016

Ursprung: Deutschland

Zentrale: Köln

Typ: SE, A

Stärkster Kanal: Instagram (aktuell keine anderen Kanäle)

Marktfokus: Technisch international; faktisch aktuell Deutschland; Frankreich und UK sind weitere Märkte, die angestrebt werden

MAs: 12

Anmerkung: Die Software grenzt sich bewusst von Marktplätzen ab. Das Tool dient primär dem Influencer-Research und der Suche, der Analyse von Influencern sowie dem Beziehungsmanagement und dem Monitoring. Aktuell werden nur Daten zu Instagram geliefert bzw. ausgewertet. Eine Akkreditierung von Influencern ist demnach nicht erforderlich. Bei Marktplätzen können sich Influencer anmelden und durch das Hinzufügen verschiedener Themenbereiche, in denen sie aktiv sind, von Unternehmen gefunden werden. Im Gegensatz dazu bietet InfluencerDB nicht nur die Identifikation von Influencern hinsichtlich Themenbereiche, KPI, Zielgruppe etc., sondern darüber hinaus eine Tiefenanalyse von Accounts. Influencer mit einem großen Anteil an Fake-Followern oder Spam-Accounts können somit von vornherein für Kooperationen ausgeschlossen werden. 2016 wurde die Schwesterfirma Social Match gegründet, die als reine Influencer-Marketing-Agentur fungiert.

12.2.2.3 *www.iconosquare.com*

Gründung: 2011

Ursprung: Frankreich

Zentrale: Limoges

Typ: SE

Stärkster Kanal: Instagram (aktuell keine anderen Kanäle)

Marktfokus: Technisch international

MAs: 36

Anmerkung: Die Software bezeichnet sich als »Instagram Analytics & Management Platform«, was im Grunde ja schon die klare Ausrichtung der Software beschreibt. 2015 versuchte das Unternehmen eine radikale Änderung ihrer Preispolitik und verkaufte Abos von bis zu 9.000 US-Dollar pro Jahr. Dieser Vorstoß scheiterte und das Unternehmen nahm ihn zurück.

12.2.2.4 *Weitere Tools in alphabetischer Reihenfolge:*

www.captiv8.io

Ursprünglich auf Instagram-Analyse fokussiert, bietet das Tool mittlerweile auch Daten und Analysen von Twitter, Facebook und YouTube. Als Eingabe wird ein Konto oder werden Hashtags erwartet.

www.fanpagekarma.com

Fanpage Karma ist spezialisiert auf die Analyse von Facebook- und Twitter-Profilen und -Fanpages. Typische Anwendungen sind beispielsweise vergleichende Analysen oder die Auswertung von Mitbewerberprofilen.

www.moz.com/followerwonk/

FollowerWonk ist ein kleines Tool zur Analyse von Aktivitäten auf Twitter. Mit dem Tool kann nach Stichworten in den Bios von Twitter-Nutzern gesucht werden. Die Ergebnisse können nach Reichweite und Autorität sortiert werden. Ein Anwendungsgebiet kann z. B. sein, herauszufinden, welche Social Influencer Ihren Wettbewerbern folgen, Ihnen aber noch nicht.

www.impactana.com

Das Tool hat einen anderen, etwas außergewöhnlichen Ansatz. Die Oberfläche ist sehr einfach gehalten und erinnert an das Suchfeld bei Google. Dort wird ein Suchbegriff eingegeben und als Ergebnis werden Influencer mit ihren zugehörigen Daten ausgegeben. Natürlich gibt es auch Filtermöglichkeiten, um die Suche zu verfeinern. Die Impactana-Technologie basiert auf dem LinkResearchTools[76] (LRT), welches aus dem SEO-Bereich stammt.

www.influma.com

Influma hat seine Wurzeln in der Blogger-Szene. Das Tool ermöglicht die Suche nach Medien (ursprünglich primär Blogs), die Beiträge zu Themen veröffentlicht haben, die für einen jeweiligen Werbetreibenden von Interesse sind. Das Auffinden von Medien, insbesondere Blogs, die die Veröffentlichung von Gastbeiträgen und Fachartikeln für Content-Marketing oder ein Seeding ermöglichen, ist bei-

---

[76] Vgl. http://www.linkresearchtools.de, Zugriff 29.02.2018.

spielsweise ein Anwendungsgebiet des Tools. Dieses analysiert ebenfalls die sogenannten Social Signals der betrachteten Beiträge und lässt somit Rückschlüsse auf Reichweite und Relevanz zu. Influma ist eine Entwicklung der Adenion GmbH. Das Unternehmen wurde bekannt durch Portale wie »PR Gateway« oder »Blog2Social«.

www.klear.com

Klear ist in erster Linie eine Suchmaschine für Influencer, bietet aber auch Analyse- und Management-Funktionen. Auch Monitoring-Funktionen sind inkludiert.

www.klout.com

Klout ist ein älteres und demzufolge bekanntes Werkzeug. Es erhielt 2008 viel Aufmerksamkeit, weil es als eines der ersten Tools Social-Media-Nutzer nach deren Einfluss bewertete. In den letzten Jahren geriet das Bewertungssystem jedoch in die Kritik.

www.home.kred

Kred ist ein Werkzeug, welches verschiedene Influencer-Metriken liefert. Es wird ein Influencer Score angegeben, der sich an den ausgewerteten Erwähnungen, Retweets, Replies und Followern ausrichtet. Bei meinen Tests war das Tool aber recht »bockig«, sodass ich eine weitere Betrachtung eingestellt habe.

www.openslatedata.com

Ebenfalls auf YouTube spezialisiert ist OpenSlate. Das Tool hat mit Stand Juli 2017 über 3 Millionen YouTube-Kanäle unter Beobachtung, auf denen Werbeanzeigen platziert werden können. Das Tool ermöglicht sowohl eine Content-Analyse als auch die Suche nach geeigneten Influencern.

www.socialblade.com

Social Blade ist ein Analyse-Tool für YouTube, Facebook, Twitter, Instagram, sowie Twitch, Dailymotion und Mixer. Als Eingabe wird ein Konto bzw. Username erwartet.

www.sprinklr.com

Sprinklr ist mehr ein Tool aus dem Bereich Social-Media-Management als ein Influencer-Marketing-Tool. Es erweitert sich aber in Richtung Influencer-Kooperation und -Management. Hauptsitz ist in New York, USA.

www.veescore.com

Das Tool ist auf YouTube spezialisiert und hilft, YouTube-Influencer zu finden und zu analysieren. Das Tool bietet eine Analyse von Erfolgsfaktoren und eine Prognosefunktion.

13 Das Briefing für die Influencer

Inhalt

13.1 Was gehört in ein Briefing?

Die Zusammenarbeit mit Influencern lässt sich auf vielfältige Weise realisieren. Egal wie genau man mit Influencern arbeiten möchte, ein möglichst detailliertes Briefing hilft, Mehraufwände, Ärger und Frustration zu vermeiden. Je genauer das Briefing ist, desto zielkonformer sind die Vorschläge/Beiträge/Posts des/der Influencers. Durch die Erstellung eines soliden Briefings können Unternehmen vermeiden, dass Influencer »in die falsche Richtung arbeiten« und erst beim nachfolgenden Review der produzierten Inhalte festgestellt wird, dass beide Parteien unterschiedliche Zielvorstellungen hatten. Folgende Aspekte sollten in einem Briefing mindestens enthalten bzw. benannt sein:

- Ziel der Kampagne bzw. der Kooperation
- Allgemeine Informationen zum Unternehmen und dem/den Produkt/en; ggf. Weblinks zur Orientierung
- Falls ein Influencer mehrere Zielgruppen anspricht, sollte die Zielgruppe auch im Briefing noch einmal klar benannt werden.
- Plattform: Viele Influencer bespielen mehrere Social-Media-Kanäle. Es sollte klar definiert sein, welche Plattform erste Priorität hat, auch wenn die Inhalte über alle Plattformen eines Influencers ausgeliefert werden.
- Timing: Aussagen darüber, bis wann ein erster Vorschlag für einen Beitrag vorliegen soll und bis wann der finale Post getätigt werden soll, gehören ebenfalls in ein Briefing.
- Anreize/Incentives: Falls Anreize oder Incentives eingesetzt werden sollen, wie beispielsweise ein Gutscheincode oder Link für einen kostenlosen Download, sollten diese natürlich unbedingt im Briefing Erwähnung finden. Falls es in diesem Zusammenhang konkrete Vorstellungen

für einen Call-to-Action gibt, sollten dazu ebenfalls Hinweise verankert werden.

- Hashtags und Co.: Falls spezielle Hashtags oder Links vom Influencer genannt werden sollen, müssten diese ebenfalls im Briefing erwähnt werden.
- Bei längeren Videos: Ggf. festlegen, bis wo spätestens der Kunden- oder Produktname gefallen sein sollte. Lange Videos werden oft nicht bis zum Ende angesehen. Auch die Art des Call-to-Action sollte ggf. angesprochen werden.
- Dedizierte Materialien: Falls im Rahmen der Kampagne seitens des Werbetreibenden Materialien oder Produkte bereitgestellt werden sollen/müssen, muss die postalische Adresse des Influencers erfragt werden, um die Produkte zusenden zu können.
- Content Review: Falls die erstellten Inhalte vor finaler Veröffentlichung vom Werbetreibenden abgenommen werden sollen, sollte dies im Briefing klar benannt werden.
- Erfolgsmessung: Es schadet sicher nicht, wenn Sie dem Influencer eine Information darüber geben, wie Sie den Erfolg der Kampagne bewerten bzw. tracken. Ggf. arbeiten Sie mit einer speziellen Landingpage oder einen Trackinglink. Influencer haben ja auch ein Interesse daran, erfolgreich zu sein und Folgeaufträge zu erhalten. Transparenz bezüglich der klar definierten Erfolgsparameter wird sicherlich einige Influencer besonders anspornen.
- Hinweis auf Kennzeichnungspflicht (siehe den nachfolgenden Exkurs).

13.2 Ein Wort zu den vertraglichen Regelungen

Im Grunde verhält es sich mit den vertraglichen Regelungen wie beim Affiliate-Marketing. Dort gilt: Wird ein Netzwerk oder ein Marktplatz genutzt, werden sowohl die Kontaktanbahnung als auch die vertraglichen Angelegenheiten über das jeweilige Netzwerk abgewickelt. In Sachen Vertragswerk wird dies für beide über die AGB des Netzwerkes geregelt. Bei Affiliate-Programmen, die in Eigenregie durchgeführt werden, müssen die vertraglichen Angelegenheiten über einen eigens zu erstellenden Vertrag geregelt werden.

Beim Social-Influencer-Marketing ist das nicht anders. Wird eine IM-Suite oder Marktplatz-Software eingesetzt (vgl. Kapitel 12), so besteht zwischen dem Betreiber der Softwareplattform und dem Influencer sowie dem Betreiber und dem

Werbetreibenden über die jeweilige Zustimmung zu den AGB ein vertraglich geregeltes, juristisches Verhältnis. Einer gesonderten Vereinbarung zwischen dem Influencer und dem Werbetreibenden bedarf es dann i. d. R. nicht mehr. Nutzt man eine derartige Software nicht, muss man sich selbst um ein Vertragswerk kümmern bzw. einen Anwalt bemühen (vgl. Kapitel 1). Auch wenn das Social-Influencer-Marketing eine vergleichsweise junge Marketing-Disziplin ist, die rechtlichen Berührungspunkte der Vertragspartner sind nicht neu. Geregelt werden sollten grundlegende Festlegungen über den konkreten Tätigkeits- und Leistungsumfang, die Vergütung, die Beschreibung des Umfangs von Incentives oder Prämien und ggf. die Einräumung von Nutzungs- und Verwertungsrechten. Daneben stellt sich unter bestimmten Bedingungen noch die Frage nach der Verantwortung, wenn geltendes Recht verletzt wird. Besonders häufig wird im Zusammenhang mit Social-Influencer-Marketing das Wettbewerbsrecht thematisiert. Aber auch das Mediengesetz oder das Jugendschutzgesetz können von Kampagnen tangiert werden.

Das alles sind wichtige Themen, die es sinnvoll erscheinen lassen, einen Juristen hinzuzuziehen, um einen schriftlichen Vertrag mit hoher Rechtssicherheit ausarbeiten zu lassen. Hierdurch lässt sich für den Werbetreibenden, aber auch für den Influencer, das Risiko einer kostenpflichtigen Abmahnung wegen Urheber-, Wettbewerbs- oder Persönlichkeitsrechtsverletzung erheblich minimieren.

13.3 Worksheet – grobe Kampagnenbeschreibung

Im Worksheet zur groben Kampagnenbeschreibung werden die Eckdaten der Kampagne aufgeführt. Dieses dient in erster Linie der eigenen Strukturierung. Die verankerten Texte können aber natürlich auch später in das eigentliche Briefing Eingang finden.

Servicelink zum Download:

www.lammenett.de/IM1

13.4 Checkliste für Kampagnen-Briefing

In der Checkliste werden noch einmal die wichtigsten Informationen aufgeführt, die im Kampagnen-Briefing <u>mindestens</u> kommuniziert werden sollten.

Ebenfalls zu finden in:

www.lammenett.de/IM1

14 Auswertung und Controlling

Die Auswertung und das Controlling von Social-Influencer-Marketing unterscheiden sich vom Grundsatz her nicht von der/dem anderer Marketing-Maßnahmen. In Bezug auf das Controlling lassen sich viele Marktteilnehmer jedoch in die Irre leiten, weshalb ich diesem Thema ein etwas umfänglicheres Kapitel widmen möchte.

Kernfrage des Controllings ist immer, inwieweit die durchgeführten Maßnahmen einen Beitrag zum eigentlichen Marketing-Ziel[79] geleistet haben. Anstatt Follower, Views und verwendete Hashtags als Ziel einer Influencer-Kampagne zu definieren, sollten viel mehr relevante Marketing-Ziele definiert und angestrebt werden. Natürlich hat die Anzahl der verwendeten Hashtags und Shares Einfluss auf die Reichweite der Kampagne und ggf. auch auf die Steigerung der Markenbekanntheit in den relevanten Zielgruppen. **Doch was nutzt Reichweite, wenn trotz großer Reichweite nicht mehr Produkte verkauft werden? Was nutzen zehntausende »Likes« oder »Shares«, wenn der Umsatz trotzdem rückläufig bleibt?** Viele Unternehmen betrachten das Thema »Controlling« nur von der operativen Seite und vernachlässigen strategische Aspekte.

14.1 Controlling einmal weitergedacht

Die meisten Kennzahlen, die im Zusammenhang mit der Social-Media-Erfolgsmessung in der Literatur oder im Internet zu finden sind, haben operativen Charakter. Das ist auch beim Social-Influencer-Marketing so. Sie basieren auf Metriken, die eher auf der operativen Ebene zum Einsatz kommen. Beispiele für solche Kennzahlen sind »Reichweite«, »Engagement-Rate«, »Like-Dislike-Ratio«. Nur wenige Unternehmen formulieren in ihrer Social-Media-Strategie auch konkrete Ziele für die mittlere und obere Ebene der Zielpyramide. Daraus resultiert im Grunde, dass in vielen Fällen kein konkreter Zusammenhang zwischen Social-Media-Aktivitäten und deren Wertschöpfungsbeitrag zur Erreichung der Unternehmensziele (Gewinn erhöhen, Kosten senken oder Umsatz steigern) hergestellt ist.

> Ein aussagekräftiges Controlling und Reporting muss den unternehmerischen Wert des Social-Influencer-Marketings offenlegen.

Aus der übergeordneten Sicht eines Unternehmens sind Ziele wie »Reichweite« oder die »Erhöhung des Engagements« nachgelagerte, eher operative Ziele ein-

---

[79] Vgl. Abschnitt 7.1 »Reflexion und Definition der Ziele«.

zelner Maßnahmen, welche Mittel zum Zweck sind, um die strategischen Ziele zu erreichen. Die nachfolgende Abbildung visualisiert diesen Gedankengang. Dabei ist es wichtig zu erkennen, dass »Reichweite« oder ein »erhöhtes Engagement« auf Social-Media-Kanälen auf unterschiedliche strategische Ziele »einzahlen« können. Die Betonung liegt hierbei auf »können«. Denn herauszufinden, ob dem so ist, ist ja eine Kernaufgabe des Controllings.

Abbildung 14.1: Stark vereinfachte Darstellung der typischen Kennzahlen aus dem SMM-Umfeld (Reichweite) und ihre Einordnung.

Im Beispiel, welches in der obigen Abbildung dargestellt wird, zahlt die »Reichweite« über »Bekanntheit steigern« **->** »Kundengewinnung« auf das Ziel »Umsatz« ein. Diese Darstellung ist stark vereinfacht, denn es gibt viele weitere Aspekte/Ziele, die zu einer Kundengewinnung führen können und die über Social Media im Allgemeinen und Social-Influencer-Marketing im Besonderen beeinflusst werden können, beispielsweise:

- Produktinnovation
- Produktverbesserung
- ins relevante Mindset kommen
- Lead-Generierung.

Auf der anderen Seite gibt es auf der zweiten Ebene neben der Kundengewinnung weitere strategische Zieloptionen, beispielsweise:

- Kundenbindung
- Kundenzufriedenheit
- Marktanteil.

Die folgende Abbildung skizziert diesen Gedankengang.

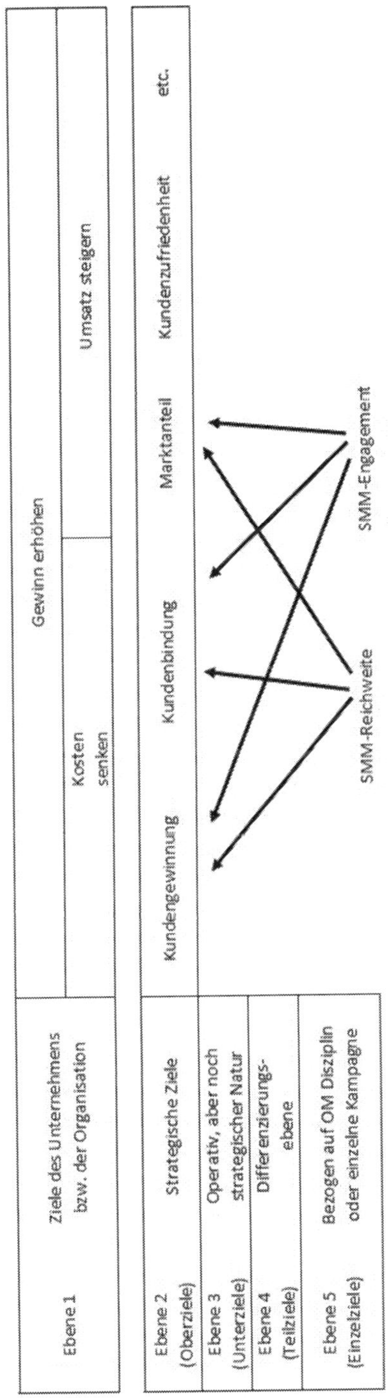

Abbildung 14.2: Beispiel für Zieloptionen und deren Einordnung im SMM.

Es würde den Rahmen des Buches sprengen, würde ich versuchen, für jedes mögliche Ziel eine ausführliche Erörterung oder gar ein Reporting zu entwickeln, zumal in Bezug auf Social Media und Social-Influencer-Marketing auch noch indirekte produktive Ziele wie »Mitarbeitergewinnung« oder »Verbesserung der Produktentwicklung« eine Rolle spielen können. Da für die meisten Unternehmen/Unternehmer die direkte Steigerung des Umsatzes ein Kernthema ist, möchte ich zur Erläuterung der vorstehenden Aussagen ein Beispiel entwickeln, welches nahe am Thema »Umsatz« ist.

Beispiel für Controlling im Social-Media-Umfeld, insbesondere Social-Influencer-Marketing

In meinem Beispiel geht es um die Erhöhung des Marktanteils in der Region X (z. B. Spanien) um Y Prozent. Die Kernfrage ist zunächst: Welche Unterziele beeinflussen das Erreichen des Oberziels. In meinem Beispiel habe ich »die Bekanntheit der Marke in der Zielregion« und den »Umsatz in der Region« herausgegriffen. Sicherlich könnten noch weitere Unterziele herangezogen werden wie beispielsweise das »Image der Marke in der Zielregion« oder die »Position der Marke zum Hauptmitbewerber«. Das würde aber mein Beispiel an dieser Stelle unnötig komplex machen, weshalb ich mich auf diese zwei Unterziele konzentriere. Es kommt mir an dieser Stelle auf die Vermittlung der Systematik und der Sichtweise an und nicht darauf, ein alles erschöpfendes Modell zu erstellen (was wahrscheinlich ohnehin unmöglich wäre).
Als nächstes wäre die Frage zu beantworten, welche Faktoren das Erreichen der Unterziele beeinflussen. Im Falle von »Bekanntheit der Marke« sind dies »Reichweite« und »Aufmerksamkeit«, im Falle von »Umsatz in der Zielregion« sind dies »die Umsätze in den jeweiligen Vertriebskanälen, die in der Region bespielt werden«.

Im Anschluss verbleibt allgemein die Frage, mit welchen Kennzahlen und welchen Werkzeugen die Einflussgrößen gemessen werden können. Natürlich verbleibt mit besonderem Bezug auf SMM und Social-Influencer-Marketing die Frage, welche Kennzahlen dort den Einfluss auf die Ziele belegen. In der folgenden Tabelle habe ich den Sachverhalt anhand des skizzierten Beispiels strukturiert aufbereitet und auch zur Art der Datenerhebung Stellung bezogen.

Oberziel Strategieziel	Unterziel strategisch/operativ	Kennzahlen auf Maßnahmenebene	Kennzahl / Datenerhebung	Art der Datenerhebung
Marktanteil in Region X um Y% erhöhen	Bekanntheit der Marke in Region X steigern	Reichweite	Markenbekanntheit	Befragung durch Marktforschungsinstitut
			Netto-Reichweite z.B. Unique Users	Webtracking oder SM Analysis
			Wachstumsrate (z.B. Follower, Fans)	SM Analysis
		Aufmerksamkeit	Werbeerinnerung	Befragung durch Marktforschungsinstitut
			SM Interaktionsrate z.B. Shares, Likes, Kommentare	SM Analysis
			Share of Buzz	SM Monitoring Tool
	Umsatz in Region X um Y% steigern	Offline-Umsatz Franchisepartner	Abrechnung mit Franchisepartnern	Buchhaltung
		Online-Umsatz eigener Shop	Umsatzstatistiktik Online-Shop	Webtracking
		Online-Umsatz Amazon Marktplatz	Abrechnung mit Amazon	Backend Amazon oder Buchhaltung
	usw.			
usw.				

Abbildung 14.3: Kennzahlen und Tools zur Datenerhebung.

In den meisten Fällen stehen nicht alle Daten zur Verfügung, die man sich für das Controlling wünschen würde. Viele Unternehmen werden aus Kostengründen kein Marktforschungsinstitut beauftragen, um die Steigerung einer Markenbekanntheit nachzuweisen oder die Werbeerinnerung einer Social-

Media-Kampagne zu belegen. Für das Controlling wird demnach ein pragmatischer Ansatz benötigt und Kennzahlen, deren Erhebung zu vertretbaren Kosten möglich ist.

Pragmatische Ableitung unter Berücksichtigung von wenig kostenintensiven Methoden der Datenerhebung

Hilfreich zur Entwicklung eines pragmatischen Controlling-Ansatzes ist die Besinnung auf die klassische Funnel-Logik, die vielen Umsätzen zugrunde liegt. Hierbei spielt auch die Bekanntheit eine Rolle. Beide Aspekte, Umsatz und Bekanntheit, sind in unserem Beispiel Unterziele, die dem Oberziel »Marktanteil in Region X um Y Prozent erhöhen« zuträglich sind. Die folgende Abbildung zeigt die klassische Funnel-Logik aus dem Blickwinkel von Social-Media-Aktivitäten, wozu man auch Social-Influencer-Marketing zählen kann.

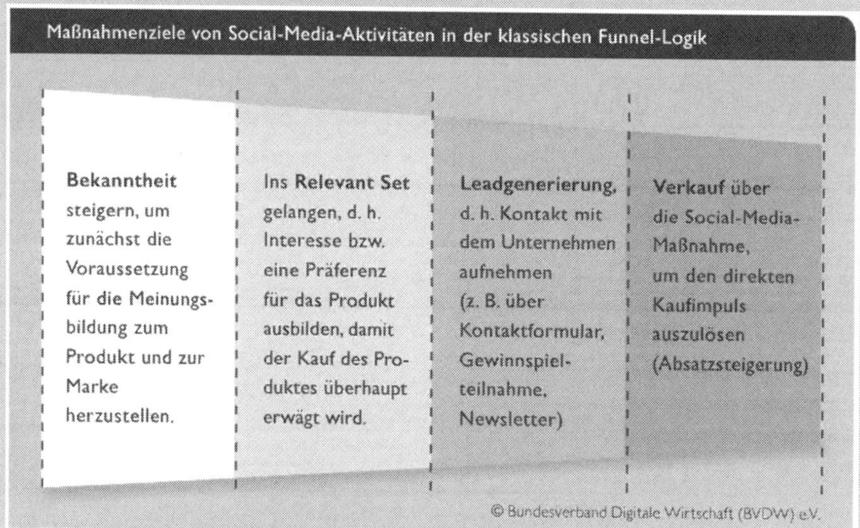

Abbildung 14.4: Ziele von SMM in der klassischen Funnel-Logik. Quelle: Bundesverband Digitale Wirtschaft (BVDW) e.V., Erfolgsmessung in Social Media, Mai 2016.

Die Funnel-Logik impliziert, dass Bekanntheit indirekt zu Leads oder Verkäufen (Umsatz) führt. Häufig hört man in Bezug auf SMM auch die Aussage, dass SMM primär kein Vertriebskanal ist, sondern auf die Marke einzahlt und so indirekt einen Beitrag zu besseren Vertriebszahlen leistet. Diese Aussage erklärt sich mit der Funnel-Logik – womit wir wieder bei der Frage sind, wie dies nachgewiesen werden kann durch Controlling.

In der Abbildung 14.3: Kennzahlen und Tools zur Datenerhebung« sind sowohl Kennzahlen als auch Tools zur Datenerhebung aufgeführt, die genutzt werden können. Für die Generierung von Leads oder Umsätzen, die online herbeigeführt werden, kann das Webtracking genutzt werden. Die Bekannt-

heit kann schlussendlich nur durch eine Marktforschungsstudie ermittelt werden. Reichweite und Aufmerksamkeit, die über die Bekanntheit erzeugt und gestützt werden, können jedoch mittels Webtracking, vor allem aber über SM-Monitoring- oder SM-Analyse-Tools, ermittelt werden.
Um nun in der Systematik der Funnel-Logik zu bleiben, möchte ich eine kritische Frage stellen: Was nutzt Bekanntheit, wenn sie nicht in Leads oder Umsätzen mündet? Die Antwort lautet: Schlussendlich nichts. Jedenfalls nichts im Sinne der Zielpyramide, an deren Ende bei fast jedem Unternehmen »Gewinnsteigerung durch Umsatzerhöhung oder Kostenreduzierung« steht.
Insofern möchte ich an dieser Stelle differenzieren zwischen:

a. einer Bekanntheit, die indirekt zu Umsätzen führt oder zumindest einen Beitrag zu Umsätzen leistet (Typ A)
und
b. einer Bekanntheit, die dieses nicht tut (Typ B).

Daraus ergeben sich für das Controlling von Social-Influencer-Marketing-Aktivitäten in Bezug auf »Bekanntheit steigern« konkrete Ansätze.
Aktivitäten/Kampagnen, die über Reichweite oder Aufmerksamkeit die Bekanntheit des Typs A stützen, müssen Spuren hinterlassen. Solche Spuren sind online nachweisbar und können als Kennzahl im Controlling genutzt werden. Beispielsweise bietet bereits das kostenfreie Google Analytics (GA) eine Analyse der Conversion-Pfade. Der Conversion-Pfad visualisiert den Weg des Kunden vom ersten Kontakt bis hin zur finalen Conversion.

Wenn Aktivitäten des Social-Influencer-Marketings einen Beitrag zur Bekanntheit im Sinne des Typs A geleistet haben, dann müssen sie in der Customer Journey Spuren hinterlassen und zu finden sein.

Die folgende Abbildung zeigt die Top-Conversion-Pfade für eine Kampagne aus GA. In manchen Pfaden sind Aktivitäten aus SMM identifizierbar (86, 87, 88, 91 und 93), in anderen nicht (89, 90, 92, 94). Erkenntnisse dieser Art können, unter Berücksichtigung der zuvor entwickelten Logik, ausgesprochen wertvoll für ein Controlling der SMM-Aktivitäten sein.

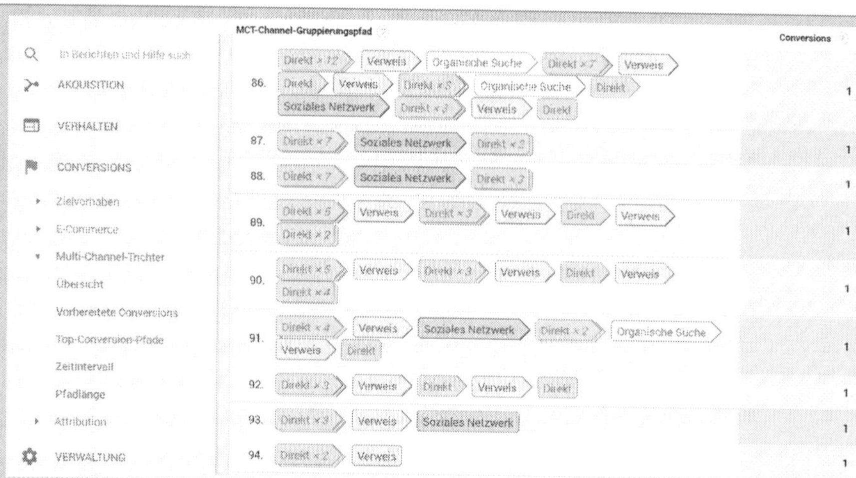

Abbildung 14.5: Top-Conversion-Pfade in Google Aanalytics.

Der Nachteil bei dieser Betrachtung unter Einsatz des Tools GA ist, dass hierbei nur Fälle berücksichtigt werden, die mindestens einmal auf der Grundlage einer Social-Influencer-Marketing-Aktivität auf einen Link geklickt haben, der auf die Zielwebseite führt. Es werden also keine Aktivitäten berücksichtigt, die lediglich gesehen worden sind, sondern nur solche, die zu einem Klick und damit einem Besuch auf der Zielwebseite geführt haben.

Vor dem geschilderten Hintergrund ist es daher wichtig, bereits bei der Konzeption von Social-Influencer-Marketing-Aktivitäten das Thema »Erfolgsmessung und Controlling« im Blick zu haben. In fast jedem Social-Media-Kanal ist es möglich, entsprechende Weblinks einzubeziehen, die zu Spuren im Web-Controlling führen. Bei YouTube können Links in die Beschreibung des Videos integriert werden. Oft sieht man auch Videos, in denen Influencer aktiv auf Links hinweisen, die sie in der Beschreibung verankert haben. Bei Facebook, Blogs und Twitter sind Links ebenfalls möglich. Lediglich bei Instagram gibt es diesbezüglich Restriktionen.

14.2 Gängige Kennzahlen und was sie bedeuten

Beim Influencer-Marketing orientieren sich Branchen- und Kampagnen-Vergleiche mehrheitlich an der erzielten Aufmerksamkeit und dem Grad der Aktivierung der Follower eines Influencers. Gängige Messgrößen sind Conversions, Reichweite, Engagement-Rate, Like-Dislike-Ratio und gegebenenfalls die Auswertung von Kommentaren. Letztlich können diese Kennzahlen für den Kooperationsinhalt auch im Vergleich zu Durchschnittswerten eines Kanals/Influencers betrachtet werden, um zusätzliche Vergleichswerte für eine

Beurteilung zu erhalten. In den folgenden Abschnitten finden Sie jeweils eine kurze Erläuterung zu den angesprochenen Kennzahlen.

14.2.1 Anzahl der Conversions und die Conversion-Rate

Die Anzahl der Conversions bzw. die Conversion-Rate sind wohl die »härtesten« Kennzahlen im Influencer-Marketing. Die Conversion-Rate bezeichnet das Verhältnis der erreichten Conversions (z. B. eingegangene Leads, getätigte Käufe, Anzahl der Anmeldungen) zur Anzahl der erreichten Personen. Wird beispielsweise ein Video auf Instagram oder YouTube von 20.000 Followern gesehen und der im Video genannte Rabattcode von 500 Personen genutzt, so errechnet sich die Conversion-Rate wie folgt:

$$Conversion - Rate = \frac{500}{20.000} * 100$$

Je höher die Conversion-Rate ist, desto effektiver war die Maßnahme, welche zu den jeweiligen Conversions geführt hat. Die Conversion-Rate eignet sich auch dazu, die Effizienz unterschiedlicher Maßnahmen miteinander zu vergleichen. Stellt man solche Vergleiche an, sollte man tunlichst auch die Kosten pro erreichter Conversion betrachten. Denn eine hohe Conversion-Rate, die mit einem extrem hohen Budget »eingekauft« wurde, ist betriebswirtschaftlich schlechter zu sehen als eine niedrigere Conversion-Rate, die zu vergleichsweise geringen Kosten eingekauft wurde. Die folgende Tabelle veranschaulicht diesen Grundgedanken. Derartige Vergleiche eignen sich auch dazu, den Erfolg unterschiedlicher Online-Marketing-Disziplinen miteinander zu vergleichen. Wenn Sie das Thema Controlling in der Tiefe interessiert, ist vielleicht mein Buch »Online-Marketing-Konzeption« etwas für Sie. Dort finden Sie neben 70 Seiten Ausführungen zum Thema auch zahlreiche Beispiele und Mustertabellen.

	Conversions	Conversion-Rate	Kosten pro Conversion
Maßnahme 1 (Influencer 1)	300	3,6 %	**25,25 Euro**
Maßnahme 2 (Influencer2)	300	1,1 %	**15,55 Euro**
Maßnahme 3 Google Ads	300	1,8 %	**10,10 Euro**

Tabelle 14.1: Vergleich des Erfolges einzelner Maßnahmen anhand von Conversions.

14.2.2 Reichweite

Zum Thema »Reichweite« hatte ich an mehreren Stellen in meinem Buch bereits kritisch Stellung bezogen. Die alleinige Betrachtung der Reichweite sagt wenig über den Erfolg oder Misserfolg einer Kampagne aus. Reichweite sollte immer in Kombination mit anderen Kennzahlen wie der Engagement-Rate oder der Conversion-Rate gesehen werden. Zu unterscheiden ist die Brutto- und die Nettoreichweite. Arbeitet man mit Influencern zusammen, die mehrere Kanäle bespielen, so sollte man für die Auswertung der Kooperation die Nettoreichweite betrachten.

14.2.3 Interaktionsrate bzw. Engagement-Rate

Zur sogenannten Engagement-Rate hatte ich bereits in Abschnitt 10.4.2 »Interaktionsrate« ausführlich Stellung genommen. Es ist naheliegend, die Engagement-Rate sowohl im Vorfeld, also als Kriterium für die Identifizierung geeigneter Influencer, heranzuziehen als auch im Nachgang für die Auswertung einer konkreten Kooperation. Auf eine Wiederholung möchte ich daher an dieser Stelle verzichten.

14.2.4 Like-Dislike-Ratio

Für die Betrachtung der Like-Dislike-Ratio gilt das gleiche wie für die zuvor genannte Engagement-Rate. Auch diesbezüglich habe ich bereits im Vorfeld Stellung bezogen und möchte daher auf den Abschnitt 10.4.3 (Seite 151) verweisen.

14.2.5 Auswertung von Kommentaren

Mit viel Arbeit dürfte die Auswertung eventuell eingehender Kommentare verbunden sein. Nichtsdestotrotz kann sich dies durchaus lohnen. Auch die Betrachtung der Kommentare kann sowohl bei der Auswahl von Influencern als auch im Nachgang in Bezug auf die Auswertung einer konkreten Kampagne von Bedeutung sein. Details und Hinweise auf Tools zur teilautomatisierten Auswertung finden Sie im Abschnitt 10.4.4 (Seite 153).

14.2.6 Kooperationsinhalt im Vergleich zu Durchschnittswerten

Um herauszufinden, wie gut Ihre Inhalte im Rahmen der Kooperation mit einem Influencer bei der Zielgruppe ankommen, ist ein Vergleich mit anderen Postes des Influencers sinnvoll. Ein Beispiel: Wenn der Influencer Ihrer Wahl im Durchschnitt zu einem Post 500 Likes und 20 Shares erhält, die Posts die im Rahmen Ihrer Kooperation getätigt werden aber nur 200 Likes und höchstens drei Shares erhalten, dann sollten Sie genauer hinsehen. Sie müssen sich dann fragen, ob

Ihre Inhalte die richtigen für die Follower des Influencers sind und ob die Art der Aufbereitung vielleicht optimierbar ist. Ferner, ob Sie dem Influencer vielleicht zu enge Vorgaben gemacht haben oder ob vielleicht ein anderer Influencer besser geeignet ist, um Ihre Themen zu transportieren.

Gegebenenfalls kann es Sinn machen, sich einen Überblick in Tabellenform zu verschaffen. Denn die Anzahl der Likes und Shares hängt nicht unbedingt immer nur vom Inhalt selbst ab. Auch Variablen wie der Veröffentlichungszeitpunkt (Wochentag oder Uhrzeit) und externe Faktoren wie die Außentemperatur oder die Anzahl der Sonnenstunden können Einfluss auf die Werte haben. Schlussendlich spielen auch immer die Kosten eine Rolle. 213-223

In der folgenden Beispieltabelle liegt die Engagement-Rate der Kooperation beim Influencer 2 deutlich hinter dessen Durchschnittswert. Man könnte sich zu Recht die Frage stellen, ob dieser Influencer für die Kooperation wirklich geeignet ist. Immerhin quittieren seine Follower die Kooperations-Posts nicht so positiv wie andere Posts des Influencers. Betrachtet man nur diesen Umstand, würde man sicherlich Influencer 1 und 3 präferieren bei weiteren Kooperationen. Nimmt man in die Betrachtung die Kosten pro Reaction hinzu, so könnte das Pendel wieder etwas in Richtung Influencer 2 ausschlagen.

	Durchschnittliche Engagement-Rate	**Engagement-Rate bei Ihrer Kooperation**	**Kosten pro Reaction**
Influencer 1	3,0 %	3,1 %	2,25 Euro
Influencer 2	5,3 %	3,0 %	2,05 Euro
Influencer 3	6,4 %	5,9 %	2,15 Euro

Tabelle 14.2: Vergleich Kooperationsinhalte zu Durchschnittswerten.

Welche Kennzahl in der Praxis vorranging für Wahlentscheidungen herangezogen wird, kommt immer auf den Einzelfall und das genaue Ziel der Kooperation an.

15 Influencer-Marketing und Recht

Ein Gastbeitrag von Kai Koschorreck, Rechtsanwalt bei Rohrbach Rechtsanwälte, Köln.

Kai Koschorreck ist Rechtsanwalt und berät überwiegend Unternehmen und Verbände auf den Gebieten des Handels- und Gesellschaftsrechts sowie des Gewerblichen Rechtschutzes. Ich kenne ihn schon seit knapp 20 Jahren, noch aus aus der Zeit des Internethypes um die Jahrtausendwende. Er hat die juristische Seite der Digitalisierung von Beginn an miterlebt. Sein Urteilsvermögen und sein Fingerspitzengefühl bei schwierigen juristischen Angelegenheiten habe ich immer geschätzt. In meinen fast 20 Jahren als Geschäftsführer einer Internetagentur habe ich immer gut daran getan, auf seinen Rat zu hören. Auch wenn es manchmal nicht das war, was ich gerne hören wollte. Umso mehr freue ich mich, dass ich ihn für diesen Gastbeitrag gewinnen konnte.

15.1 Rechtliche Einordnung

Je erfolgreicher sich das Influencer-Marketing als Werbeform durchsetzt, desto stärker gerät es auch – meist getrieben von der Konkurrenz oder den Wettbewerbshütern in den Fokus der Gerichte. Hierbei steht die rechtliche Einordnung des Influencer-Marketing und daraus folgend die damit verbundenen Rechte und Pflichten der Influencer im Vordergrund.

Schwierigkeiten bei der rechtlichen Einordnung des Influencer-Marketing bereitet immer wieder die Frage, ob die Beiträge der Influencer als private Äußerung an die eigenen Freunde (Follower) zu sehen sind, oder ob es sich nicht vielmehr um Werbung handelt, die sich an potentielle Kunden der vorgestellten Produkte/Dienstleistungen richtet. Gerade durch die sehr persönlich geprägte Ansprache des Influencers verschwimmen die Grenzen zwischen einer persönlichen Empfehlung, »einem Tipp unter Freunden« einerseits und Werbung im rechtlichen Sinne andererseits. Ist zum Beispiel ein Post mit Bildern über ein schönes Hotel, in dem man sich gerade so wohlfühlt, Ausdruck der eigenen Zufriedenheit oder nicht doch versteckte Werbung für das Hotel? Wird mit dem schönen Pulli, den man gerade in seinem Lieblingsladen gekauft hat, nur das Feedback abgefragt oder aufgrund der Verlinkung/des # zum Geschäft nicht doch vielmehr Werbung für das Geschäft und die Marke gemacht?

Was manch einem sehr pingelig und juristisch kleinkariert vorkommen mag, hat in rechtlicher Hinsicht große Auswirkungen. Der Gesetzgeber fordert nicht nur eine deutliche, klare Trennung von Werbung und redaktionellem Inhalt, sondern auch eine entsprechende Kennzeichnung von Werbung.

Für Influencer und Werbetreibende ist es daher wichtig zu wissen, welche rechtlichen Anforderungen beachtet werden müssen, um nicht die werberechtlichen Regelungen zu verletzen. Dies gilt sowohl im Hinblick auf die mit den Unternehmen zu schließenden Verträgen, in denen die Frage der Verpflichtungen des Influencers und dessen Haftung geregelt wird, als auch im Hinblick auf den eigenen Internetauftritt. Kommt es zu einer Verletzung des Trennungsgebotes oder der jeweiligen Kennzeichnungspflicht, so drohen Abmahnungen von Verbraucherschutzverbänden und Wettbewerbern.

15.2 Rechtlicher Rahmen

Den rechtlichen Rahmen, in dem sich Influencer mit Ihren Posts bewegen, bilden die Vorschriften des Telemediengesetzes (TMG), des Gesetzes gegen den unlauteren Wettbewerb (UWG) und des Rundfunkstaatsvertrages (RStV). In diesen gesetzlichen Bestimmungen ist zum einen niedergelegt, ob und wenn ja, wie Werbung, die in redaktionelle Beiträge eingebettet ist, gekennzeichnet werden muss und zum anderen, wie und wo diese Kennzeichnung zu erfolgen hat.

15.2.1 Maßgebliche Bestimmungen

- Nach § 3 Abs. 3 UWG i.V.m. Nr. 11 Anhang zu § 3 Abs. 3 UWG (Gesetz gegen den unlauteren Wettbewerb) ist die als Information getarnte Werbung für ein Produkt oder eine Dienstleistung wettbewerbswidrig, wenn redaktionelle Inhalte zu Zwecken der Verkaufsförderung getarnt werden, ohne dass sich dieser Zusammenhang aus dem Inhalt oder aus der Art der Darstellung eindeutig ergibt.
- Nach § 5a Abs.6 UWG handelt unlauter, wer den kommerziellen Zweck einer geschäftlichen Handlung nicht kenntlich macht, sofern sich dieser nicht unmittelbar aus den Umständen ergibt, und das Nichtkenntlichmachen geeignet ist, den Verbraucher zu einer geschäftlichen Entscheidung zu veranlassen, die er andernfalls nicht getroffen hätte.
- § 6 Abs. 1 Nr. 1 TMG regelt, dass kommerzielle Inhalte in Telemedien, zu denen auch Blogs und Social-Media-Plattformen gehören, klar und leicht erkennbar sein müssen;
- Nach §§ 7, 58 RStV (Rundfunkstaatsvertrag) muss Werbung leicht erkennbar und vom redaktionellen Inhalt unterscheidbar sein. Werbung muss dem jeweiligen Medium angemessen durch optische oder akustische Mittel oder räumlich eindeutig von anderen Sendungsteilen getrennt sein. Diese Vorgaben gelten für Rundfunk, Fernsehen und fern-

sehähnliche Medien. Was genau darunter zu verstehen ist, ist umstritten: YouTube-Videos können darunterfallen!

15.2.2 Wann liegt Werbung und/oder kommerzielle Kommunikation vor?

Allen Bestimmungen ist gemein, dass sie zwischen redaktionellen Inhalten und Werbung, bzw. kommerziellen Inhalten unterscheiden. Die Frage, ob ein Influencer mit seinem Beitrag also unter die obigen Rechtsnormen fällt und diese entsprechend kennzeichnen muss, hängt also davon ab, ob es sich um Werbung bzw. einem kommerziellen Inhalt handelt. Dies führt zu der entscheidenden Frage, wie Werbung/kommerzielle Inhalte rechtlich definiert werden.

15.2.2.1 *Definitionen*

Eine Definition des Begriffs der Werbung und im negativen Sinne der Schleichwerbung findet sich lediglich im Rundfunkstaatsvertrag. Danch ist Werbung »jede Äußerung (im Geschäftsverkehr), die entweder gegen Entgelt oder eine ähnliche Gegenleistung oder als Eigenwerbung gesendet wird, mit dem Ziel den Absatz von Waren oder die Erbringung von Dienstleistungen (....) gegen Entgelt zu fördern.« (§2 Nr.7 RStV)

und Schleichwerbung ist

»die Erwähnung oder Darstellung von Waren, Dienstleistungen, Namen, Marken oder Tätigkeiten eines Herstellers von Waren oder eines Erbringers von Dienstleistungen in Sendungen, wenn sie vom Veranstalter absichtlich zu Werbezwecken vorgesehen ist und mangels Kennzeichnung die Allgemeinheit hinsichtlich des eigentlichen Zweckes dieser Erwähnung oder Darstellung irreführen kann. Eine Erwähnung oder Darstellung gilt insbesondere dann als zu Werbezwecken beabsichtigt, wenn sie gegen Entgelt oder eine ähnliche Gegenleistung erfolgt« (§2 Nr.8 RStV).

Aus diesen Definitionen lassen sich drei wesentliche Merkmale für die Einordnung von Werbung entnehmen:

- Der jeweilige Beitrag erfolgt nicht ausschließlich aus privaten Gründen, sondern im Rahmen unternehmerischer Tätigkeit.
- Für seinen Beitrag erhält der Influencer eine Gegenleistung von einem Dritten oder er handelt im Rahmen der unentgeltlichen Eigenwerbung.
- Der Beitrag des Influencers wird mit dem Ziel veröffentlicht, den Absatz von Waren oder Dienstleistungen zu fördern.

Auch in der Definition der kommerziellen Kommunikation (§ 2 S.1 Nr.5 TMG) finden sich diese Merkmale wieder. Kommerzielle Kommunikation ist hiernach »jede Form der Kommunikation, die der unmittelbaren oder mittelbaren Förderung des Absatzes von Waren, Dienstleistungen oder des Erscheinungsbilds eines Unternehmens, einer sonstigen Organisation oder einer natürlichen Person dient, die eine Tätigkeit im Handel, Gewerbe oder Handwerk oder einen freien Beruf ausübt.«

Die Definition der kommerziellen Kommunikation ist allerdings umfassender als die der Werbung. Sie umfasst alle Formen der Werbung, des Direktmarketings, des Sponsorings aber auch der Öffentlichkeitsarbeit, der Selbstdarstellung und Imagepflege. Mithin ist die Gefahr gegen § 6 TMG, nachdem kommerzielle Kommunikation klar und leicht erkennbar sein muss, zu verstoßen, hoch.

Anhand der dargestellten Definitionen werden im Streitfall die einzelnen Posts unter den rechtlichen Bestimmungen von den Gerichten geprüft. Im Detail unterscheiden sich die dargestellten Gesetzesbestimmungen, so dass mit einem nicht gekennzeichneten Werbebeitrag nicht zwangsläufig Verstöße gegen sämtliche der dargestellten Gesetzesbestimmungen vorliegen. Auf die Darstellung der einzelnen rechtlichen Unterschiede der Gesetzesbestimmungen soll an dieser Stelle jedoch verzichtet werden.

15.2.2.2 *Kriterien für Werbung/kommerzielle Kommunikation*

Wichtiger erscheint es, die wesentlichen Faktoren, die für die Annahme von Werbung bzw. kommerzieller Kommunikation sprechen, darzustellen. Influencer betreiben in der Regel Werbung bzw. kommerzielle Kommunikation, wenn die folgenden Kriterien erfüllt sind:

- gewerbliches Handeln

Die Veröffentlichung der Beiträge/Posts erfolgt so, dass von einem gewerblichen Handeln ausgegangen werden kann. Dies kann sich aus der Art des konkreten Internetauftritts in den jeweiligen sozialen Medien, der Anzahl der Follower, der Häufigkeit der Beiträge aber insbesondere auch aus dem Inhalt des konkreten Posts ergeben. Wird im konkreten Post der Name des Herstellers eines Produktes ausdrücklich genannt und/oder auf die Webseiten des Herstellers verlinkt, so spricht dies für eine kommerziell-werbliche Aufmachung und damit für ein gewerbliches Handeln.

- Gegenleistung

Erhält der Influencer für seinen Beitrag eine Gegenleistung von einem Dritten, spricht dies ebenfalls für die Annahme von Werbung. Die Gegenleistung muss hierbei nicht immer entgeltlich sein, sondern kann auch in der kostenlosen Überlassung von Produkten und/oder Dienstleistungen bestehen. Ein werblicher

Auftritt wird aber auch angenommen, wenn keine Gegenleistung von einem Dritten erfolgt, sondern wenn Influencer im Rahmen der unentgeltlichen Eigenwerbung handeln.

- Ziel der Absatzförderung

Das Ziel der Absatzförderung von Waren oder Dienstleistungen ist ein weiteres Merkmal einer Werbung bzw. kommerzielle Kommunikation. Die Rechtsprechung stellt hierbei nicht darauf ab, ob tatsächlich eine Absatzförderung eingetreten ist, sondern darauf, ob der Beitrag grundsätzlich geeignet ist, diese zu erzielen. Die entsprechende Bewertung, ob dies der Fall ist, erfolgt zumeist anhand möglicher Absprachen zwischen dem Influencer und dem Hersteller und insbesondere aufgrund der inhaltlichen Aufmachung des jeweiligen Beitrages. Enthält der Beitrag zum Beispiel eine Verlinkung auf den Internetshop des Herstellers eines Produktes, ist von den Gerichte zu prüfen, ob hierdurch eine Absatzförderung anzunehmen ist, oder ob bei einem ansonsten redaktionell gehaltenen Beitrag/Post nicht lediglich das Informationsbedürfnis des Lesers befriedigt wird.

Die dargestellten Kriterien müssen nicht zwingend sämtlich vorliegen, dies gilt insbesondere für das Kriterium der Gegenleistung. Entscheidend, ob Werbung bzw. kommerzielle Kommunikation vorliegt und damit Kennzeichnungspflichten eingehalten werden müssen, ist vielmehr der Gesamteindruck des jeweiligen Posts/Beitrages. Vermittelt der Gesamteindruck einen werblichen Charakter, so kann die Frage der Gegenleistung zuweilen auch in den Hintergrund treten, da die Werbung mit einem bestimmten, gerade besonders beliebten Produkt auch dazu dienen kann, auf die eigene Tätigkeit als Influencer hinzuweisen und die Anzahl der Follower zu steigern.

15.2.2.3 *Werbung durch Verlinkung?*

Eine Entscheidung des Landgerichts Berlin über eine Abmahnung der bekannten Influencerin Vreni Frost hat Mitte 2017 für große Aufregung unter den Influencern gesorgt, nachdem dieses so interpretiert wurde, als dass jede Verlinkung auf einen Internetshop oder ein Unternehmensprofil bereits dazu führt, dass der gesamte Beitrag/Post als Werbung zu qualifizieren ist. Aus Angst vor entsprechenden Abmahnungen begannen viele Influencer damit, sämtliche Beiträge als Werbung zu kennzeichnen. Nachdem die Entscheidung in der 2. Instanz teilweise einkassiert und klargestellt wurde, ist wieder etwas Beruhigung eingetreten.

Die Tatsache einer vorgenommenen Verlinkung auf ein Unternehmensprofil macht einen Beitrag/Post nicht bereits automatisch zu kennzeichnungspflichtiger Werbung. Wie bereits dargestellt, kommt es nicht nur auf die Frage, ob Werbung vorliegt, sondern auch auch die Frage der Kennzeichnung (vgl. Abschnitt 15.2.3) immer auf eine Gesamtschau des jeweiligen Beitrages/Posts an. Enthält der Beitrag Informationen über ein Produkt und ist der Beitrag nicht bereits per sé als Werbung zu qualifizieren, so kann die Verlinkung auch der Befriedigung des Informationsbedürfnisses der Adressaten dienen, die nachweisbar an den Informationen zu den vom Influencer dargestellten Produkten interessiert sind. So verneinte das Kammergericht im angesprochenen Fall der Influencerin Vreni Frost, dass die Darstellung einer Kombination von Kleidungsstücken, die sich die Influencerin selbst gekauft hatte, durch die vorgenommenen Verlinkungen auf die Webseiten der einzelnen Hersteller, Schleichwerbung sei. Das Gericht zog eine Parallele zu Beiträgen in Modezeitschriften, deren Inhalte trotz Angabe von Marken und Unternehmen regelmäßig ihren redaktionellen Charakter nicht verlieren.

Es muss also für die Beurteilung, ob Werbung vorliegt oder nicht unterschieden werden, welchen Informationsgehalt die Posts und die dazu gehörigen Verlinkungen haben und ob die Verlinkungen in einem redaktionellen Zusammenhang mit dem Inhalt des Postings stehen. Ist dies der Fall, dienen die Verlinkungen im Zweifel als weitere Erläuterung und zur weiteren Information für den Leser/Follower.

Bezüglich zwei anderer Posts der Influencerin hat das Gericht jedoch keine Erfüllung eines Informationsbedürfnisses angenommen, da die Verlinkung ohne erkennbaren redaktionellen Zusammenhang zum sonstigen Post erfolgte. In diesen Fällen wurden die Posts als »Werbung« qualifiziert. Dies soll auch in den Fällen gelten, in denen keine Gegenleistung für die Erwähnung einer Marke oder eines Unternehmens erfolgt, jedoch kein Zusammenhang zum redaktionellen Gehalt des Posts steht.

15.2.3 Kennzeichnungspflicht

Liegt nach den aufgezeigten Regeln Werbung und/oder kommerzielle Kommunikation vor, so hängt die Frage, wie der kommerzielle Zweck des Posts/Beitrages kenntlich zu machen ist, von den Umständen des Einzelfalls und auch der jeweils genutzten Plattform ab (YouTube, Instagram, Facebook).

Anhaltspunkte, wie man »richtig« kennzeichnet, geben die oben unter Abschnitt 15.2.1 vorgestellten Gesetzesnormen nur bedingt, da fast jede Norm eine eigene Definition bereithält, die darüber hinaus auch noch sehr weit gefasst und dadurch schwer greifbar ist. Unter Wettbewerbsgesichtspunkten [vgl. 15.2.1 § 3, §5a UWG] müssen Beiträge und Posts dann als kommerziell gekennzeichnet werden, wenn sich der kommerzielle Zweck nicht »unmittelbar aus den Umständen« oder »aus dem Inhalt oder aus der Art der optischen oder akustischen Darstellung eindeutig« ergibt, andernfalls kann verbotene »Schleichwerbung« angenommen werden. Nach § 6 TMG ist eine Kennzeichnung notwendig, wenn »der kommerzielle Charakter der Kommunikation [nicht] mit geringer Anstrengung ausreichend erkennbar« ist. Ähnliches gilt für die Kennzeichnungspflicht des § 58 RStV, nach dem eine Kennzeichnung erfolgen muss, wenn Werbung nicht »eindeutig« als solche erkennbar ist. Zusammengefasst haben diese Definitionen eines gemeinsam: Es kommt darauf an, dass die Kommerzialität des Beitrages für den Leser/Betrachter direkt erkennbar sein muss.

Um diese Vorgaben zu erfüllen, muss nach dem Willen des Gesetzes der Hinweis bzw. die Kennzeichnung so deutlich erfolgen, dass beim Leser des Posts/Beitrages kein Zweifel am Vorliegen eines kommerziellen Zwecks besteht. Dies kann entweder bereits aufgrund der Aufmachung des Beitrages oder Videos sein, durch den der werbende Charakter auf den ersten Blick »ins Auge springt« oder aufgrund der entsprechend deutlichen Kennzeichnung an prominenter Stelle.

Da eine deutliche Markierung von Beiträgen als Werbung meist nicht im Interesse des Influencers und auch nicht im Interesse des dahinterstehenden Produktherstellers ist, ist die Versuchung groß, die Hinweispflicht zwar zu erfüllen, den Hinweis, dass es sich um Werbung handelt, aber möglichst »dezent« zu gestalten. Dies hat dazu geführt, dass die Frage der Notwendigkeit und der ausreichend deutlichen Kennzeichnung Gegenstand mehrerer gerichtlicher Entscheidungen geworden ist. Die Gerichte haben sich hier zumeist als streng erwiesen und auf eine deutliche Kennzeichnung gepocht.

15.2.3.1 *#ad*

Das OLG Celle hat bereits Mitte 2017 entschieden, dass die Kennzeichnung eines Beitrages mit »#ad« als Kurzform für advertisement nicht ausreichend ist, um als Kennzeichnung für einen Werbebeitrag zu gelten, wenn dieser »#ad« am Ende des Beitrages erfolgt und einer von mehreren # ist. Eine solche Kennzeichnung sei weder deutlich noch auf den ersten Blick erkennbar. Das Gericht bezweifelte bereits, dass ein Großteil der Leser die # am Ende des Beitrages überhaupt zur Kenntnis nehmen.

Auch das Kammergericht Berlin hat in einer Entscheidung aus dem Oktober 2017 festgehalten, dass eine Kennzeichnung mit »#ad« und »#spon« (Kurzform für sponsoring) als Kennzeichnung des kommerziellen Zwecks nicht ausreichend ist. Auch nach einem Urteil des Landgerichts München I stellt der Hinweis »sponsored« oder »sponsored by« keine ausreichende Kennzeichnung dar. Das Gericht beanstandete unter anderem, dass der Hinweis - in einem Printmedium - nicht in deutscher Sprache erfolgt sei, so dass diejenigen Leser, die die englische Sprache nicht beherrschen, ihn nicht verstehen könnten.

Aufgrund dieser Urteile ist eine Verwendung der Abkürzungen als Kennzeichnung nicht zu empfehlen. Eine Verwendung in den # unterhalb des Posts aufgrund des Urteils des OLG Celle ist ebenfalls nicht zu empfehlen, dies kann allenfalls dann für ausreichend erachtet werden, wenn der »#Werbung« am Anfang steht und optisch und im Schriftbild besonders hervorgehoben wird.

Ob sich die Auffassung, dass lediglich Begriffe in deutscher Sprache zulässig sind, auch in Verfahren, die Social Media Beiträge betreffen aufrechterhalten lässt, ist zu bezweifeln. Der normale Internetuser, der »Likes« verteilt und über »Hashtags« und »Links« »Fanpages« aufruft, ist durchaus mit der Bedeutung der Begriffe »advertisement« oder »sponsored« vertraut. Solange aber hierzu noch keine gerichtliche Entscheidung vorliegt, sollte auf Begriffe wie »Werbung« und »Anzeige« bzw. »Dauerwerbesendung«, »Produktplatzierung« zurückgegriffen werden.

Abbildung 15.1: Influencer-Post mit korrekter Kennzeichnung. Quelle: Instagram

15.2.3.2 *YouTube-Videos*

Produktplatzierungen sind jeweils zu Beginn und zum Ende eines Beitrages für die Dauer von mindestens 3 Sekunden mit der Abkürzung »P« für Produktplatzierung zu kennzeichnen. Die Kennzeichnung der Produktplatzierung ist darüber hinaus durch einen erläuternden Hinweis herauszustellen, hier hat sich die Verwendung von Hinweisen wie »Produktplatzierung« oder »unterstützt durch Herstellername« überwiegend durchgesetzt. Ist man sich unsicher, ob es sich bei der Einbeziehung von Produkten um »Produktplatzierung« oder nicht doch vielmehr um Werbung für das konkrete Produkt handelt, sollte der Beitrag als

»Werbung« bzw. »Anzeige« gekennzeichnet werden, um Abmahnungen wegen mangelnder Kennzeichnung zu vermeiden.

Ein Video, in dem die Werbung für ein Produkt redaktionell gestaltet ist und das Produkt und der Werbecharakter der Sendung erkennbar im Vordergrund steht und einen wesentlichen Bestandteil der Sendung darstellt, ist als »Dauerwerbesendung« oder »Werbevideo« zu kennzeichnen.

15.2.3.3 *Offensichtlichkeit der Werbung*

Entbehrlich ist eine Kennzeichnung des kommerziellen Zwecks nur dann, wenn dieser auf den ersten Blick und ohne jeden Zweifel erkennbar ist. Das heißt der Beitrag muss auf den ersten Blick, auch ohne besondere Kennzeichnung als Werbung erkannt werden. Insofern gilt je offensichtlicher der kommerzielle Zweck/die Werbung dem Leser ins Auge springt, je eher kann auf eine zusätzliche Kennzeichnung verzichtet werden.

Allerdings genügt es nicht, wenn der Leser erst am Ende des jeweiligen Beitrages dessen werbliche Wirkung erkennt. Denn in diesen Fällen hat der User/Follower den Beitrag in Unwissenheit, dass es sich eigentlich um Werbung handelt, gelesen und Beachtung geschenkt. Die Offensichtlichkeit der Werbung muss also so deutlich sein, dass der User/Follower diese erkennt, bevor er sich mit dem Inhalt des Beitrages beschäftigt.

15.2.3.4 *Offensichtlichkeit der Werbung aufgrund der Bekanntheit des Influencers - Cathy Hummels -*

Großes Medienecho hat im Frühjahr 2019 ein Verfahren gegen die Influencerin Cathy Hummels vor dem Landgericht München ausgelöst. Die Influencerin wurde von einem Wettbewerbsverband auf Unterlassung verklagt, weil sie mehrere Beiträge/Posts nicht als Werbung kenntlich gemacht habe. Cathy Hummels legte dar, dass sie alle Beiträge, für die sie eine Gegenleistung bekommt, etwa ein kostenloses Produkt oder eine Bezahlung mit dem Hinweis »bezahlte Partnerschaft mit ...« kennzeichnet, in den Fällen, in denen keine Gegenleistung erfolgt, aber keine Kennzeichnung erforderlich sei. Bei den fraglichen Posts handele es sich um solche, für die sie keine Gegenleistung erhalten habe und diese somit nicht als Werbung gekennzeichnet habe.

Das Landgericht München entschied zu Gunsten der Influencerin, dass ihre Posts keine getarnte Schleichwerbung seien. Cathy Hummels handele zwar zu gewerblichen Zwecken, weil sie durch die Posts die verlinkten Unternehmen und ihr eigenes Unternehmen fördere, allerdings wüssten ihre Follower, dass ihr Account einen für jeden ersichtlichen kommerziellen Zweck habe und sie geschäftlich handle, nicht zuletzt auch aufgrund des blauen Hakens, mit dem die Profile von Promis und Marken verifiziert werden. Verlinkungen ohne Gegenleistung müssten daher nicht als Werbung gekennzeichnet werden. Insofern - so das Landgericht München I - bestehe kein Unterschied zu Online-Modemagazinen, in denen auch vielfach auf Produkte verwiesen werde. Nach Auffassung des Gerichts sei es abwegig bei einer Influencerin mit einer sechsstelligen Zahl von Followern davon auszugehen, dass deren Produktempfehlungen ohne kommerziellen Zweck als Tipp unter Freunden zu verstehen seien, dies sei deren Followern auch bewusst.

So erfreulich das Urteil für Influencer auch ist, so sehr hat es aber auch nur eine eingeschränkte Aussagekraft. Zum einen kann es allenfalls auf andere Influencer übertragen werden, die eine ähnlich große Follower-Anzahl und ein verifiziertes Profil haben, zum anderen erging die Entscheidung nur zu der Frage, ob die Verpflichtung zur Kennzeichnung als Werbung bei unbezahlten Posts entfallen kann. Schlussendlich kann die Begründung des Urteils nicht auf mögliche Verstöße nach dem Telemediengesetz (TMG) und dem RStV übertragen werden.

Abbildung 15.2: Cathy Hummels kommentiert Urteil auf ihrem Instagram Account. Quelle: Instagram

15.2.3.5 *Zwischenfazit*

Überträgt man die dargestellten Grundsätze auf die in der Praxis vorkommenden wesentlichen Erscheinungsformen des Influencer-Marketings, so kann anhand der folgenden zwei Beispiele nochmals zusammengefasst werden, wann ein Influencer seine Beiträge als Werbung kennzeichnen muss und wann dies nicht erforderlich ist.

Beispiel 1: Produkttest

Der Influencer Foodie berichtet auf verschiedenen Social-Media-Plattformen regelmäßig über die neuesten Koch- und Esstrends, er präsentiert hierbei nicht nur neue Gerichte, sondern auch neue Küchengeräte, Einkaufsmöglichkeiten und Restaurants.

Foodie testet eine von ihm selbst gekaufte Fritteuse unter verschiedenen objektiven Kriterien und berichtet über die Vor- und Nachteile der Fritteuse auf den sozialen Netzwerken im Rahmen eines Testberichtes. Der Test ist dem Hersteller weder vorher bekannt noch abgesprochen gewesen.

Eine gesonderte Kennzeichnung des Beitrages als Werbung ist nicht erforderlich. Er stellt keine Werbung dar, da Foodie seine eigene Meinung und Testergebnisse wiedergibt. Der vorgenommene Test dient der Bewertung der Fritteuse jedoch nicht dem Ziel, den Absatz des Gerätes zu fördern. Da auch keine vorherigen Absprachen mit dem Hersteller erfolgt sind, handelt es sich auch nicht um eine getarnte Werbung nach UWG.

Setzt man die Maßstäbe aus dem Fall Cathy Hummels an, so kann in dem Beitrag evtl. doch Werbung gesehen werden, wenn sich aus dem sonstigen Social Media Profil von Foodie ergibt, dass dieser »stets« Werbung betreibt. Sodann stellt sich aber in einem zweiten Schritt die Frage, ob diese noch zu kennzeichnen ist. Hier wird deutlich, dass die Entscheidung im Fall Cathy Hummels nicht nur positiv zu bewerten ist, da sie dem Influencer stets eine kommerzielle Motivation unterstellt.

Beispiel 2: Posten gegen Gegenleistung

Foodie erhält die Fritteuse vom Hersteller kostenlos zur Verfügung gestellt und / oder kann diese nach dem Test behalten. Der Hersteller macht Foodie keine Vorgaben wie er die Fritteuse präsentiert und ob er dabei den Namen des Herstellers erwähnt oder nicht. Foodie präsentiert die Fritteuse und weist auf einige Schwächen aber auch auf die gute Handhabung und das perfekte Gelingen der Speisen hin.

Maßgebliches Kriterium für die Frage ob Werbung vorliegt, ist die Werbeabsicht. Diese ist meist schwer nachzuweisen, es sei denn es handelt sich um eine reine Produktanpreisung. In diesen Fällen ist darauf abzustellen, wie objektiv und sachlich begründet die Präsentation und die Bewertung ausfällt. Wenn am Ende des Tests eine unmittelbare Verlinkung auf den Internetshop des Herstellers mit einer Sonderrabattaktion erfolgt, so spricht viel für eine kennzeichnungspflichtige Werbung. Erfolgt zeitgleich ein Test mit mehreren Fritteusen verschiedener Anbieter, so spricht dies wiederum eher gegen Werbung, wenn der Test nach objektiven Kriterien durchgeführt wird.

Da der Großteil der Social Media Plattformen nicht ausreichend Platz für eine eingehende Bewertung mit einzelnen Prüfungskriterien bieten, sondern den Umfang der Beiträge eher beschränken, besteht die Gefahr, allein durch die schlagwortartige Beschreibung und Bewertung den Eindruck eines werblichen Posts hervorzurufen. In diesen Fällen ist dazu zu raten, den Beitrag eher als Werbung zu kennzeichnen als Gefahr zu laufen, eine Abmahnung zu kassieren.

Das oben Gesagte gilt erst recht, wenn der Hersteller der Fritteuse Foodie Vorgaben im Hinblick auf die Form und den Inhalt der Präsentation macht. In diesem Fall ist die Werbeabsicht und die Absatzförderung offensichtlich. Diese Beiträge sind als Werbung zu kennzeichnen.

15.3 Fazit und Ausblick

Das Influencer-Marketing wird auch in den kommenden Jahren den Werbemarkt weiter aufmischen und weil dieser stark umkämpft ist, auch weiter die Gerichte beschäftigen. Dies ist auf der einen Seite gut, weil hierdurch eine Rechtssicherheit hinsichtlich der Kennzeichnungspflichten herbeigeführt wird, auf der anderen Seite führt dies aber zumindest bis dahin noch zu weiterer Verunsicherung der Influencer und der Werbetreibenden. Für den einzelnen Influencer bedeutet dies eine stete Abwägung der oben dargestellten Grundsätze. Aufgrund der bestehenden Unsicherheiten, die auch durch die noch nicht gefestigte Rechtsprechung hervorgerufen wird, ist jedem Influencer zu raten in unsicheren Fällen lieber einmal mehr einen Beitrag als Werbung zu kennzeichnen, als Gefahr zu laufen, eine Abmahnung zu kassieren. Sollte dennoch auf eine Kennzeichnung verzichtet werden, so ist darauf zu achten, dass ausreichende Nachweise vorgehalten werden, an denen man belegen kann, dass kein kommerzieller Zweck hinter dem jeweiligen Post steckt.

Auch wenn es für manch einen eine sehr trockene Materie ist, lohnt es sich für jeden Influencer und natürlich auch für Werbetreibende die weitere rechtliche Entwicklung der Kennzeichnungspflicht von Werbung aktiv zu verfolgen, um gegebenenfalls auf neue Entscheidungen oder Gesetzesänderungen rechtzeitig zu reagieren.

16 Fallstricke und Risiken - was tun, wenn es schiefgeht?

Inhalt

Wo Licht ist, ist auch Schatten. Influencer von heute sind wie die Superstars von gestern. Jedoch ist ihr Publikum kleiner, ihr Einfluss in den Nischen aber keineswegs. Der Markt ist allerdings noch sehr jung, zersplittert und noch lange nicht professionalisiert. Gleichzeitig gewinnt er aber rasant an Bedeutung. Dieser Mix birgt Gefahren. Zahlreiche Agenturen, Software-Anbieter und Online-Marktplätze, die Influencer und Werbewirtschaft zusammenbringen möchten, buhlen um einen Anteil vom vermeintlich großen Werbekuchen. Transparenz und etablierte Standards gibt es nicht. Daher ist es auch nicht verwunderlich, dass der Einstieg in das Thema »Social-Influencer-Marketing« viele Fallstricke und Risiken birgt. Wie bereits im Kapitel 1 «Warum dieses Buch und für wen?« erörtert, werden Unternehmen, die aktionistisch in Social-Influencer-Marketing investieren und dabei die Mechanismen, Gepflogenheiten, und Vorgehensmodelle nicht wirklich kennen, nicht nur umsonst Geld ausgeben sondern gegebenenfalls auch ihrem Marken-Image im Netz auf unterschiedlichen Ebenen Schaden zufügen.

16.1 Fallstricke auf globaler Ebene

- Aufgrund der Komplexität und Vielschichtigkeit sind Kompetenzen und Erfahrungen im Social-Media-Umfeld wichtig. Ferner sind Erfahrungen in Bezug auf das Social-Influencer-Marketing selbst von Vorteil, damit zum einen eine Erfolg versprechende Konzeption erstellt werden kann und zum anderen den Risiken auf den Detailebenen ausgewichen werden kann.

- In einer immer komplexer werdenden Welt sind Ad-hoc-Aktionen immer seltener von Erfolg gekrönt. Leider kommt es in der Praxis aber häufig vor, dass Unternehmen ohne eine klar formulierte Digital-Marketing-Strategie Dinge ausprobieren und sich dann wundern, dass sie entweder nicht funktionieren oder gar Schaden anrichten.
- Bisweilen fehlt sogar ein Online-Marketing-Konzept, in das Social-Influencer-Marketing eingebettet werden könnte. So kommt es erst gar nicht zu Synergie- oder Multiplikator-Effekten. Ein Online-Marketing-Konzept ist ein durchdachter Fahrplan. Dieser ermöglicht den optimalen Einsatz von Marketing-Budgets vor dem Hintergrund zuvor definierter Ziele. In meinem Buch »Online-Marketing-Konzeption – 2019«[84] gehe ich detailliert auf Methoden der Konzeption und unterschiedliche Ansätze ein.
- Auch eine unzureichende oder gar keine Abstimmung mit der Gesamt-Marketing-Strategie kann zum Problem werden. In vielen Unternehmen gibt es heute noch eine Werbe- oder Marketing-Abteilung und die Online-Abteilung. Die Kommunikation dieser Abteilungen läuft jedoch häufig nicht reibungslos. Zu unterschiedlich sind die Welten. Eine gemeinsam erarbeitete und verabschiedete Gesamtstrategie gibt es oft gar nicht. Demzufolge werden auch hier wenig Synergien geborgen und kaum crossmediale Effekte erreicht.

16.2 Risiken auf der Detailebene

- Mittlerweile gibt es auch in Deutschland Personen, die das Dasein als Influencer als Beruf auffassen; sicherlich auch inspiriert von Influencern wie Pamela Reif, die mittlerweile viele Millionen Follower auf Instagram hat. Pamela hat ihre Reichweite aus Instagram heraus aufgebaut. Sie war vorher unbekannt und hatte auch keine anderen, reichweitenstar-

[84] Vgl. Lammenett: Online-Marketing-Konzeption – 2019: Der Weg zum optimalen Online-Marketing-Konzept. Roetgen, 2019.

ken Social-Media-Kanäle. Laut InfluencerDB[85] liegt Pamela Reifs »Media-Wert per Post« bei rund 17.000 Dollar. Das schafft Begehrlichkeit; und so ist es nicht verwunderlich, dass es auch Influencer gibt, die mit der Unterstützung von Bots eine scheinbar große Reichweite auf Instagram oder anderen Kanälen erlangen, um diese dann teuer zu verkaufen. Das wiederum schafft Unsicherheiten und wirft Fragen auf: Wer ist überhaupt noch »echt«? Wer war noch nie »echt«? Follower-Bots und automatisierte Likes sind vielen Instagrammern und Unternehmen ein Dorn im Auge. Dennoch – wo so viel Geld im Spiel ist, wird es auch immer Betrüger geben, die die Zahlen künstlich nach oben treiben. Fallen Werbetreibende auf solche herein, haben sie mit Zitronen gehandelt.

- Auch organisierte Methoden der gegenseitigen Kommentierung von Posts oder Fotos stellen im Grunde eine Verfälschung des tatsächlichen »Marktwertes« eines Influencers dar. Der Algorithmus dankt es dem Influencer mit einer besseren Sichtbarkeit. Dies bringt wiederum weitere Interaktionen mit sich. Mit echtem Nutzerinteresse hat das allerdings wenig zu tun. Derartige Kommentare und Likes sind für den Werbetreibenden wertlos.

Man muss schon genau hinsehen und über ein gewisses Know-how verfügen, möchte man die kleinen und großen Manipulationen der Influencer erkennen. Je nach Konzeption einer Influencer-Marketing-Kampagne kann der Schaden eines Nichterkennens immens sein.

- Inspiriert durch Positivbeispiele wie Pamela Reif und andere zeigt die Zahl der Nachahmer eine inflationäre Entwicklung. Die Authentizität hat dadurch etwas gelitten. Es hat sich eine gewisse Art der Beliebigkeit entwickelt. Zu viele »Berufsinfluencer« machen auf ihren Kanälen genau das gleiche wie alle anderen. Als Werbetreibender muss man daher mittlerweile ziemlich genau hinsehen. Hier und da bleibt der USP bei so viel Austauschbarkeit auf der Strecke. Das genaue Hinsehen lohnt sich aber alleine schon deshalb, weil die Preise in den oberen Marktsegmenten deutlich angezogen haben. Die Influencer haben sich professionali-

85 Vgl. https://www.influencerdb.net/insights/be84f52b-4350-4c3a-a4e8-348580a05e24/, Zugriff 11.02.2019.

siert, egal ob Instagrammer, Blogger, YouTuber oder sonstige. So nennt beispielsweise Forbes[86] in einem Artikel zu Influencer-Marketing-Trends einen Lifestyle-Blogger, der seinen Preis für einen Blogpost von 1.500 Dollar im Jahr 2015 auf 5.000 Dollar vervielfacht hat. Im selben Artikel ist von Top-Tier-Influencern die Rede, die 15.000 und 20.000 Dollar für einen Post verlangen. Zugegeben, diese Beispiele stammen aus den USA. Doch meiner Erfahrung nach sind wir in Deutschland nicht mehr meilenweit von solchen Honorarforderungen entfernt. 16.000 Euro sind mir auch schon angeboten worden.

- Die Auswahl geeigneter Influencer und das genaue Hinsehen wird also zunehmend wichtiger. Doch laut einer A.T. Kearney-Studie aus Oktober 2016 begehen Markenunternehmen oft den Fehler, ohne differenzierte Auswahlkriterien viel Geld in die Stars der Szene zu investieren. Die entsprechenden Posts werden dann zwar von den Nutzern häufig angeklickt, ihren Produktempfehlungen fehlt aber oft die nötige Authentizität. Damit verpufft ein Teil der angestrebten Wirkung.
- In Deutschland muss bezahlte Werbung auch als solche kenntlich gemacht werden. In Zusammenhang mit Social-Influencer-Marketing fällt in jüngerer Zeit das Wort »Schleichwerbung« immer häufiger. Schleichwerbung ist in Deutschland verboten. In den USA gehen Verbraucherverbände diesbezüglich bereits vereinzelt gegen Influencer und Unternehmen vor. Auch in Deutschland gibt es seit 2018 verschiedene Prozesse gegen Influencer und Werbetreibende. Spektakulär ist wohl auch der Prozesse von Caty Hummels, der Frau des Ex-Nationalspielers Mats Hummels. Ein Urteil in diesem Prozess wird für April 2019 erwartet.
- Das Preisgefüge für die Mitwirkung von Influencern ist sehr uneinheitlich und unübersichtlich. Im Grunde gibt es keine etablierten Standards. Bisweilen geht die Spanne der aufgerufenen Preise sehr weit auseinander. Man weiß eigentlich nie genau, ob man für einen Post zu viel bezahlt oder nicht. In den USA gibt es Erhebungen über durchschnittliche

---

[86] Vgl. https://www.forbes.com/sites/onmarketing/2017/01/05/the-influencer-marketing-trend-brands-shouldnt-ignore/ Zugriff 12.03.2019.

Kosten, beispielsweise von Adweek[87] aus Februar 2017. Da der Markt aber ständig in Bewegung ist, stellt sich die Frage, ob derartige Erhebungen zurzeit überhaupt Sinn machen.

- Die angegebenen Reichweiten stimmen bisweilen nicht und führen in die Irre. Bei einigen Anbietern[88] wird Reichweite mit der Anzahl der Fans gleichgesetzt. Viele soziale Netzwerke, allen voran Facebook, spielen aber Posts nur noch an einen Bruchteil der Fanbase einer Fanpage aus. Facebook hat gar kein Interesse daran, jedem Fan einer Fanpage alle darauf veröffentlichten Nachrichten anzuzeigen. Denn Facebook finanziert sich primär über Werbung und möchte die Betreiber von Fanpages ja dazu animieren, die Reichweite ihrer Beiträge durch den Kauf von Werbung zu erhöhen. Ein Beispiel: Wenn ein Influencer 90.000 Follower hat, so werden seine Posts nicht allen 90.000 Followern angezeigt. Mit Glück wird ein Post bei 4.500 Followern auf der Facebook-Startseite angezeigt. Alle anderen müssen schon wissentlich auf die Facebook-Fanpage des Influencers klicken, um den Post zu sehen. Das aber wird nur sehr bedingt geschehen. Um die Reichweite innerhalb der Fanbase zu erhöhen, müsste der Influencer schon eine Facebook-Werbekampagne starten, die nur auf seine Fanbase ausgerichtet ist. Das wird er aber im Normalfall nicht tun, da er hierzu an Facebook ein entsprechendes Entgelt zahlen müsste.
- Influencer sind keine Testimonials. Sie lassen sich in der Regel nichts vorschreiben und erzählen ihre eigene Geschichten. Der Werbetreibende hat also nur bedingt eine Kontrolle über die Details.

16.3 Beispiele für Influencer-Marketing-Flops

Nur um Ihnen einmal einen Eindruck davon zu vermitteln, welche Kreise weniger gut gemachtes Influencer-Marketing ziehen kann, habe ich hier einmal einen Auszug aus Google News zum Fall Bifi integriert, der im Februar 2018 die Runde machte.

---

87 Vgl. http://www.adweek.com/digital/what-is-the-real-cost-of-instagram-influence-infographics/, Zugriff 14.02.2019.

88 Das gilt für Influencer und auch für Marktplätze, die unter dem Begriff »Reichweite« auch die Anzahl der Follower proklamieren.

Weniger gut gemachtes Influencer-Marketing wird von den Medien aufgegriffen und »wie die Sau durchs Dorf getrieben«. Das fatale dabei ist, dass Korrekturen kaum möglich sind. Das ist bei anderen Marketing-Formen anders. Ist ein TV-Spot misslungen oder verfehlt er merklich seine Wirkung, wird er einfach abgesetzt und ein neuer Spot tritt an seine Stelle. Veröffentlichte Seiten, Artikel, Posts oder Kommentare im Internet lassen sich nicht so einfach wieder entfernen.

Das Interessante bei derartigen Phänomenen ist, dass es auch 2018 Unternehmen gab, die aus den Fehlern vergangener Jahre nichts gelernt haben. Denn obwohl beispielsweise die Coral-Kampagne in 2017 für enormen Wirbel und reichlich Hasskommentare unter den Posts der beteiligten Influencer gesorgt hat, ging es in 2018 munter weiter mit den Flops. Der Fall Bifi, der im Februar 2018 die Medien beschäftigte, war natürlich kein Einzelfall. Im Januar 2018 machte auch Milka Schlagzeilen mit Titelzeilen wie »Mit der Milka auf dem Klo: Nutzer veralbern die fragwürdige Instagram-Kampagne der Schokoladen-Marke«[89] oder »Peinliche Milka-Kampagne: So albern kann Werbung für Schokolade sein«[90].

[89] Vgl. http://meedia.de/2018/01/29/mit-der-milka-auf-dem-klo-nutzer-veralbern-fragwuerdige-instagram-kampagne-der-schokoladen-marke/, Zugriff 03.03.2019.

[90] Vgl. https://www.stern.de/neon/vorankommen/das-ging-daneben--milka-und-die-peinliche-instagram-kampagne-7842438.html, Zugriff 03.03.2019.

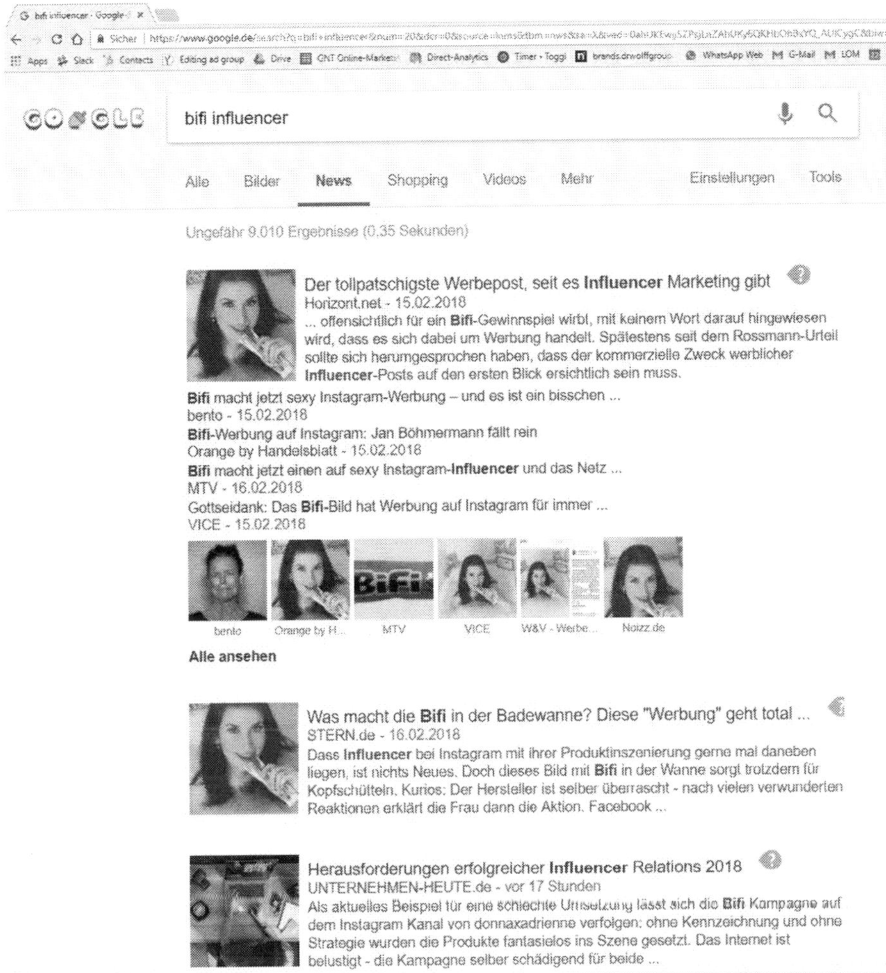

Abbildung 16.1: Auszug aus Google News zum Fall Bifi. Quelle: Google.de, Zugriff 26.02.2018.

Abbildung 16.2: Überall dabei von tylertroublez. Quelle: Instagram, Zugriff 26.04.2018.

Die Facebook-Seite »Perlen des Influencer-Marketings«[93] sammelt die peinlichsten und absurdesten Versuche, Produkte cool und vermeintlich natürlich auf Fotos einzubauen. Sie ist sicherlich einen Blick wert, wenn man als Werbetreibender ergründen möchte, in welche Richtung man Influencer-Marketing nicht entwickeln sollte.

16.4 Auf eventuelle Problemsituationen vorbereitet sein

Wo Licht ist, ist Schatten, und wo Chancen sind, gibt es auch Risiken. Das ist in den vorangehenden Abschnitten deutlich geworden. Beispiele für Pleiten, Pech und Pannen findet man im Internet zuhauf.

Social-Influencer-Marketing bedingt immer die Kommunikation über einen oder mehrere SMM-Kanäle. Wenn sich ein Unternehmen über einen oder mehrere SMM-Kanäle öffnet, so muss es vorbereitet sein auf das, was kommen könnte. Denn in den sozialen Medien haben die Unternehmen nicht mehr die Hoheit über die Themen und damit das, was diskutiert wird. Zwar können Unternehmen auch über SMM bestimmte Themen fokussieren – doch es kann sehr wohl vorkommen, dass im Unternehmensblog kritische Fragen von Verbrauchern

[93] Vgl. https://www.facebook.com/influencerperlen/, Zugriff 03.03.2019.

auftauchen oder auf der Facebook-Fanpage eine Diskussion angestoßen wird, die das Unternehmen lieber nicht öffentlich führen würde.

Bevor sich ein Unternehmen also in Richtung Social Media öffnet und die Arbeit mit Influencern intensiviert, sollten intern Vorkehrungen getroffen werden. Gegebenenfalls sollten Richtlinien erarbeitet und kommuniziert werden, die beschreiben, wie in welchen Fällen zu reagieren ist, beispielsweise, wenn eine kritische Rückmeldung über einen Social-Media-Kanal eingeht. Es sollten im Vorfeld Fragen geklärt werden wie: Wie sieht der Eskalationsplan aus? Ab welchem Zeitpunkt sollte die Geschäftsführung eingeschaltet werden? Gibt es Vorkehrungen, die im Vorhinein zu treffen sind, um einen möglichen Shitstorm erst gar nicht aufkommen zu lassen? Wie sollen sich Mitarbeiter verhalten, die in sozialen Medien aktiv sind und sich als Mitarbeiter des jeweiligen Unternehmens zu erkennen geben? Welche Tonalität sollte bzw. muss getroffen werden, um in den jeweiligen Kanälen ernst genommen zu werden?

Wie diese Vorkehrungen im Einzelfall aussehen, hängt von vielen Faktoren ab. Sind Sie in einer Branche tätig, die bisweilen öffentlichen Angriffen ausgesetzt ist, wird die Vorbereitung intensiver sein als in Branchen, die weniger in der Kritik stehen. Marktführer mit einem hohen Bekanntheitsgrad werden sich vermutlich intensiver vorbereiten müssen als Unternehmen, die sich noch nicht einer hohen Bekanntheit erfreuen dürfen. Wenn es Organisationen oder Personengruppen gibt, die sich in der Öffentlichkeit bereits heute regelmäßig über Ihr Unternehmen oder ihre Produkte äußern, wird die Vorbereitung ebenfalls intensiver sein als wenn dieses noch nicht der Fall ist. Wenn Produkte vertrieben werden, die aufgrund ihrer Komplexität leicht falsch verwendet werden können, bestehen andere Risiken als wenn dieses nicht der Fall ist. Wiederum wird die Vorbereitung intensiver und sorgfältiger sein. In der folgenden Auflistung finden Sie einige Vorschläge, die im Sinne einer Vorbereitung angedacht werden können. Diese Liste erhebt allerdings keinen Anspruch auf Vollständigkeit. Sie dient als grobe Orientierung.

Szenarien: Überlegen Sie sorgfältig, welche Szenarien es geben könnte, die zu Problemen führen könnten. Wenden Sie gegebenenfalls Techniken an, die aus anderen Marketing-Bereichen bekannt sind, beispielsweise die SWOT-Analyse.

Ansprechpartner: Stellen Sie einen Ansprechpartner für Influencer zur Verfügung, der im Falle von Notfallsituationen im Zweifel sofort reagieren kann – auch nach Büroschluss. Denn das Social-Media-Geschäft ist ein 24/7-Business. Schulen Sie diesen Ansprechpartner sorgfältig.

Eskalationsplan: Überlegen Sie sich im Vorfeld, unter welchen Bedingungen Abteilungsleiter oder gar die Geschäftsleitung einzuschalten sind. In welchen Fällen bzw. bei welcher Art der Kommentare auf Influencer-Posts (Inhalt, Tonalität) sollte dies geschehen?

Medium: Falls öffentliche Stellungnahmen vonnöten sind, sollte bereits im Vorfeld klar sein, über welches Medium diese kommuniziert werden und wer für die Kommunikation verantwortlich ist.

Informationsfluss: Legen Sie auch im Vorfeld fest, wer in welchen Fällen zu informieren ist. Welche Personen im Unternehmen oder gegebenenfalls auch außerhalb des Unternehmens sollten proaktiv über eventuelle Problemfälle informiert werden?

Umgang mit der Presse: Legen Sie fest, wie Sie mit Presseanfragen umgehen und welche Person im Unternehmen diese bedient.

Monitoring: Wenn Sie sich nicht auf sporadische Prüfungen zu Veröffentlichungen über Ihr Unternehmen in sozialen Netzwerken verlassen möchten, sollten Sie ein professionelles Monitoring etablieren. Für das Social-Media-Monitoring gibt es Software-Tools, die diesen Prozess stark erleichtern. Diese Tools greifen über Schnittstellen auf die Daten der Netzwerke zu und werten die öffentlich verfügbaren Posts aus. Bekannte Vertreter dieser Softwaregattung sind Brandwatch[94], Echobot[95], Linkfluence[96] oder Talkwalker.[97] Es gibt aber noch viele andere. Verlassen Sie sich aber nicht nur auf diese Tools. Eine **manuelle Prüfung** der Kommentare der beauftragten Influencer ist in jedem Fall sinnvoll. Wenn spezielle Hashtags verwendet werden, ist auch die Prüfung der Kommentare, die diese Hashtags verwenden, eine sinnvolle Monitoring-Methode. Wenn Sie Influencer-Beiträge reposten, ist es ebenfalls empfehlenswert die Kommentare und Bewertungen Ihrer eigenen Beiträge zu prüfen.

16.5 Richtig reagieren

Die Frage, wie man auf Kritik, die unsachliche bzw. unseriöse Kommentare oder gar Beschimpfungen oder Beleidigungen enthalten reagiert, ist nicht einfach zu beantworten. Einerseits ist sicherlich eine schnelle Reaktion vorteilhaft, andererseits sollte jedoch keinesfalls vorschnell oder gar emotional reagiert werden. In der folgenden Auflistung finden Sie einige Vorschläge und Hinweise. Die Liste erhebt allerdings keinen Anspruch auf Vollständigkeit. Sie dient als grobe Orientierung.

---

94 Vgl. https://www.brandwatch.com.

95 Vgl. https://www.echobot.de.

96 Vgl. https://www.linkfluence.com.

97 Vgl. https://www.talkwalker.com.

Prüfung der Situation: Bevor Sie irgendetwas kommunizieren, sollten Sie die Sachlage genau prüfen. Viele Shitstorms sind nur deshalb entstanden, weil die Verantwortlichen vorschnell reagiert und offensichtliche Vorkommnisse abgestritten haben. In manchen Fällen ist sogar versucht worden, eine aufkommende Diskussion zu ersticken. In der Regel wird das nicht funktionieren. Im Grunde hört sich das trivial an. Aber die Vergangenheit hat gezeigt, dass viele Unternehmen immer wieder in diese Falle tappen.

Verschaffen Sie sich also zunächst einen genauen Überblick und besorgen Sie sich alle Informationen zum potenziellen Krisenfall. Sprechen Sie auf jeden Fall mit dem involvierten Influencer. Falls unbedingt kurzfristig kommuniziert werden muss, dann teilen Sie in einem ersten Statement zunächst nur mit, dass Sie etwas Zeit benötigen, um sich alle Informationen und Fakten zu besorgen, und sich anschließend äußern werden. Bedenken Sie hierbei, dass häufig die ersten Äußerungen besondere Beachtung finden. Achten Sie daher genauestens auf Ihre Formulierung. Vermeiden Sie Schuldeingeständnisse oder Schuldzuweisungen, wenn Sie diese nicht eindeutig geprüft haben oder nicht beabsichtigen.

Offensiv oder defensiv: Erst wenn alle Fakten auf dem Tisch liegen, sollten Sie entscheiden, ob Sie eher offensiv oder defensiv reagieren. Liegen tatsächlich Versäumnisse oder gar Fehler Ihres Unternehmens vor, so bietet es sich an, offensiv zu kommunizieren wie Sie weiter vorgehen werden und welche Korrekturen Sie geplant haben. Wenn Vorwürfe haltlos sind oder nicht durch Fakten belegt werden können, oder gar Fakten das Gegenteil belegen, bietet sich eine eher defensive Reaktion an. Dabei sollten aber in jedem Fall Beweise oder gegebenenfalls Quellen vorgelegt werden, die die Vorwürfe entkräften oder widerlegen.

Die Mücke, die zum Elefanten wird: Je nach Sachlage können auch juristische Schritte erwogen werden. Überlegen Sie sich aber sehr genau, ob Sie das tun möchten. In der Vergangenheit ist aus so mancher Mücke ein Elefant geworden. Es gibt etliche bekannte Shitstorms, die nur entstanden sind, weil Unternehmen andere Marktteilnehmer juristisch belangen wollten. Ein sehr bekanntes Beispiel ist eine Abmahnung von Jack Wolfskin. Das Unternehmen hatte einen Bastler wegen einer vermeintlichen Markenrechtsverletzung abgemahnt. Der Fall ging durch die sozialen Medien, dann durch die konventionellen Medien und am Ende hat Jack Wolfskin wegen des öffentlichen Drucks in den sozialen Medien die Abmahnung zurückgezogen und sich lächerlich gemacht. [98]

Die Wahl des richtigen Mediums: Wie bereits im vorangegangenen Abschnitt erörtert, ist die Wahl des richtigen Mediums für Ihre Kommunikation nicht trivi-

---

98 Vgl. http://www.taz.de/!5153741, Aufruf 04.04.2019

al. Je nach Einzelfall wollen Sie keine schlafenden Hunde wecken. Überlegen Sie also gut, was genau Ihr Ziel ist und über welches Medium Sie dieses Ziel am besten erreichen.

Fürsprecher aktivieren: Sollte es in der Community Fürsprecher oder gar Fans Ihrer Marke geben, so kann es sinnvoll sein, diese dezent zu aktivieren, um gegen aufkommende Negativkritik einzuwirken. Mit einer frühzeitigen Reaktion bzw. Aktivierung von Fürsprechern innerhalb einer Community kann möglicherweise eine Eskalation verhindert werden. Beteiligen Sie sich gegebenenfalls auch am Dialog und stellen Sie zusätzliche Informationen zur Verfügung.

Umgang mit Trolls: Als sogenannte Trolle werden Personen bezeichnet, die in Netzwerken permanent destruktiv, unsachlich oder gar beleidigend kommunizieren. Sie verstecken sich bisweilen in der vermeintlichen Anonymität des Internets hinter getarnten Accounts, die keine Rückschlüsse auf ihre wahre Identität zulassen. Sie äußern Dinge, die sie im wahren Leben niemals in den gleichen Worten äußern würden. Trolle haben nicht unbedingt eine gefestigte Meinung. Ihr Ziel ist es oft nur, Sie aus der Reserve zu locken und zu provozieren. Sie argumentieren widersprüchlich und sind häufig auf das letzte Wort versessen. Sich mit Trollen auseinanderzusetzen, macht keinen Sinn. Lassen Sie sich auf keine Diskussion mit Trollen ein. Ignorieren Sie Trolle. Löschen Sie gegebenenfalls entsprechende Beiträge und versuchen Sie, die Sperrung trollender Accounts herbeizuführen. Aber Achtung: Differenzieren Sie zwischen Trollen und begründeter Kritik. Wenn Sie eine begründete Kritik sperren oder löschen, sind sie angreifbar.

16.6 Flop oder nicht Flop, das ist hier die Frage

In der jüngeren Zeit wurden sehr viele Artikel über Flops im Influencer-Marketing veröffentlicht. Auch ich habe in meinen Büchern und verschiedenen Blogbeiträgen über Flops im Influencer-Marketing berichtet. Doch ist jede vermeintlich misslungene Influencer-Marketing- oder Social-Media-Kampagne, die in den Medien durch den Kakao gezogen wird, wirklich ein Flop? Oder sind findige Marketeers an manchen Stellen einfach cleverer als die Journalisten, die hinter jeder skurrilen Aktion gleich einen Mega-Flop wittern? In der Folge möchte ich dieser Frage anhand konkreter Beispiele einmal nachgehen. Zuvor finden Sie jedoch noch einige Anmerkungen aus medienpsychologischer Sicht.

Influencer-Marketing nutzt im Kern die Reichweite der Influencer. Kein werbetreibendes Unternehmen wird jedoch etwas dagegen haben, wenn eine Kampagne **zusätzlich** noch einen viralen Effekt erreicht und in den sozialen Medien entsprechend häufig geteilt und geliket wird. Wie aber entstehen virale Effekte? Was wird in den sozialen Medien gerne geteilt, geliket oder kommentiert?

Aus einer Analyse von 4,5 Millionen Facebook- und Instagram-Anzeigen, die die Firmen Social Bakers und Hubspot im Jahr 2016 gemeinsam veröffentlicht haben[99], geht hervor, dass die Häufigkeit von Interaktionen insbesondere davon abhängt, ob ein Post die Emotionen der User weckt. Beispielsweise werden emotionale Posts fünfmal häufiger kommentiert, geteilt oder geliket als Posts zu Sonderangeboten oder Gewinnspielen. Auf rein informative Posts reagieren User nicht einmal halb so oft wie auf emotionale. Sicherlich ist das auch ein Grund für den Hype um das sogenannte »Emotional Storytelling«.

Die meisten Interaktionen erreichen Posts, die bei Facebook-Usern Freude auslösen. Posts, die Angst hervorrufen, werden vergleichsweise oft auf der eigenen Timeline geteilt. Wut-Posts werden besonders gerne kommentiert, aber auch geteilt und dabei gleichzeitig kommentiert. Häufig sind empörende Kommentare das Ergebnis der Emotion »Wut«. Besonders in Deutschland wird sich schnell und gerne empört – auch bzw. im Besonderen in den sozialen Medien.

Man könnte daher auch auf die Idee kommen, dass manche Influencer- oder Social-Media-Kampagne, die in den Medien als totaler Flop dargestellt wurde, ganz bewusst provokant, skurril oder empörend konzipiert worden ist, um die Reichweite über virale Effekte zu maximieren. Das ist natürlich reine Spekulation und damit zunächst einmal nur eine These. Aber Marketing ist bekanntlich ja eine Teildisziplin der Betriebswirtschaft und damit eine Geisteswissenschaft. Daher erlaube ich mir an dieser Stelle einmal, mit einer These zu arbeiten. Mit einigen Beispielen möchte ich diese untermauern.

16.6.1 Beispiele Bifi und Milka

Im Abschnitt 16.3 »Beispiele für Influencer-Marketing-Flops«, habe ich den Fall Bifi angesprochen. Besonders das Bild der Influencerin Donna Adrienne hat in den Medien für einen extremen Widerhall gesorgt. Eine Welle der Aufregung brandete über dieses scheinbar sinnentleerte Badewannenbild mit Bifi. U. a. berichteten der Stern, MTV und Horizont. Scheinbar hatte es eine Influencerin übertrieben. Oder vielleicht doch nicht?

Nur weil Menschen sich über eine Werbung empören, muss das nicht zwangsläufig bedeuten, dass diese nicht wirkt. Auch in der konventionellen Werbewelt gibt es genügend Beispiele für vergleichsweise bescheiden gemachte Werbung, die dennoch wirkt. Oder finden Sie den Radiospot von Seitenbacher-Müsli gelungen? Oder die Trigema-Werbung mit Herrn Grupp?

---

99 Vgl. https://offers.hubspot.de/die-zukunft-der-werbung-auf-facebook-und-instagram, Zugriff 30.03.2019.

Abbildung 16.3: Bad mit Bifi. Quelle: Instagram, Zugriff 26.05.2018.

Eine Bifi kostet zwischen 0,60 und 0,70 Euro. Glauben Sie, das Badewannenbild hat der Marke geschadet? Ohne Zweifel hat es für eine Menge Furore gesorgt und so die Reichweite viral befeuert. Aber hat es dem Image der Marke geschadet? Und wenn ja, was überwiegt – der Schaden oder die günstig erworbene Reichweite durch den viralen Effekt?

Antworten auf diese Fragen wird wohl nur die Marketing-Abteilung des Bifi-Produzenten LSI haben.

Anders gelagert könnte der Fall bei dem Bild mit der Milka-Schokolade auf dem Klo sein (Abbildung 16.2). Milka liefert sich in Bezug auf die Marktanteile bei Tafelschokolade seit Jahren ein hartes Kopf-an-Kopf-Rennen mit Ritter Sport. Seit 2016 versucht Milka, die »Zartheit« und die hervorragende Produktqualität seiner Schokolade über entsprechende Bildwelten für die Zielgruppe erlebbar zu machen. Als Beleg für diese Aussage können zwei Milka-Spots aus 2016 und 2018 herangezogen werden:

https://youtu.be/KJMHDq30MCM, Zugriff 30.03.2019

https://youtu.be/CnhdJyllj-Q, Zugriff 30.03.2019

Meine Frage ist nun, ob das Bild »Herr mit Milka auf dem Klo« das Image von »Zartheit« gepaart mit hervorragender Produktqualität unterstützt? Persönlich habe ich da meine Zweifel. Die Assoziation von brauner Schokolade mit anderen braunen Elementen, die üblicherweise auf einem Klo entsorgt werden, lässt mich zweifeln.

16.6.2 Beispiel Mariner

Auch im Fall der Uhrenmarke Mariner fragt sich die Fachwelt, ob sich der Hersteller heftig vergriffen hat oder ob es sich bei den kritischen Anzeigenmotiven um eine gezielte PR-Aktion handelt. Auf einem der Motive wird einer Frau gewaltsam ein Glas Whisky eingeflößt. Der Männerarm, welcher auf dem Bild zu sehen ist, trägt eine Mariner-Uhr am Handgelenk.

Abbildung 16.4: Mariner Watches Anzeigenmotive sorgten für Aufschrei. Quelle: Instagram, Zugriff 06.03.2019.

Nach Protesten hat das Unternehmen die Anzeigenmotive von seinen Kanälen entfernt und sich entschuldigt.

16.6.3 Beispiel BIPA

Ein weiteres Beispiel für »empörende« Werbung aus der Social-Media-Welt ist ein Post der Firma BIPA. BIPA ist ein österreichisches Unternehmen, welches rund 600 Drogeriemärkte betreibt. Es zählt damit zu den größten Drogeriefachhändlern Österreichs. Zum Weltfrauentag (8. März 2018) veröffentlichte das Unternehmen auf seiner Fanpage einen Post mit einem Hinweis auf 25 Prozent Rabatt auf Haushaltsmittel.

Der Post löste eine Welle der Empörung aus. Er wurde 100 Mal geteilt und unzählige Male von Usern kommentiert. Auch in den Medien wurde die Aktion aufgegriffen. Über den Fall berichteten u. a. der Kurier, Business Live und bento. Auf den folgenden Seiten finden Sie sowohl den Post als auch einige Kommentare.

Auf die Welle der Empörung reagierte BIPA relativ professionell. Betrachtet man die Anzahl der Beschwerden[100], die in den letzten zehn Jahren beim Werberat zu unterschiedlichen BIPA-Aktionen eingegangen sind, so könnte man auch auf die Idee kommen, dass dieses Vorgehen Methode hat.

Abbildung 16.5: BIPA-Werbung zum Weltfrauentag. Quelle: Facebook, Zugriff 30.05.2018.

---

[100] Vgl. https://www.werberat.at/search.aspx?searchText=bipa, Aufruf 04.04.2019

Auszug aus den Kommentaren zum Post:

- Das nenn ich mal einen richtigen Griff ins Klo. Wasch- und Putzmittel am Frauentag günstiger? Na dann liebe „Mädchen" – ab an eure angestammten Plätze wie Herd und Haushalt. Alleine schon die Hashtags: „Mädchen" statt Frau und „starke Männer". Hier haben einige Marketing-Leute ein paar Jahrzehnte verschlafen fürchte ich...
- Warum müssen Frauen "unterstützt" werden im Haushalt? Gehört das Haus/die Wohnung denn nur der Frau? Was ist der Mann dann - Gast? Jede und jeder übernimmt ihren/seinen Anteil - Punkt.
- Hallo Bipa, eure ganze Werbekampagne ist zum Kotzen. "Weil ich ein Mädchen bin" ist eine Frechheit - keine einzige der Frauen ist ein Mädchen, oder will ein Mädchen sein, oder will kleingemacht werden. Fragt doch mal euren Werbefritzen (ganz sicher ein Mann, der sich das ausgedacht hat) ob er wenn er Werbung für Männer macht, die Buben nennt. "Ich trinke XY Energydrink, weil ich ein Bub bin". Nein. er würde Männer immer Männer nennen. Frauen Mädchen zu nennen ist abwertend, macht sie klein, und hält Männer groß. Weiters: Ich pack mit im Haushalt an: Schaut euch doch mal dieses Video an - vielleicht versteht ihr ja dann, was mit euerer Werbung schiefläuft
  : https://www.youtube.com/watch?v=JPjlekninV4
- wtf?! frauen werden durch günstigere putzmittel gewürdigt?? und männer dafür, dass sie im eigenen haushalt "mithelfen" (und nicht ihren anteil im haushalt machen) auf ein podest gehoben? selten so eine schlechte aktion zum weltfrauentag gesehen!
  25% auf putzmittel findet ihr scheiße - weil Klischee - na macht ja nix - wir haben ja heute auch -30% auf Schminksachen<3

16.6.4 Beispiel Palmers

Auch der folgende Post der Firma Palmers löste eine Welle der Empörung und eine heftige Diskussion über Sexismus und Prüderie aus. Die Palmers Textil AG, bekannt als PALMERS, ist Österreichs größter Textilkonzern. Das Sortiment umfasst Dessous, Bademode, Nachtwäsche, Loungewear und Strumpfware. Der Post zeigt sechs junge Frauen in knappen Höschen. Kritiker warfen der Firma Palmers vor, sie setze Kinder halbnackt in Szene und mache frauenfeindliche Werbung. In der Folge entstand ein Shitstorm.

In gut sechs Wochen erreichte der Post nur auf Facebook knapp 2.500 Likes und 570 Kommentare. Ein Vielfaches an Kommentaren ging auf anderen Plattformen und über andere Social-Media-Kanäle ein. U. a. berichteten Horizont, Kronen Zeitung, Wienerin und Heute.

Abbildung 16.6: Palmers Osterhöschen. Quelle: Facebook, Zugriff 30.04.2018.

Auf die Welle der Empörung hat die Firma Palmers mit einem Statement[101] des CEOs, Marc Wiesner, reagiert. Am Ende dieses sehr langen Statements verwies Herr Wiesner darauf, dass weniger als 130 von 1.600 Kommentaren auf der Palmers-Fanpage negativ ausfallen.

Auch über die Firma Palmers gehen regelmäßig Beschwerden[102] beim Werberat ein. Auch hier könnte man auf die Idee kommen, dass das Vorgehen von Palmers Methode hat.

---

[101] Vgl. http://www.heute.at/oesterreich/news/story/-Osterhoeschen---Jetzt-schlaegt-Palmers-zurueck--48713883, Zugriff 30.05.2018.

[102] Vgl. https://www.werberat.at/search.aspx?searchText=palmers, Zugriff 30.05.2018.

17 Erfolgreiche Fallbeispiele mit konkreten Zahlen

Zur **Inspiration** stelle ich in diesem Kapitel einige Fallbeispiele bereit, die auch konkrete Zahlen benennen. Die Beispiele sind recht breit gefächert, sodass für jeden Geschmack Inspirationsstoff vorhanden sein dürfte. Sie stammen aus unterschiedlichen Quellen bzw. aus eigenen Kampagnen. Die Quellenangaben sind beigefügt, sodass ggf. weitere Details dort nachgelesen werden können. Ferner finden Sie hier auch eine Reihe von Artikeln, die interessante Fallbeispiele beschreiben.

> Dank Print-on-Demand kann ich zwischen den Auflagen Fallbeispiele ergänzen. Sollten Sie interessante Beispiele oder Links an dieser Stelle vermissen, schreiben Sie mir gerne eine E-Mail.

17.1 14 Fallbeispiele in strukturierter Form aufbereitet

Fallbeispiel 1

Unternehmen/Marke: Bundesverband der Deutschen Volksbanken und Raiffeisenbanken

Zielsetzung: Steigerung der Bekanntheit der Smartphone-Bezahlfunktion Kwitt der Volksbanken und Raiffeisenbanken innerhalb der schwer erreichbaren Zielgruppe »junge Menschen«.

Vorgehen: Für die Kampagne wurden 110 passende Micro-, Mid- und Macro-Influencer ausgewählt. Zusammen hatten diese eine Reichweite von 2,5 Millionen Followern. Es wurden in Summe 376 Beiträge auf Instagram, Youtube, Twitch und in Blogs der Influencer veröffentlicht. Alleine auf Instagram wurden 110 Beiträge veröffentlicht, die rund 523.000 Interaktionen generierten. Das entsprach einer Interaktionsrate von 4,7 Prozent. Verbindendes Element war u. a. der Hashtag #daskannstdukwitten.

Art der eingesetzten Influencer:

- Micro-Influencer
- Mid-Level- oder Power-Influencer
- Top-Tier-Influencer
- ~~Celebrity-Influencer~~

Ergebnis: Insgesamt wurden lt. ausführender Agentur über 60 Millionen Kontakte erreicht. Im Vergleich zum Vorquartal stiegen im Kampagnenzeitraum die Kwitt-Neuregistrierungen um 21 Prozent und die Zahlungen mit Kwitt um 27 Prozent. Die Kampagne war viral sehr erfolgreich. Auch konventionelle Medien berichteten und griffen die Kampagne auf. Um die Werbewirkung zu belegen, wurde nach der Kampagne Marktforschung durchgeführt. Im Ergebnis stieg die Markenbekanntheit von Kwitt in der befragten Followerschaft um 27 Prozent und das Markenwissen versechsfachte sich.

Quelle:
https://www.springerprofessional.de/marketingkommunikation/marketingstrategie/influencer-machen-finanzdienstleister-zu-social-media-hits/16468118, Zugriff 02.04.2019

Fallbeispiel 2

Unternehmen/Marke: Ritter Sport

Zielsetzung: Promotion für die Sonder-Edition einer Schokobox.

Art der eingesetzten Influencer:

- ~~Micro-Influencer~~
- Mid-Level- oder Power-Influencer
- ~~Top-Tier-Influencer~~
- ~~Celebrity-Influencer~~

Verbindungen: Verbindendes Moment der Kampagne waren diverse Hashtags wie #rittersport, #schokowürfel, #quadratischpraktischgut, #schokomoment und #muttiistdiebeste. Vertaggt wurde außerdem immer das offizielle Profil von Ritter Sport.

Ergebnis: Mit Stand Mai 2017 kamen die insgesamt 19 Beiträge auf über 85.000 Likes und mehr als 900 Kommentare. Während die Instagram-Posts nicht unbedingt besonders kreativ waren, sticht der Beitrag der DIY-Bloggerin Elisa Kropp sehr positiv heraus (siehe https://youtu.be/4pQJZrUvUGc). In ihrem Instagram-Post verwies Frau Kropp mit entsprechendem Hashtag auf ihr YouTube-Video. Im Video ist das Produkt dezent, jedoch deutlich erkennbar eingebettet. Das Video wurde mit Stand Juni 2017 fast 35.000 Mal aufgerufen.

Quelle: http://www.horizont.net/marketing/kommentare/Influencer-Kampagnen-Wie-Ritter-Sport-Hipp-und-Blume2000-zum-Muttertag-auf-Instagram-punkten-wollen-158034, Zugriff 15.03.2019.

Fallbeispiel 3

Unternehmen/Marke: Hipp

Zielsetzung: Promotion der Marke zum Muttertag über emotionales Storytelling.

Vorgehen: Ein emotionales Video der Firma Hipp (https://youtu.be/rJp3f9SsijI?list=PL7OxE1MwjOf36Ni2jU8mNa-pmN7Zr5THf) wurde eingesetzt und zusätzlich ein Gewinnspiel in Kooperation mit Blume 2000. Eine entsprechende Landingpage (https://www.hipp.de/beikost/aktuelles/muttertag/teilen/) wurde u. a. über sechs Micro-Influencer (alle Mummy-Bloggerinnen) promotet. Dies geschah über Instagram (z. B. https://www.instagram.com/p/BTwj6ZGFEcu/) und über einen Blog-Beitrag (z. B. https://honey-loveandlike.de/muttertag-2017/).

Art der eingesetzten Influencer:

- Micro-Influencer
- ~~Mid-Level- oder Power-Influencer~~
- ~~Top-Tier-Influencer~~
- ~~Celebrity-Influencer~~

Verbindungen: Verbindendes Moment der Kampagne war der Hashtag #hippmuttertag.

Ergebnis: Hipp setzte für diese Kampagne auf sechs Micro-Influencer, was die Spekulation zulässt, dass das Unternehmen sich langsam vortasten möchte in das Thema »Social-Influencer-Marketing«. Die sechs Instagram-Postings erhielten in der Summe 750 Herzen und knapp 50 Kommentare. Über die Aufrufzahlen der Blog-Beiträge sind keine Daten bekannt.

Quelle: http://www.horizont.net/marketing/kommentare/Influencer-Kampagnen-Wie-Ritter-Sport-Hipp-und-Blume2000-zum-Muttertag-auf-Instagram-punkten-wollen-158034, Zugriff 15.03.2019.

Fallbeispiel 4

Unternehmen/Marke: SBB, Schweiz (https://www.sbb.ch)

Zielsetzung: Promotion der Jugendplattform www.gleis7.ch in der Zielgruppe »13- bis 25-Jährige«.

Vorgehen: Es wurde eine Challenge entwickelt, die mit sehr attraktiven Preisen ausgestattet war. Jeweils drei YouTuber erhielten die Aufgabe, ein Video zu einem vorgegebenen Thema zu produzieren und anschließend ihr Publikum aufzurufen, für das Video zu stimmen (z. B. https://youtu.be/OWuLh4Xbb88). Das Video, welches die meisten Stimmen erhielt, gewann den Hauptpreis. Die Abstimmung wurde auf einer Unterseite der Webseite www.gleis7.ch durchgeführt, womit die Nutzer geschickt zur Ziel-Webseite gelenkt wurden. Um an der Abstimmung teilzunehmen, mussten die Fans sich mit ihrem Gleis-7-Konto anmelden bzw. eines eröffnen. Die Themen der einzelnen Challenges fügten sich in die Gesamtkommunikation der SBB ein.

Art der eingesetzten Influencer:

- Micro-Influencer
- Mid-Level- oder Power-Influencer
- Top-Tier-Influencer
- ~~Celebrity-Influencer~~

Ergebnis: Die Anzahl der Webseiten-Besucher wurde verdoppelt. Die Anzahl der Neuanmeldungen konnte um den Faktor 2,5 gesteigert werden.

Quelle: http://www.horizont.net/schweiz/nachrichten/Maxomedia-Jugendliche-mit-Influencer-Marketing-auf-SBB-Jugendportal-gleis7.ch-gelockt-157576, Zugriff 15.03.2019.

Fallbeispiel 5

Unternehmen/Marke: Schwarzkopf

Zielsetzung: Regelmäßige Veröffentlichung von frischen Inhalten unter dem Hashtag #Schwarzkopfcreators auf verschiedenen sozialen Kanälen, bevorzugt aber auf Instagram. Bei den Inhalten soll es um persönliche Geschichten, Hintergründe und Tipps rund um den eigenen Look gehen.

Vorgehen: Schwarzkopf möchte offenbar Kontinuität, Authentizität und eine gewisse Exklusivität in ihr Influencer-Marketing bringen und ist daher eine feste Partnerschaft mit 50 ausgewählten internationalen Influencern eingegangen. Für das Engagement setzt Schwarzkopf auf eine Mischung aus Top-, Rising- und Micro-Influencern.

Art der eingesetzten Influencer:

- Micro-Influencer

- Mid-Level- oder Power-Influencer
- ~~Top-Tier-Influencer~~
- ~~Celebrity-Influencer~~

Ergebnis: Das Ergebnis ist noch offen. Die Aktion wurde erst im Juni 2017 bekannt.

Quelle:
https://www.wuv.de/marketing/schwarzkopf_gruendet_internationalen_influencer_pool, Zugriff 18.03.2019.

Fallbeispiel 6

Unternehmen/Marke: GdW Bundesverband deutscher Wohnungs- und Immobilienunternehmen

Zielsetzung: Werbung für den Ausbildungsberuf des »Immobilienkaufmanns«. (Anmerkung: Die Situation auf dem Ausbildungsmarkt macht es für viele Branchen notwendig, aktiv um Auszubildende zu werben. Auch andere Verbände, wie z. B. der Verband der Landschaftsgärtner, bemühen sich offensiv um Auszubildende).

Vorgehen: Der YouTuber Julian Jarow beschäftigt sich in einem Video (https://youtu.be/2TEOGG4wziQ) mit der Frage seiner beruflichen Zukunft und stößt dabei auf den Beruf des Immobilienkaufmanns. Ausgespielt wurde das Video vor allem auf dem Zweitkanal Jarows (Julianvlogt, im August 2016 rund 280.000 Abonnenten). Beworben wurde die Kampagne bzw. das Video zudem via Facebook, Twitter, Instagram und über den Haupt-Channel Jarows, der über mehr als eine Million Abonnenten verfügt.

Art der eingesetzten Influencer:

- ~~Micro-Influencer~~
- ~~Mid-Level- oder Power-Influencer~~
- Top-Tier-Influencer
- Celebrity-Influencer

Ergebnis: Das Video wurde von Anfang Mai 2016 bis August 2016 77.000 Mal geklickt. Als Ergänzung zu klassischen Display-Schaltungen war die Influencer-Kampagne eine gute Ergänzung, um besonders die jüngere Zielgruppe unter 20 Jahren zu erreichen. Der Ansatz der GdW zeigt, dass Influencer-Kampagnen als Teil eines intelligenten Online-Marketing-Mixes funktionieren können.

Quelle: http://t3n.de/news/influencer-marketing-best-practice-736333/, Zugriff 22.03.2019.

Fallbeispiel 7

Unternehmen/Marke: Milton & King, US-amerikanischer Hersteller von Tapeten und Designer-Möbeln, http://miltonandking.com

Zielsetzung: Erhöhung der Markenbekanntheit und Generierung von Followern für die eigene Social-Media-Plattform innerhalb einer eng umrissenen Zielgruppe.

Vorgehen: Die Kampagne wurde mit 45 Bloggern durchgeführt, die sich primär dem Thema »Innenarchitektur, Design« und im weitesten Sinne dem Thema »schöner Wohnen« widmen. Es wurden Posts lanciert, die Produkte der Firma Milton & King beinhalteten (z. B. http://nestingwithgrace.com/diy-ceiling-makeover-tiles-to-wood-planks/).

Art der eingesetzten Influencer:

- Micro-Influencer
- Mid-Level- oder Power-Influencer
- ~~Top-Tier-Influencer~~
- ~~Celebrity-Influencer~~

Ergebnis: Insgesamt wurden durch die Influencer 158 Blog-Beiträge erstellt, die im Ergebnis zu über 80.000 Reaktionen führten. Es wurden mehr als 980.000 Konsumenten erreicht und das Unternehmen erhielt über 10.000 neue Follower auf seinen eigenen Social-Media-Kanälen.

Quelle: https://shanebarker.com/blog/grow-your-brand-influencer-marketing/, Zugriff 22.03.2019.

Fallbeispiel 8

Unternehmen/Marke: Tarte Cosmetics, US-amerikanischer Hersteller von Kosmetika, http://tartecosmetics.com/

Zielsetzung: Erhöhung der Markenbekanntheit innerhalb einer klar umrissenen Zielgruppe.

Vorgehen: Das Unternehmen lud auf eigene Kosten Influencer nach Hawaii und Florida Keys ein. Alles, was die Influencer tun mussten, war, ihre Erfahrungen während des Aufenthalts in den Ferienressorts mit ihren Followern zu teilen und dabei den Hashtag #TrippinWithTarte zu verwenden.

Art der eingesetzten Influencer:

- ~~Micro-Influencer~~
- ~~Mid-Level- oder Power-Influencer~~
- **Top-Tier-Influencer**
- **Celebrity-Influencer**

Ergebnis: Die Wirkung der Kampagne ist beachtlich. Einige Posts der Influencer generierten 30.000 bis 40.000 Likes (z. B. https://www.instagram.com/p/BTXuFc9BMky/?hl=en oder https://www.instagram.com/p/BSGOGLtB_xj/?hl=en). Natürlich postete jeder Influencer während des Aufenthalts regelmäßig. Einige der eingeladenen Influencer hatten über 1 Million Follower, was derartige Zahlen auch erklärt.

Quelle: https://shanebarker.com/blog/grow-your-brand-influencer-marketing/, Zugriff 22.03.2019.

Fallbeispiel 9

Unternehmen/Marke: GUESS, US-amerikanisches Mode- und Lifestyle-Label mit internationaler Ausrichtung, http://www.guess.com/en/, https://www.guess.eu/de

Zielsetzung: Erhöhung der Markenbekanntheit und Generierung von viralen Effekten.

Vorgehen: Erstmalig wurde die Guess-Kampagne »Denim Day« im Jahr 2014 durchgeführt und wird seither jedes Jahr wiederholt. Die Kampagne unterstützt Vergewaltigungsopfer. Für die Promotion der Kampagne setzte das Unternehmen sowohl auf bezahlte Facebook-Anzeigen als auch auf Influencer-Marketing. In einigen Videos forderten Influencer andere Influencer auf, sich der Kampagne anzuschließen und ebenfalls ein Unterstützungsvideo zu posten oder einfach über das Anliegen zu sprechen. Dies führte teilweise zu interessanten viralen Effekten. Hier zwei Links zu Beispiel-Videos: https://youtu.be/OTtX-g43de4, https://youtu.be/ymdG1YN597I.

Art der eingesetzten Influencer:

- ~~Micro-Influencer~~
- Mid-Level- oder Power-Influencer
- Top-Tier-Influencer
- Celebrity-Influencer

Ergebnis: 2016 konnten in den USA so bekannte Influencer wie Megan Parken gewonnen werden, die über fast 800.000 Abonnenten auf YouTube verfügt. Das »Denim Day 2016 Guess Video« von Megan Parken erhielt fast 50.000 Aufrufe. Offenbar ist die Kampagne sehr erfolgreich, denn 2017 wurde sie auch auf dem europäischen Markt ausgerollt.

Quelle: https://bn.co/guess-partners-with-brand-networks-to-expand-cause-marketing-success/, Zugriff 22.03.2019.

Fallbeispiel 10

Unternehmen/Marke: Marzetti, US-amerikanischer Nahrungsmittelhersteller, http://www.marzetti.com

Zielsetzung: Erhöhung der Markenbekanntheit und Generierung von viralen Effekten.

Vorgehen: Das Unternehmen kreierte einen »Simply Dressed Salad Dressing and Giveaway Contest«. Food-Blogger generierten eigene Rezepte mit dem Marzetti-Salatdressing und publizierten diese in ihrem Blog (z. B. http://www.eatgood4life.com/shrimp-mediterranean-salad). Insgesamt arbeitete das Unternehmen mit 21 Influencern aus dem Segment »Food und Living« zusammen. Bestandteil der Kampagne war ein Giveaway des eigentlichen Produktes.

Art der eingesetzten Influencer:

- ~~Micro-Influencer~~
- Mid-Level- oder Power-Influencer
- Top-Tier-Influencer
- Celebrity-Influencer

Ergebnis: Insgesamt betrug die Reichweite der Kampagne 58 Millionen. Die Posts generierten 665 Kommentare und mehr als 114.000 Reaktionen in Form von Likes oder Shares. Beflügelt vom Erfolg wurde eine zweite Welle von Influencern involviert, was zu einer erneuten Reichweite von 22,8 Millionen führte und zu weiteren 55.000 Reaktionen in Form von Shares oder Likes.

Quelle: http://www.rhythminfluence.com/results/case-studies/#marzetti, Zugriff 22.03.2019.

Fallbeispiel 11

Unternehmen/Marke: Daniel Wellington (www.danielwellington.com), international agierender Uhrenhersteller mit Sitz in Schweden. Das Unternehmen wurde erst 2011 gegründet.

Zielsetzung: Erhöhung der Markenbekanntheit.

Vorgehen: Daniel Wellington setzt seit 2015 exklusiv auf Influencer-Marketing für die Steigerung der Markenbekanntheit. Es wird mit bekannten Influencern aus dem Bereich Lifestyle, aber auch mit Micro-Influencern gearbeitet. Sprachliche Hürden spielen hierbei keine Rolle. Es werden Influencer aus der ganzen Welt eingesetzt, z. B. Instagram-Influencer Nazjuju aus Deutschland (ca. 290.000 Follower, https://www.instagram.com/nazjuju/?hl=de).

Es wird auch mit Anreizen gearbeitet, z. B. Gutscheincodes für den eigenen Onlineshop, wie die folgende Abbildung zeigt.

Abbildung 17.1: Post mit Gutscheincode für den Onlineshop. Quelle: https://www.instagram.com.

Art der eingesetzten Influencer:

- Micro-Influencer
- Mid-Level- oder Power-Influencer
- Top-Tier-Influencer
- ~~Celebrity-Influencer~~

Ergebnis: Wellington hat seine Strategie seit 2015 nicht verändert. In 2015 machte das Unternehmen einen Gewinn von rund 220 Millionen US-Dollar und verkaufte über 1 Million Uhren.

Quelle: https://bn.co/guess-partners-with-brand-networks-to-expand-cause-marketing-success/, Zugriff 22.03.2019.

Fallbeispiel 12 und 13

Mit den Fallbeispielen 11 und 12 möchte ich aufzeigen, dass auch sehr unterschiedliche Unternehmen bei gleicher Problemstellung Influencer-Marketing erfolgreich einsetzen. Die Firma Lindt & Sprüngli agiert international und beschäftigte 2018 über 14.000 Mitarbeiter. Das Unternehmen erwirtschaftete einen Umsatz von 4.300 Millionen Schweizer Franken[103]. Die Rupp AG, Markeninhaber von Alma, beschäftigt weniger als 400 Mitarbeiter und erwirtschaftete 2008 rund 110 Millionen Euro[104]. Lindt ist ein Konzern, die Rupp AG ein Familienunternehmen. Zwei Unternehmen also, wie sie unterschiedlicher nicht sein können.

Unternehmen/Marke: Alma bzw. Lindt

Zielsetzung: In den beiden Fallbeispielen ging es um die Identifizierung möglicher Markenbotschafter für die Marken Alma bzw. Lindt, ferner um die Generierung von sogenanntem User-generated Content. Beide Kampagnen wurden über Instagram geführt.

Vorgehen: In beiden Fällen wurde ein Kreativwettbewerb ausgelobt. Lindt lud dazu 282 Influencer ein. Alma beschränkte sich auf 15 Influencer.

Art der eingesetzten Influencer:

[103] Vgl. https://www.lindt-spruengli.com/fileadmin/user_upload/corporate/WEB_GB18_Gesamt_de.pdf, Abruf 30.03.2019.

[104] Vgl. https://de.wikipedia.org/wiki/Rupp_AG, Abruf 30.03.2019.

- Micro-Influencer
- Mid-Level- oder Power-Influencer
- ~~Top Tier Influencer~~
- ~~Celebrity Influencer~~

Ergebnis: In beiden Fällen entstand ansprechender und für die Unternehmen verwertbarer User-generated Content. Beispiele sind in den von der Firma Reachbird bereitgestellten Case Studies einsehbar (jeweils auf Seite 4):

https://www.lammenett.de/wp-content/uploads/2017/07/Alma.pdf

www.lammenett.de/IM8

https://www.lammenett.de/wp-content/uploads/2017/07/Lindt.pdf

www.lammenett.de/IM9

Im Fall von Alma betrug die Reichweite rund 290.000. Bei Lindt waren es über 13 Millionen. Die durchschnittliche Engagement-Rate lag bei Alma bei 5,62 Prozent und im Fall von Lindt bei 5,88 Prozent. Die Alma-Kampagne führte zu 16.294 Interaktionen. Bei Lindt waren es mehr als 424.000.

Quelle: Reachbird AG, https://reachbird.io

Fallbeispiel 14

Für die Bewerbung einer Gewinnspielkampagne setzte Sinalco auf Influencer anstatt auf Display-Werbung wie im Vorjahr. Man wollte u. a. herausfinden, ob Influencer-Marketing für die Zielsetzung der Akquisition von Teilnehmern **bei gleichem Budgeteinsatz** effizienter ist, als Display-Werbung.

Unternehmen/Marke: Sinalco

Zielsetzung: Generierung von Teilnehmern für die Adventskalender-Promotion.

Vorgehen: Vier Influencer aus dem Lifestyle-, Food- und Fitnessbereich forderten ihre Follower zur Teilnahme am Sinalco-Adventskalender auf. Sinalco setzte dabei auf Mid-Level-Influencer mit unter 100.000 Followern.

Art der eingesetzten Influencer:

- ~~Micro-Influencer~~

- Mid-Level- oder Power-Influencer
- ~~Top-Tier-Influencer~~
- ~~Celebrity-Influencer~~

Ergebnis: Sinalco erreichte bei vergleichbarem Budgeteinsatz ein um den Faktor 2,5 besseres Ergebnis.[105]

17.2 Weitere Fallbeispiele in englischer Sprache

Quelle: http://thecirqle.com/case-studies

www.lammenett.de/IM10

Quelle:
https://www.rhythmone.com/assets/pdf/RhythmOne_-_Influencer_Marketing_Solutions_Showcase.pdf

www.lammenett.de/IM11

Quelle: https://indahash.com/brand#case-studies

www.lammenett.de/IM12

17.3 Artikel mit Fallbeispielen aus 2017, 2018 und 2019

Keine Angst – Sie müssen die URLs zu den Artikeln nicht abtippen. Ich habe für Sie einen Servicelink zur Jump Page mit allen Artikeln eingerichtet. Here you go: https://www.lammenett.de/onlinemarketing/influencer-marketing-buch-jump-page-artikel.html

Aldi startet YouTube-Kochserie mit Influencern
Quelle: https://www.horizont.net/marketing/nachrichten/mit-dagi-bee-und-co-aldi-startet-youtube-kochserie-mit-influencern-171827

---

[105] Vgl. Quelle: ONEtoOne, New Marketing Managment, Ausgabe 5/18, Seite 12.

Wie dieser Onlineshop dank einem Motorrad-Influencer siebenstellige Umsätze macht
Quelle: https://omr.com/de/grenzgaenger-querly-enduro/

Influencer-Marketing für HUAWEI
Quelle: https://www.udg.de/blog/influencer-marketing-fuer-huawei/

Die meist gegoogelte Fashion Brand 2018 ist Fashion Nova
Quelle: https://www.woman.at/a/fashion-nova-beliebtester-onlineshop

Wie Influencer-Marketing die Markenbekanntheit um 27 Prozent steigert
Quelle: https://onetoone.de/de/artikel/werbewirkung-wie-influencer-marketing-die-markenbekanntheit-um-27-prozent-steigern-kann

Warum Kühne auf Food Pop, Pinterest und Influencer setzt
Quelle: https://www.horizont.net/marketing/nachrichten/neuausrichtung-warum-kuehne-auf-food-pop-pinterest-und-influencer-setzt-172484

Werbewirkung: Influencer steigern Bekanntheit von Kwitt um 27 Prozent
Quelle: https://www.socialon.de/2019/01/29/werbewirkung-influencer-steigern-bekanntheit-von-kwitt-um-27-prozent/

Epic Store: Influencer werden Teil des Verkaufskonzepts
Quelle: https://www.computerbase.de/2019-01/epic-influencer-plaene/

Wie Fila wieder cool wurde
Quelle: https://www.wuv.de/wuvplus/wie_fila_wieder_cool_wurde

So betreiben die Nischen-Automarken Influencer-Marketing
Quelle:
http://www.horizont.net/marketing/nachrichten/Suzuki--DS-Automobiles-So-betreiben-die-Nischen-Automarken-Influencer-Marketing-161970

Wie ein Hausbauunternehmen erfolgreich Influencer-Marketing einsetzt
Quelle:
https://www.adzine.de/2017/12/wie-ein-hausbauunternehmen-erfolgreich-influencer-marketing-einsetzt/

Influencer-Marketing: Wie Sony Instagrammer nutzte, um in einem schweren Kamerasegment Fuß zu fassen
Quelle: https://www.trendingtopics.at/influencer-marketing-sony-best-practice/

Wie Coca Cola, dm und American Tourister zur Urlaubssaison auf Influencer setzen
Quelle:
https://onetoone.de/de/artikel/wie-coca-cola-dm-und-american-tourister-zur-urlaubssaison-auf-influencer-setzen

Lidl: Influencer-Kampagne mit Heidi Klum ein voller Erfolg
Quelle:
https://www.wuv.de/marketing/lidl_influencer_kampagne_mit_heidi_klum_ein_voller_erfolg

Lidl launcht Produktboxen mit Riccardo Simonetti und Co.
Quelle:
https://www.horizont.net/marketing/nachrichten/influencer-marketing-lidl-launcht-produktboxen-mit-riccardo-simonetti-und-co-172347

Starbucks wirbt mit Influencerin Caro Daur
Quelle: http://www.horizont.net/marketing/nachrichten/Golden-Tumbler-Kampagne-Starbucks-wirbt-mit-Influencerin-Caro-Daur-160604

Cat Footwear launcht digitale Marketing-Kampagne für die EMEA-Region
Quelle: http://de.fashionnetwork.com/news/Cat-Footwear-launcht-digitale-Marketing-Kampagne-fur-die-EMEA-Region,863230.html

Deshalb setzt das Unternehmen Otto auf Influencer wie Lena Gercke
Quelle: https://www.styleranking.de/lifestyle/panorama/deshalb-setzt-das-unternehmen-otto-auf-influencer-wie-lena-gercke
Instaweekend Zell am See-Kaprun ging mit zwei Millionen Followern in die erfolgreiche zweite Runde
Quelle:
https://www.presseportal.de/pm/68329/3850197

Wie Marc O'Polo Testimonial-Werbung mit Influencer-Marketing verknüpft
Quelle: https://www.horizont.net/marketing/nachrichten/topmodel-anna-ewers-und-schwestern-wie-marc-opolo-testimonial-werbung-mit-influencer-marketing-verknuepft-173042

Influencer im Tennis: Webbekannt
Quelle: https://www.tennismagazin.de/news/influencer-im-tennis-webbekannt/

Online-Möbelhandel: Mit Storytelling und Influencern zum Erfolg
Quelle: https://www.onlinehaendler-news.de/events/32757-moebel-storytelling-und-influencer-erfolg-online-handel

"Land Your Dream" mit Air China
Quelle: https://www.wallstreet-online.de/nachricht/10991865-land-your-dream-air-china
Anmerkung: Influencer-Marketing ist hier nur einer von vielen Bausteinen.

Eine Million Dollar Umsatz in 24 Stunden: Super-Influencer als Conversion-Maschinen?
Quelle: https://omr.com/de/super-influencer-arielle-charnas/

Lidl bringt Influencer-Kollektion heraus
Quelle: https://www.textilwirtschaft.de/business/marketing/social-media-marketing-lidl-lanciert-erste-influencer-kollektion-212446

Volksbanken und Raiffeisenbanken: Per Influencer zu mehr Girokonto-Kunden
Quelle: https://www.adzine.de/2018/09/volksbanken-und-raiffeisenbanken-per-influencer-zu-mehr-girokonto-kunden/

Die Bilanz der Influencer-Recruiting-Kampagne mit Aaron Troschke
Quelle: https://www.horizont.net/marketing/nachrichten/polizei-berlin-die-bilanz-der-influencer-recruiting-kampagne-mit-aaron-troschke-169879

18 Fazit, Erfolgsfaktoren und Ausblick

Social-Influencer-Marketing ist eine vergleichsweise junge Online-Marketing-Disziplin. Der Markt ist daher noch nicht vollständig etabliert, teilweise nicht professionalisiert, nicht wirklich strukturiert und noch lange nicht verteilt. Gleichzeitig gewinnt er aber rasant an Bedeutung. **Diese Mischung ist gefährlich für Unternehmen.** Sie verleitet zu Aktionismus. Unternehmen, die aktionistisch in Social-Influencer-Marketing investieren und dabei die Mechanismen, Gepflogenheiten und Vorgehensmodelle nicht wirklich kennen, werden nicht nur umsonst Geld ausgeben, sondern können auch ihrem Marken-Image im Netz erheblichen Schaden zufügen.

Die medial sehr kontroverse und bisweilen reißerische Berichterstattung hat den sachlichen und seriösen Umgang mit »der Chance Influencer-Marketing« nicht gefördert. Gleiches gilt für die Streitereien um die Auszeichnungspflicht von Influencer-Posts. Bei verschiedenen Marktteilnehmern sind Unsicherheiten und Zweifel entstanden, was nur allzu verständlich ist. In diesem Zusammenhang haben die Urteile aus Celle und Berlin aus dem Jahr 2017 für etwas Beruhigung gesorgt und etwas Sicherheit geschaffen. Ergänzend haben jüngere Studien klar belegt, dass Posts, die deutlich als Werbung ausgezeichnet sind, nicht ihre Wirkung verfehlen. Das zusammen gibt Grund zur Annahme, dass Influencer-Marketing sich auch weiterhin positiv entwickeln wird. Die Vorteile sind, rein logisch und nüchtern betrachtet, schon sehr stark. Allerdings bestehen auch Risiken und Fallstricke, weshalb nach wie vor ein sorgsames und strukturiertes Vorgehen ratsam ist.

Mir war es daher ein Anliegen, das Thema einmal in strukturierter Form aufzubereiten, um so einen soliden und seriösen Einstieg zu ermöglichen. Denn für viele Unternehmen und Marken wird es tatsächlich Zeit, sich mit den Chancen, Risiken und Mechanismen von Social-Influencer-Marketing zu beschäftigen und eine eigene Strategie zu entwickeln. Die Vorteile dieser jungen Online-Marketing-Disziplin sind nicht von der Hand zu weisen und der Mitbewerber schläft nicht.

Wie in allen jungen, aufstrebenden Märkten wird auch das Social-Influencer-Marketing eine Konsolidierung erfahren. Nicht alle Anbieter von Influencer-Software werden diese Konsolidierungsphase überleben. Vereinzelt wird noch neue Software zur Unterstützung der Prozesse auf den Markt kommen, weil Anbieter von themennahen Aktionsfeldern spät auf den Hype aufspringen werden. Es werden noch mehr neue Agenturen entstehen, die sich auf Social-Influencer-Marketing spezialisieren und bestehende Agenturen werden ihr Leistungsportfolio um Social-Influencer-Marketing-Dienstleistungen erweitern. Das Preisgefüge wird sich in einigen Segmenten stark verändern, da immer mehr Menschen mit vielen Followern auf die Idee kommen, mit Social-Influencer-

Marketing Geld zu verdienen. Die Gesetze des Marktes werden auch vor dem Social-Influencer-Marketing keinen Halt machen. Überall dort, wo viel Geld im Spiel ist, wird auch betrogen und gelogen. Das ist beim Social-Influencer-Marketing nicht anders, was ein genaues Hinsehen und einiges an Erfahrung erfordert, möchte man für sein Budget wirklich etwas bekommen. Die Juristen werden sich ebenfalls verstärkt dem Thema widmen, denn wettbewerbs- und urheberrechtlich ist diese junge Disziplin noch sehr unbedarft. Mittelfristig wird eine steigende Transparenz beim Preisgefüge, die mit der vermehrten Nutzung von Influencer-Marketing-Software einhergeht, zu mehr Entscheidungs- und Planungssicherheit führen. Der Markt wird sich professionalisieren und immer mehr Unternehmen werden Social-Influencer-Marketing in ihren Online-Marketing-Mix integrieren.

Es gibt viele gute Gründe, sich mit dem Thema zu beschäftigen, erste Erfahrungen zu sammeln und sich ein eigenes Bild zu machen. Die Möglichkeiten und Zielsetzungen im Influencer-Marketing sind extrem vielseitig. So macht es beispielsweise einen großen Unterschied, ob die Zielsetzung primär die Generierung von frischem Content durch Influencer ist, oder die Distribution existierender Inhalte. Zum Thema »Vielseitigkeit der Kanäle« möchte ich an dieser Stelle nur an die Erhebung von ethority erinnern: »Social-Media-Prisma 2017/2018«[106]. Dabei gibt es unterschiedliche Aspekte zu beachten, denn den einen einzigen, wahren Erfolgsfaktor im Influencer-Marketing gibt es nicht. Welche Zusammensetzung diese Aspekte im Detail haben sollten, hängt vom jeweiligen Einzelfall und der individuellen Zielsetzung des Engagements ab. Anhand zweier Beispiele möchte ich diese Aussage verdeutlichen:

- Im Zusammenhang mit den Erfolgsfaktoren des Influencer-Marketings wird häufig der Aspekt »Reichweite« genannt. Besonders im Zusammenhang mit der Auswahl von Influencern wird »Reichweite«, die sich beim Influencer-Marketing schlussendlich durch die Anzahl der Follower oder Abonnenten eines Influencers ausdrückt, thematisiert. Gerade in Nischenmärkten ist jedoch »der genaue Fit« des Influencers wichtiger als die Anzahl seiner Follower.
- Beim Influencer-Marketing in Consumer-Märkten (Massenmärkte) wird die Reichweite ebenfalls eine ganz andere Bedeutung spielen als beim Influencer-Marketing in einer B2B-Branche.

[106] Vgl. http://ethority.de/social-media-prisma/, Abruf 15.03.2019.

In der Folge möchte ich daher einige Erfolgsfaktoren, die im Zusammenhang mit Influencer-Marketing häufig genannt werden, auflisten und kurz ansprechen. Die Liste erhebt keinen Anspruch auf Vollständigkeit.

Brandfit: Häufig wird im Zusammenhang mit Erfolgsfaktoren der Aspekt »Brandfit« genannt. Damit ist gemeint, inwiefern der Influencer zu der Marke passt, für die er sich einsetzen soll. Natürlich wirft das die Frage auf, wie der Aspekt »zur Marke passen« gemessen wird. Diesbezüglich kommt es wiederum darauf an, was genau die Zielsetzung der Zusammenarbeit ist, wie sich die Marke im Allgemeinen präsentiert und welche Kriterien in Bezug auf den Außenauftritt wichtig sind.

Kreatives Potenzial eines Influencers: Das Thema »Reichweite« habe ich bereits angesprochen. Im Influencer-Marketing bemisst sich die Reichweite häufig durch die Anzahl der Fans/Follower/Abonnenten eines Influencers. Natürlich ist die Reichweite für bestimmte Zielsetzungen von großer Bedeutung, besonders im Consumer-Bereich. Doch im Influencer-Marketing kann man auch mit einer pfiffigen Idee eine hohe Reichweite erreichen. Dann nämlich, wenn ein viraler Effekt erzielt wird, was in den sozialen Medien ja durchaus vorkommt. Reichweite hängt also nicht alleine von der Anzahl der Fans und Follower eines Influencers ab, sondern häufig auch von der Konzeptidee einer Influencer-Marketing-Kampagne und dem kreativen Potenzial eines Influencers.

Engagement-Rate: Die Engagement-Rate besagt im Wesentlichen, wie stark die Follower eines Influencers auf seine Posts reagieren. Eine hohe Engagement-Rate fördert natürlich mögliche virale Effekte. Schlussendlich hängt die Engagement-Rate auch mit der Fähigkeit eines Influencers zusammen, Themen interessant, spannend und zielgruppenspezifisch zu präsentieren. Je nach Kampagnentyp und Kampagnenidee ist die Engagement-Rate sicherlich ein sehr wichtiger Erfolgsfaktor.

Persönliche Beziehungen zwischen Influencern und Followern: Aus dem Empfehlungsmarketing ist bekannt, dass Empfehlungen umso werthaltiger wahrgenommen werden, je inniger die Beziehung zwischen dem Empfehler und dem Empfänger ist. Unter bestimmten Konstellationen kann daher eine gute persönliche Beziehung zwischen einem Influencer und seinen Followern zum Erfolgsfaktor werden. Sicherlich ist dieser Aspekt weniger in Massenmärkten von Bedeutung als mehr in Nischenmärkten oder im B2B-Segment.

Zielgruppenspezifische Ansprache: Ein weiterer Erfolgsfaktor kann die zielgruppenspezifische Ansprache sein. Diese hängt natürlich von der Fähigkeit des Influencers ab, in der Sprache der Zielgruppe des Werbetreibenden entsprechende Botschaften zu vermitteln. An dieser Stelle wird sehr deutlich, wie wichtig die Auswahl »der richtigen« Influencer ist. Influencer, deren Follower oder Abonnenten identisch sind mit der Zielgruppe eines Werbetreibenden, sind für den Werbetreibenden natürlich deutlich interessanter. Die Chance, dass hier eine adäquate, zielgruppenspezifische Ansprache gelingt, ist bedeutend höher.

RRRR: In Bezug auf die Erfolgsfaktoren werden bisweilen auch die vier R genannt. Sie stehen für Reichweite, Relevanz, Reputation und Resonanz. Die Relevanz bezieht sich sowohl auf die Inhalte, die durch den Influencer publiziert werden, als auch auf die Zielgruppe, die im Idealfall identisch mit der Zielgruppe des Werbetreibenden ist. Die Reputation bezieht sich auf die des Influencers in seinem Social-Media-Umfeld. Die Resonanz liegt sehr nahe an der zuvor beschriebenen Engagement-Rate. Insofern stellen die vier R keine Neuerung dar, sondern sind eine nette Umschreibung für zuvor genannte Erfolgsfaktoren.

Influencer-Marketing wird zwar immer noch kontrovers diskutiert, aber es ist nun mal da und es wird nicht wieder weggehen. Laut Zahlen der Analyse-Plattform »InfluencerDB« gaben Unternehmen im Jahr 2017 mehr als drei Milliarden Euro alleine auf Instagram für Influencer-Werbung aus. Bis zum Jahr 2020 wird Influencer-Marketing laut Expertenschätzung die Zehn-Milliarden-US-Dollar-Grenze bei Investitionen der Werbetreibenden erreichen. Ferner gibt es sehr viele weiche Faktoren, die den Fortbestand und das weitere Wachstum des Influencer-Marketings implizieren. Einige davon habe ich im Kapitel 2 »Lassen Sie sich nichts erzählen« aufgelistet. Mit diesem Erfolg wird allerdings auch der Einsatz von gefälschten Followern und Bots steigen. Denn wo viel Geld ist, gibt es immer auch Lug und Betrug. Mehr denn je wird daher künftig Transparenz und Authentizität der Schlüssel zum Erfolg im Influencer-Marketing sein.

Spekuliert werden darf auch über den Einfluss jüngere Entwicklungen, die aktuell (April 2019) in den USA in der Testphase sind. Gemeint ist eine gänzlich neue Funktionalität bei Instagram-Shopping, die derzeit in den USA mit ausgewählten Brands getestet wird: die neue Checkout-Funktion. Frei nach dem Motto „Buy from Brands without leaving Instagram" können User mit einem Klick das gewünschte Produkt direkt auf Instagram bestellen. Der Umweg über einen externen Onlineshop entfällt. Für das Influencer-Marketing hätte dieser Entwicklung, so sie denn die Testphase verlässt und vollständig ausgerollt wird, wahrscheinlich enorme Auswirkungen. Eine unmittelbare Anknüpfung an den gesamten Sales-Prozess könnte die Bedeutung der Disziplin »Influencer-Marketing im gesamten Marketing-Mix weiter beflügeln. Ob es so kommt, bleibt abzuwarten. Ebenfalls interessant wird das neue Profil, welches bei Instagram wohl in Kürze eingeführt wird. Neben dem Standard-Profil und dem Business-Profil wird es bald sogenannte »Creator Accounts« geben. Die Funktionen und Möglichkeiten dieses Kontos werden für Influencer sicherlich sehr interessant. Heiko Hebig, Strategic Partnership Manager bei Instagram, berichtete im Mai 2019 bei einem Vortrag auf der OMR über Tests und kündigte diese Neuerung für die baldige Zukunft an.

A Studien

In diesem Abschnitt finden Sie, im Sinne von Service und Mehrwert, Hinweise auf Studien und Erhebungen aus der jüngeren Zeit.

Digital Trends: Umfrage zum Umgang mit Influencern
Veröffentlicht: 2019

Im April 2019 veröffentlichte der Bundesverband Digitale Wirtschaft (BVDW) e.V. eine Umfrage zum Thema »Umgang mit Influencern«. An der Umfrage nahmen 1.051 Personen über 16 Jahre teil. Männer und Frauen wurde zu je 50 Prozent im Panel berücksichtigt.

Quelle:
https://www.bvdw.org/fileadmin/user_upload/190404_IM_Studie_BVDW_2019.pdf

Servicelink:

www.lammenett.de/IM37

2019 Influencer-Marketing Global Survey
Veröffentlicht: 2019

Die Studie wurde von Rakuten Marketing und dem Markforschungsinstitut Viga durchgeführt. Im Dezember 2018 und Januar 2019 wurden in Australien, Deutschland, Frankreich, Großbritannien und den USA insgesamt 719 Vermarkter befragt. Unter anderem wurden auch Fragen zu den Einnahmen von Influencern verschiedener Größen gestellt. Bei Inlfuencern mit mehr als 500.000 Followern beträgt der Durschnitt 39,577 Dollar pro Kampagne. Die Studie enthält auch Zahlen zum Einkommen von Micro-Influencern. Des Weiteren wurden in der Studie Untersuchungen zu den von Influencern genutzten Zahlungsmethoden und der unternehmensseitigen Performance-Messung der Influencer durchgeführt.
Quelle:
https://go.rakutenmarketing.com/hubfs/docs/2019%20Influencer%20Marketing%20Report%20-%20Rakuten%20Marketing.pdf

Servicelink:

www.lammenett.de/IM36

Bedeutung von Influencer-Marketing in Deutschland 2017
Veröffentlicht: 2017

Die Studie wurde im Auftrag des BVDW und der Firma INFLURY durchgeführt. Dabei wurde deutlich, dass der Anteil der Online-Nutzer, die ein durch Influencer beworbenes Produkt gekauft haben, bei 22 Prozent liegt. Laut Studie ist besonders die Altersgruppe der 14- bis 29-Jährigen affin für Werbung von Influencern. In dieser Gruppe haben 30 Prozent der Social-Media-affinen Online-Nutzer bereits von Influencern beworbene Produkte gekauft.

Quelle: https://www.bvdw.org/fileadmin/bvdw/upload/studien/171128_IM-Studie_final-draft-bvdw_low.pdf

Servicelink:

www.lammenett.de/IM61

Markenempfehlung in sozialen Medien
Veröffentlicht: Dezember 2014

Internationale Studie zu generellen Einflussfaktoren und spezifischen Motiven im Plattformenvergleich.

Die Studie behauptet von sich, die erste international vergleichende und repräsentative Studie zum Empfehlungsverhalten in sozialen Medien zu sein. Die Daten wurden mittels Online-Interviews erhoben. Es wurden rund 2.000 Interviews durchgeführt.

Quelle: https://www.territory-webguerillas.de/fileadmin/user_upload/PR_Material/201505_Macromedia_webguerillas_Markenempfehlung.pdf

Servicelink:

www.lammenett.de/IM2

Erhebung zu Post-Kosten im Influencer-Marketing in den USA
Veröffentlicht: 2017

Untersucht wurden die Preise und die Engagement-Rate für Instagram-Posts. Die Preise werden in US-Dollar für unterschiedliche Branchen angegeben. Gleichzeitig wird auch die Anzahl der durchschnittlichen Follower je Branche angegeben. Ferner wird die Engagement-Rate in Bezug auf die Anzahl der Follower und den Preis des Posts gesetzt. Die Zahlen basieren auf einer Studie der Firma influence.co[107] und stammen aus dem Jahr 2017. In den folgenden beiden Artikeln werden die Zahlen behandelt und in grafischer Form aufbereitet:

Quelle: http://www.adweek.com/digital/what-is-the-real-cost-of-instagram-influence-infographics/

Servicelink:

www.lammenett.de/IM3

Quelle: http://wersm.com/the-truth-behind-influencer-rates-and-engagement-on-instagram/

Servicelink:

www.lammenett.de/IM4

Final Report »The State of Influencer-Marketing 2017« (Linqia.com)
Veröffentlicht: 2017

Amerikanische Studie zur Nutzung von Influencer-Marketing im Jahr 2016 und Vorhersagen zur Nutzung in der Zukunft (2017)

Laut der Umfrage nutzten 86 Prozent der Befragten[108] 2016 Influencer-Marketing und 94 Prozent bewerten Ihr Influencer-Marketing als erfolgreich. Glaubt man den Umfragezahlen und Trend-Vorhersagen, dann planen 37 Prozent der Unternehmen, das Budget für 2017 auf 50.000 bis 100.000 Dollar zu erhöhen.

Quelle: http://www.linqia.com/wp-content/uploads/2016/11/The-State-of-Influencer-Marketing-2017_Final-Report.pdf

Servicelink:

www.lammenett.de/IM5

---

[107] Vgl. https://influence.co, Zugriff 18.03.2019.

[108] 170 Unternehmen unterschiedlicher Branchen, befragt im November 2016.

State of Influencer-Engagement 2017
Veröffentlicht: 2017

Die Studie gibt einen Überblick über den Status des Influencer-Marketings im Jahr 2017. Die Effektivität, die Taktiken und zum Beispiel die persönlichen Erwartungen der Influencer werden darin anschaulich wiedergegeben. An den Online-Umfragen nahmen ca. 600 Professionals teil, von denen die meisten in der Fashion-Branche tätig sind. Die Daten wurden erfasst von Schlesinger Associates.

Quelle: https://www.launchmetrics.com/resources/whitepapers

Die Studie gibt es auch für die Jahre 2014 bis 2016.

Servicelink:

www.lammenett.de/IM6

Umfrage zur Nutzung von Influencer-Marketing
Veröffentlicht: 2018

Die Studie wurde vom BVDW durchgeführt und basiert auf der Befragung von 103 deutschen Unternehmen, unterteilt in vier Gruppen, die anhand der Mitarbeiterzahl gebildet wurden. Über 80 Prozent der befragten Unternehmen haben bereits mit Influencern gearbeitet oder deren Einsatzmöglichkeiten überprüft. Die Hälfte der eingesetzten Influencer waren im Social-Media-Bereich angesiedelt. Neben der Bevorzugung einer individuellen Zusammenarbeit mit einer überschaubaren Anzahl von Influencern ist es für die Unternehmen vor allem entscheidend, wie gut der Influencer zur Marke des Unternehmens passt.

Quelle:
https://www.bvdw.org/fileadmin/user_upload/BVDW_Umfrage_Influencer_Marketing__112018.pdf

Servicelink:

www.lammenett.de/IM31

Studie zur Reichweite auf Instagram
Veröffentlicht: 2018

Diese Studie der Fanpage Karma betrachtet die Reichweite von Instagram-Profilen in Abhängigkeit der Follower-Zahl. Dazu wurde die relative Reichweite analysiert und nicht die absolute Anzahl an erreichten Followern. Es wird gezeigt, dass die relative Reichweite eines Profils mit zunehmender Followeran-Zahl abnimmt. Es wird außerdem gezeigt, dass die Reichweite von kleineren Profilen einer deutlich größeren Streuung unterliegt. Der Vergleich mit anderen Social-Media-Plattformen veranschaulicht, dass die Durchschnittsreichweite auf Instagram deutlich größer ist als etwa auf Facebook oder Twitter.

Quelle: https://blog.fanpagekarma.com/2018/11/14/reichweite-auf-instagram/?lang=de

Servicelink:

www.lammenett.de/IM32

Influencer-Marketing und Strategien digitaler Superstars
Veröffentlicht: 2018

Diese Studie wurde von der Hochschule für Technik und Wirtschaft in Berlin durchgeführt. Es wurden einige der erfolgreichsten Influencer untersucht und anhand deren Vorgehensweise Erfolgsfaktoren herausgearbeitet. Außerdem enthalten sind einige Handlungsempfehlungen für Influencer, aber auch für Unternehmen, die mit Influencern zusammenarbeiten. So wurde zum Beispiel festgestellt, dass sich Facebook aufgrund einer Interaktionsrate von unter einem Prozent nicht gut für Influencer-Marketing eignet. Die Zielgruppe mit dem größten Potenzial sind voraussichtlich die 15- 25-Jährigen, da sie aktuell diejenigen sind, in deren Leben die sozialen Medien einen elementaren Bestandteil darstellen.

Quelle:
https://docs.wixstatic.com/ugd/6b59_9497bdd5df31453d80e814f6ac8d27cd.pdf

Servicelink:

www.lammenett.de/IM33

The 2018 Influencer Marketing Report
Veröffentlicht: 2018

Die Studie ist durch die Zusammenarbeit von CPC Strategy und Survata entstanden und behandelt als Schwerpunkt die Einstellung der Social Media Nutzer zum Thema Influencer-Marketing. Es wurde festgestellt, dass etwa 40 Prozent der Befragten nicht unterscheiden können, ob ein Post gesponsert ist oder nicht. Des Weiteren ist auffällig, dass der Begriff »Influencer« unterschiedlich definiert wird. Die Studie liefert auch Auskunft über die am besten geeigneten Plattformen für Influencer-Marketing, gemessen an der Bereitschaft der Nutzer, sich über neue Produkte und Dienstleistungen informieren zu lassen.

Quelle: https://learn.cpcstrategy.com/rs/006-GWW-889/images/2018%20Influencer%20Marketing%20v3.pdf

Servicelink:

www.lammenett.de/IM34

Wie Influencer unser Kaufverhalten beeinflussen
Veröffentlicht: 2018

Die Studie wurde durchgeführt von pwc und betrachtet die Wirkung von Influencern auf das Kaufverhalten der Deutschen. Dazu wurden 2.000 Bundesbürger befragt, die in Altersgruppen eingeteilt wurden. Die Untersuchung legt offen, dass der Einfluss der Influencer auf die Befragten mit zunehmendem Alter abnimmt. Ein ähnliches Bild zeigt auch das Vertrauen gegenüber Influencern. Etwa 60 Prozent der Befragten geben an, sich nicht von Influencern beeinflussen zu lassen. Grundsätzlich scheinen Authentizität und Produktkenntnisse der werbetreibenden Person sowie die Art der Produktpräsentation besonders bedeutend zu sein.

Quelle: https://www.pwc.de/de/handel-und-konsumguter/pwc-zwischen-entertainer-und-werber.pdf

Servicelink:

www.lammenett.de/IM35

B Der Autor stellt sich vor

Meine Studienschwerpunkte waren Marketing und Informationstechnologie. Studiert habe ich in Aachen, Coventry, Toronto und Bratislava.

Nach dem Studium arbeitete ich zunächst als Prozessoptimierer und Cost-Cutter in großen Sanierungsprojekten in verschiedenen Ländern Europas. 1994 gründete ich ein Beratungsunternehmen und 1995 eine Internetagentur. Fast 20 Jahre war ich als Geschäftsführer der Internetagentur tätig. 2014 verkaufte ich meine Agentur. Aktuell arbeite ich freiberuflich als Berater (www.lammenett.de) für E-Business und E-Commerce, insbesondere in den Bereichen Online-Marketing und Online-Strategie.

Engagements

Von 1997 bis 2012 war ich Mitglied im Bundesverband Deutscher Unternehmensberater e. V., wo ich von 1999 bis Ende 2002 den Fachverband E-Business leitete. Von 2005 bis 2007 war ich als Lehrbeauftragter der Fachhochschule Aachen aktiv. Seit 2011 bin ich Mitglied im Praxisbeirat der Fachhochschule Düsseldorf, Fachbereich Medien.

Besonders stolz bin ich auf mein Engagement bei der +Pluswerk AG (www.pluswerk.ag), deren Aufsichtsratsvorsitzender ich seit 2015 bin. Die +Pluswerk AG ist eine deutschlandweit agierende Internetagentur mit zehn Standorten und über 130 Mitarbeitern. Sie vereint die Agilität und Flexibilität einer inhabergeführten Agentur mit der Kapazität und der Know-how-Basis einer Großagentur. Durch das innovative Setup bietet die +Pluswerk AG ihren Kunden viele Vorteile und einen echten USP. Die Gründung des Unternehmens geht maßgeblich auf meine Initiative zurück.

Ich freue mich über Fragen und Anmerkungen jeglicher Art. Bitte senden Sie diese an: lammenett@lammenett.de.

C Mehr Literatur von Erwin Lammenett

Das Buch ist regelmäßig »Bestseller« bei Amazon in den Kategorien »E-Commerce« und »Online-Marketing«. Die Auflage aus dem Jahr 2017 wurde im Mai 2017 Buchtipp des Monats im renommierten Marketing-Magazin »absatzwirtschaft«. Auch im Marketing-Magazin »Aquisa« wurde das Buch lobend erwähnt. Die Auflage 2019 wurde aktualisiert und um einige Kapitel erweitert.

In diesem Buch erhält der Leser viele Anregungen und Beispiele für eine strukturierte Herangehensweise an die Planung und Steuerung von Online-Marketing-Aktivitäten. Ein strukturierter, konzeptionell durchdachter Ansatz hat gegenüber Ad-hoc-Aktionen und weniger strukturierten Herangehensweisen große wirtschaftliche Vorteile. Ein Online-Marketing-Konzept ist ein durchdachter Fahrplan. Dieser Fahrplan ermöglicht den optimalen Einsatz von Marketing-Budget vor dem Hintergrund zuvor definierter Ziele. Er verhindert Budgetverschwendung und erleichtert den optimalen Ressourceneinsatz. Der Prozess der Online-Marketing-Konzeption beschreibt den Weg zum Konzept.

Praxiswissen Online-Marketing ist mittlerweile ein Standardwerk in Deutschland und sollte im Bücherregal eines jeden Marketeers stehen, der sich mit dem Thema beschäftigt. Das Buch erscheint im renommierten Gabler/Springer Verlag und hat über die Jahre viele Auszeichnungen erhalten. Vor elf Jahren erschien die erste Auflage. Die siebte Auflage erschien im März 2019 und wurde vollständig überarbeitet und erweitert. Alle Kapitel wurden um neue Entwicklungen erweitert. Neu hinzugekommen ist ein Kapitel zum Influencer-Marketing, im Kapitel Video-Marketing wurde das Thema »Den passenden Video-Creative finden« ergänzt, und in das Kapitel zum Content-Marketing wurden zahlreiche neue Hinweise und Tipps für die praktische Arbeit aufgenommen.

D Stichwortverzeichnis

A

B

C

D

E

F

G

H

I

K

L

M

N

O

P

R

S

T

U

V

W

X

Y

Z

E Abbildungsverzeichnis

47917405R00157

Printed in Poland
by Amazon Fulfillment
Poland Sp. z o.o., Wrocław